高等职业教育汽车类新形态一体化教材

汽车系统及零部件识别

梁代春 程飞 主编
刘明君 杨智 彭涛 副主编

清华大学出版社
北京

内 容 简 介

本书主要内容包括识别不同类型的车辆及用途、识别发动机及部件、识别汽车底盘部件、识别汽车安全性系统、识别汽车车身及附件、识别舒适性系统、识别汽车灯光和声响信息娱乐系统等，并搭配了相应的习题以及现场实训。

本书可作为高职高专院校、中等职业学校、技工学校的教材，也可作为企业培训教材，并可供广大汽车专业的从业人员和汽车爱好者参考。

图书在版编目(CIP)数据

汽车系统及零部件识别/梁代春，程飞主编. —北京：清华大学出版社，2021.2（2024.8重印）
高等职业教育汽车类新形态一体化教材
ISBN 978-7-302-54399-2

Ⅰ.①汽… Ⅱ.①梁… ②程… Ⅲ.①汽车－零部件－识别－教材 Ⅳ.①U463

中国版本图书馆 CIP 数据核字(2019)第 264159 号

责任编辑：刘翰鹏
封面设计：常雪影
责任校对：刘　静
责任印制：丛怀宇

出版发行：清华大学出版社
网　　址：https://www.tup.com.cn，https://www.wqxuetang.com
地　　址：北京清华大学学研大厦 A 座　　**邮　　编**：100084
社 总 机：010-83470000　　**邮　　购**：010-62786544
投稿与读者服务：010-62776969，c-service@tup.tsinghua.edu.cn
质量反馈：010-62772015，zhiliang@tup.tsinghua.edu.cn
课件下载：https://www.tup.com.cn,010-83470410
印 装 者：三河市人民印务有限公司
经　　销：全国新华书店
开　　本：185mm×260mm　　**印　　张**：17.5　　**字　　数**：400 千字
版　　次：2021 年 2 月第 1 版　　**印　　次**：2024 年 8 月第3次印刷
定　　价：49.00 元

产品编号：082285-01

前　言

汽车是高科技的综合体。随着汽车工业的不断发展，新技术、新材料、新工艺、新车型不断涌现，给人们带来丰富多彩的汽车文化的同时，也对汽车从业人员和汽车专业的教学提出了新的挑战。

随着汽车工业的迅猛发展，汽车产量的不断增加，汽车在人们的生活中不再陌生，对汽车的认识和使用方法越来越受到人们的重视。为了适应新形势下的教学需求，为了培养高职院校汽车专业学生的汽车认识与使用的技能，我们编写了本书，以便为后续课程打下坚实的基础。

1. 本书内容介绍

全书共分7个单元，具体内容如下。

单元1包括汽车的发展史、不同类型以及各种用途。

单元2包括汽车发动机的分类及总体构造、发动机的曲柄连杆机构、配气机构、汽油供给系统、柴油发动机供给系统、冷却系统、润滑系统、点火系统和启动系统等。

单元3包括汽车的底盘部件，比如传动系统、行驶系统、转向系统以及制动系统等。

单元4包括汽车的主动安全性系统和被动安全性系统等。

单元5包括汽车的车身及附件，比如汽车车身、车身的内部装置、风窗刮水器和洗涤器等。

单元6包括汽车的各种舒适性系统。

单元7包括各种汽车灯光系统和汽车声响信息娱乐系统。

另外，本书以二维码扩展阅读方式介绍各种新能源汽车，比如纯电动汽车、燃料电池电动汽车、混合动力电动汽车、燃气汽车和太阳能汽车，详细内容见单元7结束处的二维码。

2. 本书主要特色

本书描述了汽车的基本结构及作用，以典型汽车结构为主，阐明汽车各系统及总成的结构、作用及简单工作原理。书中提供了大量较为翔实的图片，学生可以直观地通过原理图、实物图，较快地掌握汽车结构知识，为今后从事汽车行业工作打下基础。本书主要特色介绍如下。

(1) 知识的全面性

在定制本教程的知识框架时，就将写作的重心放在体现内容的全面性

和实用性上。因此,从提纲的定制以及内容的编写力求将汽车专业知识全面囊括。

(2) 知识的实用性

本书为校企联合编写,因此具有很强的实用性,其中企业参与编写人员有黄建川、钟斌、刘红、林文、曹玉林等。此外,每个单元均会根据知识点安排若干个客户委托,让学生从现实中出发,通过书中的知识,解决现实中的问题。

(3) 知识的灵活性

书中为每一个知识点搭配了相应的学习任务,学生可以通过不同类型的学习任务,来学习并掌握书中的知识。

(4) 知识的直观性

书中为每一类知识均准备了各种形式的微课,学生可以通过扫二维码观看生动的视频来学习知识。

3. 本书适用的对象

本书可作为高职高专院校、中等职业学校、技工学校的教材,也可作为企业培训教材,并可供广大汽车专业的从业人员和汽车爱好者参考。

由于编者的水平有限,在编写过程中难免有不足之处,欢迎读者通过清华大学出版社网站(http://www.tup.com.cn)与我们联系,帮助我们改正、提高。

编　者

2020年10月

目　录

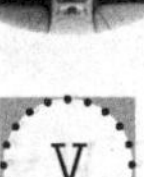

单元 1

识别不同类型的车辆及用途

1.1 了解汽车发展历程

汽车的发展历程

微课视频——汽车的发展历程

1.2 识别车辆类型

微课视频——识别汽车类型

汽车可以按照汽车的结构、汽车的用途以及国家颁布的标准进行分类。其中,还需要了解车辆识别代号编码,以及国产汽车产品型号编制规则。

◎ 客户委托1-1

住在王村的王大叔最近想买一辆汽车,王大叔既希望有轿车的舒适,也希望平时能装点工具或者农产品。请问图 1-1 中的哪种汽车比较适合王大叔呢?

◎ 学习目标

(1) 能正确识别国内外汽车的各种类型;

图 1-1　各种类型的家用汽车

(2) 能正确识别汽车上 VIN 码的含义和所在位置；

(3) 能正确识别国产汽车产品型号编制规则。

◎ 知识点与技能点清单

序号	学习目标	知识点	技能点
1	能正确识别国内外汽车的各种类型	(1) 乘用车的含义和分类； (2) 商用车的含义和分类； (3) 德系、日系乘用车的分类； (4) 美国轿车的分类	能正确识别各类汽车并能描述出其用途
2	能正确识别汽车上 VIN 码的含义和所在位置	(1) VIN 码的作用； (2) VIN 码的组成部分	(1) 能正确查找 VIN 码的位置； (2) 能正确识别车辆 VIN 码所代表的基本参数
3	能正确识别国产汽车产品型号编制规则	国产汽车产品型号编制规则	能正确识别汽车产品型号中所代表的参数

◎ 学习指南

(1) 明确学习目标和知识与技能点清单。

(2) 在课前完成学习任务中的知识类内容。在完成知识类学习任务时，可以参考本单元提供的学习信息，利用网络、厂家提供的维修手册和各类教学资源库等学习资源，也可以在课前或上课时向任课教师寻求帮助。任课教师可在正式上课时展示或共享大家对于知识类学习任务的完成情况，实现学习交流。

(3) 学习任务中的实操类内容，可以在正式上课前自行完成，也可以由任课教师在课堂上安排完成。

(4) 完成学习任务后，自行根据本书的鉴定表进行自查，并根据自己的不足进行知识与技能的补充学习。

(5) 任课教师按照鉴定表进行知识与技能鉴定。请注意，鉴定包括过程鉴定与终结

性鉴定。学生平时的学习过程也将作为鉴定的依据，例如学习态度、学习过程中的技能展示、职场安全意识等。

◎学习任务

（1）图示中有不同类型的车辆，请通过连线使其找到对应的车辆类型名称。

① 乘用车。

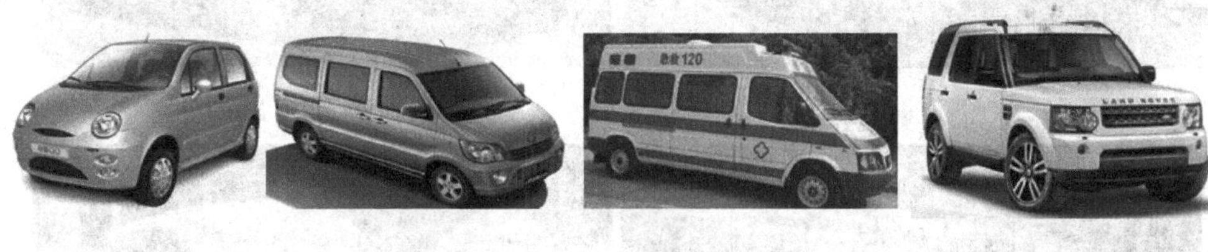

专用乘用车　　运动型多用途车　　基本型乘用车　　交叉型乘用车

② 商用车。

客车　　消防车　　货车　　半挂牵引车

（2）在学校或附近的停车场去识别各种国内车辆，观察不同汽车的厂牌、型号、类别，完成表1-1。

表1-1　不同国内汽车的厂牌、型号、类别

序　号	厂　牌	车辆型号	车辆类别	备　注

（3）晓峰特别喜欢国外的汽车，卧室墙壁上贴满了汽车海报（图1-2），你能一一识别出这些汽车的品牌与出产地吗？请填入表1-2中。

图 1-2　晓峰卧室墙壁上的汽车海报

表 1-2　图 1-2 所示汽车的品牌和出产地

序　　号	品　　牌	出　产　地
1		
2		
3		
4		

（4）识别在学校或附近的停车场中的各种国外车辆，观察不同汽车的厂牌、型号、类别，完成表 1-3。

表 1-3　不同国外汽车的厂牌、型号、类别

序　　号	厂　　牌	车辆型号	车辆类别	备　　注

（5）请通过连线的方式连接下面车辆 VIN 码及其含义。

L S ⑤ A 2 D B E X C J 0 0 0 ② ⑦ ④

顺序号　WMI　装配厂　车辆特征代码　地理区域　年份　制造厂　国别　检验位

(6) 不同的汽车厂商和汽车品牌，VIN码所处的位置并不一样，查看不同品牌汽车上的VIN码都处于哪些位置，完成表1-4。

表1-4 不同品牌汽车的VIN码位置

序　　号	厂　　牌	车辆型号	车辆VIN码	位　　置

(7) 请通过连线的方式连接下列汽车型号及其含义。

S C　⑦　① ⑤　①　◇E ◇Y

产品序号　企业自定代号　主参数代号　车辆类别代号　企业名称代号

(8) 识别在学校或附近的停车场中的各种国产汽车，观察不同汽车的型号、类型以及国产汽车产品型号，完成表1-5。

表1-5 不同国产汽车的型号、类型和产品型号

序　　号	车辆型号	车辆类型	国产汽车产品型号	备　　注

鉴定

任课教师可以通过平时教学过程中学生的学习态度、参与教学活动的积极性、职场安全意识及终结性鉴定结果等确定其最后的鉴定结果，每个学生最多可以鉴定三次，鉴定教师需将鉴定结果填在表 1-6 中。

表 1-6　1.2 节鉴定表

序号	学习目标	鉴定 1	鉴定 2	鉴定 3	鉴定结论	鉴定教师签字
1	能正确识别国内外汽车的各种类型				□通过 □不通过	
2	能正确识别汽车上 VIN 码的含义和所在位置				□通过 □不通过	
3	能正确识别国产汽车产品型号编制规则				□通过 □不通过	

1.2.1　国外汽车分类

无论是国内汽车还是国外汽车，均可以按照车辆的用途、排量、轴距等因素进行分类。下面主要介绍国外常见品牌的汽车分类。

1. 德国奔驰乘用车分类

德国奔驰汽车公司根据汽车车身系列进行分类，如 W124、W140 等系列。每一种车系又有不同型号，如 300SE、500SE。根据装备的档次和型式，奔驰轿车可分为 5 级：C 级为经济型小型轿车，E 级是奔驰最全面的一种系列(有 13 种样式)，S 级为特级豪华车型，G 级为越野汽车，SL 级为敞篷跑车。其中，数字表示发动机排量，如 500 表示发动机排量为 5L；发动机排量后面的字母表示结构的特色，如 S 为豪华装备，E 为电子燃油喷射，C 为双门型。例如，奔驰轿车型号为 W140-500SEC，如图 1-3 所示，其含义是：车身系列是 W140，发动机排量是 5L，装备为豪华型，电子燃油喷射，双门型。

图 1-3　奔驰轿车

2. 德国大众乘用车分类

德国大众汽车公司将乘用车分为 A、B、C、D 级。A 级轿车又分为 A00、A0 和 A 三级，相当于国内微型轿车、小型轿车和普通型轿车；B 级和 C 级轿车分别相当于国内中级轿车和中高级轿车；D 级相当于国内高级轿车。德国大众汽车公司乘用车分类见表 1-7。

表 1-7　德国大众汽车公司乘用车分类

级　别	微型	小型	普通型	中级	中高级	高级
	A_{00}	A_0	A	B	C	D
排量/L	＜1.0	1.0～1.3	1.3～1.6	1.6～2.4	2.4～3.0	＞3.0
总长/m	3.3～3.7	3.7～4.0	4.0～4.2	4.2～4.45	4.45～4.8	4.8～5.2
轴距/m	2.0～2.2	2.2～2.3	2.3～2.45	2.45～2.6	2.6～2.8	2.8～3.0
整备质量/kg	＜680	680～800	800～970	970～1150	1150～1380	1380～1620

3. 德国宝马乘用车分类

德国宝马汽车公司将轿车分为 1、3、5、7、8 系列。其第一位数字为系列号，数字越大表示轿车档次越高；第二、三位数字表示发动机排量；最后的字母：i 表示燃油喷射，A 表示变速器是自动挡，C 表示双排座，S 表示超级豪华型。例如，宝马轿车型号为 850Si，其含义是：8 系列轿车，发动机排量是 5L，超级豪华型，燃油喷射。图 1-4 所示为德国宝马轿车。

4. 德国奥迪乘用车分类

德国奥迪汽车公司用 Audi 的第一个英文字母 A 打头，分为 A1、A3、A4、A6、A8 等系列，A 后面的阿拉伯数字越大，表示轿车的级别越高。A1、A3 系列是小型轿车，A4 系列是中级轿车，A6 系列是高级轿车，A8 系列是豪华轿车。此外，S 系列表示高性能车型，但不是越野汽车；TT 系列表示越野汽车；Q 系列表示 SUV 型车辆。图 1-5 所示为德国奥迪汽车。

图 1-4　德国宝马轿车

图 1-5　德国奥迪汽车

5. 日本乘用车分类

日本汽车公司将轿车按发动机排量和尺寸分为轻型轿车、小型轿车和普通轿车三级，如表 1-8 所示。

表 1-8　日本轿车分级标准

级　别	发动机排量/mL	车身长度/mm	车身宽度/mm	车身高度/mm
轻型轿车	＜600	＜3400	＜1480	＜2000
小型轿车	600～2000	3400～4700	1480～1700	＜2000
普通轿车	＞2000	＞4700	＞1700	＞2000

6. 美国乘用车分类

美国乘用车按照乘员舱和货物舱容积大小分级：两个座位轿车不分级，普通轿车分为微型、小型、紧凑型、中型和大型，旅行车分为小型、中型、大型。美国轿车分级如表 1-9 所示。

表 1-9　美国轿车分级标准

分　级		乘员舱容积/ft^3（$1ft^3=0.0283m^3$）
两座轿车	任意（设计为两个成年人乘坐）	任意（设计为两个成年人乘坐）
普通轿车	微型轿车	≤85
	小型轿车	85～99
	紧凑型轿车	100～109
	中型轿车	110～119
	大型轿车	120 或更大
旅行车	小型旅行车	<130
	中型旅行车	130～159
	大型旅行车	160 或更大

1.2.2　国内汽车分类

从 2005 年开始，我国采用了与国际接轨的汽车新标准，将汽车分为乘用车和商用车两大类。

1. 乘用车(passenger car)

乘用车是指设计和技术特性上主要用于载运乘客及其随身行李和(或)临时物品的汽车，包括驾驶员座位在内最多不超过 9 个座位。乘用车涵盖了轿车、微型客车以及不超过 9 座的轻型客车。乘用车下细分为基本型乘用车(轿车)、多功能车(MPV)、运动型多用途车(SUV)、专用乘用车和交叉型乘用车。乘用车按照车身、车顶、座位、车门、车窗结构的不同，主要分为普通、活顶、高级、敞篷、仓背、短头等型式。

(1) 基本型乘用车(轿车)(saloon car)。基本型乘用车的概念等同于旧标准中的轿车，但在统计范围上又不同于轿车，这种区别主要表现在将旧标准轿车中的部分非轿车品种，如 GL8、奥德赛、切诺基排除在基本型乘用车外，而原属于轻型客车中的“准轿车”列入了基本型乘用车，如图 1-6 所示。

(2) 多功能车(multi-purpose vehicle，MPV)。多功能车属于近年来行业引进的外来称谓，它是集轿车、旅行车和厢式货车的功能于一身，车内每个座椅都可以调整，并有多种组合方式，前排座椅可以 180°旋转的车型。如上海通用的 GL8、东风柳州的风行和江淮的瑞风等车型，如图 1-7 所示。

(3) 运动型多用途车(sport utility vehicle，SUV)。运动型多用途车起源于美国，这类车既可载人，又可载货，行驶范围广泛，驱动方式一般为四轮驱动。该类车型主要有长丰猎豹、北京吉普切诺基、长城赛弗、郑州日产帕拉丁等，如图 1-8 所示。

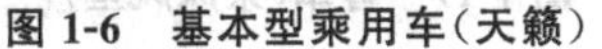

图 1-6 基本型乘用车(天籁)

图 1-7 多功能车(景逸)

(4) 专用乘用车(special purpose passenger car)。专用乘用车是运载乘员或物品并完成特定功能的乘用车,具备完全特定功能所需的特殊车或装备。如旅居车、防弹车、救护车、殡仪车等,如图 1-9 所示。

图 1-8 运动型多用途车(狮跑)

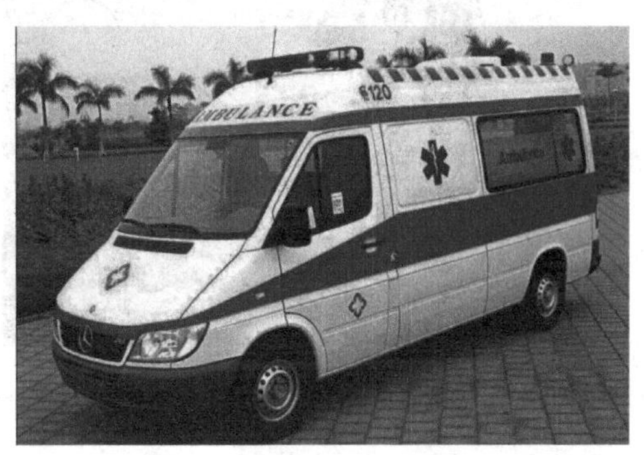

图 1-9 专用乘用车(救护车)

(5) 交叉型乘用车(cross passenger car)。交叉型乘用车是指不能列入上述车型外的其他乘用车。这部分车型主要是指旧分类中的微型客车,如长安面包车、昌河等,如图 1-10 所示。

2. 商用车(commercial vehicle)

商用车是指在设计和技术特征上用于运送人员与货物的汽车,并且可以牵引挂车。商用车包含了所有的载货汽车和 9 座以上的客车。商用车分为客车、货车、半挂牵引车、客车非完整车辆和货车非完整车辆,共五类。

(1) 客车(bus)。在设计和技术特征上用于载运乘客及其随身行李的商用车辆,包括驾驶员座位在内的座位数超过 9 座。按车身长度可分为轻型、中型、大型、铰接客车等类型,如图 1-11 所示。

(2) 货车(truck)。货车是一种主要为载运货物而设计和装备的商用车辆,它能否牵引挂车均可。货车按用途可分为普通货车、特种货车、自卸车、载货列车,如图 1-12 所示。

图 1-10　交叉型乘用车(长安)

图 1-11　客车(东风风圣)

(3) 半挂牵引车(semi-trailer towing vehicle)。半挂牵引车是装备有特殊装置用于牵引半挂车的商用车辆,如图 1-13 所示。

图 1-12　货车(EQ3260G 自卸车)

图 1-13　半挂牵引车(EQ4165V)

(4) 客车非完整车辆(complete vehicle bus)。客车非完整车辆是指客车底盘,可以按照长度细分,如图 1-14 所示。

(5) 货车非完整车辆(incomplete truck)。货车非完整车辆是指货车底盘,可以按照总质量细分,如图 1-15 所示。

图 1-14　客车非完整车辆(EQ6600 系列)

图 1-15　货车非完整车辆(EQ1146 系列)

1.2.3 车辆识别代号编码

车辆识别代号编码就是汽车的身份证号，它根据国家车辆管理标准确定，包含了车辆的生产厂家、年代、车型、车身型式及代码、发动机代码及组装地点等信息。

1. 用途

车辆识别代号（vehicle identification number，VIN）由一组字母和阿拉伯数字组成，共 17 位，又称 17 位识别代号编码。它是识别一辆汽车不可缺少的工具，是汽车的“身份证”。它的用途如下。

(1) 汽车管理。用于汽车登记注册和信息化管理，如处理交通事故、保险索赔、查获被盗车辆、报案等。

(2) 汽车维修。用于故障诊断、汽车配件的经营管理和订购。

(3) 汽车检测。用于汽车的年检和安全性能检测。

(4) 二手车交易。用于查询该车历史信息

(5) 汽车召回。用于查询汽车的生产年代、车型及生产数量。

2. 基本内容

车辆识别代号由三部分组成：第一部分是世界制造厂识别代号（WMI），第二部分是车辆说明部分（VDS），第三部分是车辆指示部分（VIS）。

对于完整车辆和或非完整车辆年产量≥500 辆的车辆制造厂，其车辆识别代号编码如图 1-16 所示。

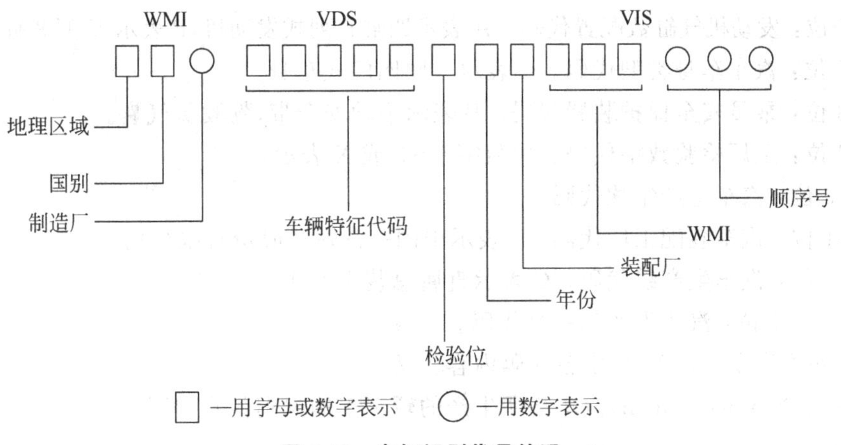

图 1-16 车辆识别代号编码

(1) 第一部分

世界制造厂识别代号（WMI）。国际标准化组织（ISO）按地理区域分配给各国的世界制造厂识别代号，再由各国分配给本国的各个制造厂。世界制造厂识别代号由三位字码组成。

- 第一位字码是标明一个地理区域的字母或数字，如 1～5 代表北美洲，6 和 7 代表大洋洲，8、9 和 0 代表南美洲，A～H 代表非洲，J～R 代表亚洲，S～Z 代表欧洲。

• 第二位字码是标明一个特定地区内的一个国家的字母或数字。SAE分配国家代码。
• 第三位字码同国家机构指定一个字码标明某个特定的制造厂。我国实行的车辆识别代号中的第一位是L,表示中国,第二、三位表示某一个汽车制造厂。

(2) 第二部分

车辆说明部分(VDS)。车辆说明部分同六位字码组成,表示车辆的类型和配置,其代号顺序由制造厂决定。该部分包括以下信息:汽车系列、动力系统(如发动机型号、变速器形式)、车身形式、约束系统配置(安全气囊、安全带)、检验位。

(3) 第三部分

车辆指示部分(VIS)。车辆指示部分由八位字码组成,是制造厂为了区别每辆汽车制定的一组字符。该部分包括以下信息:车型年代、装配厂、生产顺序号。

3. 车辆识别代号举例

(1) 国产轿车VIN中各代码(号)内容含义

中国一汽轿车股份有限公司生产的红旗牌轿车车辆识别代号如下。

L	F	P	H	4	A	C	B	4	1	1	C	0	2	0	1	0
1	2	3	4	5	6	7	8	9	10	11	12	13	14	15	16	17

第1位:汽车生产国家或地区。L表示中国。

第2、3位:工厂代码。FP表示一汽轿车股份有限公司。

第4位:车辆品牌系列代码。H表示红旗牌。

第5位:发动机排量代码。4表示四缸1.8L(CA7180系列)或四缸2L(CA7202系列)。

第6位:发动机气缸数配置代码。A表示四缸直列式发动机,B表示V型8缸发动机。

第7位:汽车车身类型代码。C表示三厢四门式车身。

第8位:乘员安全保护装置代码。B表示手动安全带,驾驶员气囊。

第9位:工厂检验数字代码。用数字0~9或X表示。

第10位:汽车生产年款代码。

第11位:汽车装配工厂代码。1表示中国一汽轿车股份有限公司。

第12位:汽车生产线代码。C表示直属总装生产线。

第13~17位:汽车生产顺序号代码。

(2) 外国汽车公司VIN中各代码内容含义

德国大众(Volkswagen)汽车集团生产的轿车车辆识别代码如下。

W	V	W	D	B	4	5	0	5	L	K	0	0	5	6	7	8
1	2	3	4	5	6	7	8	9	10	11	12	13	14	15	16	17

第1位:汽车生产国家或地区。W表示德国。

第2位:汽车制造工厂代码。V表示大众汽车集团。

第3位:汽车种类代码。W表示轿车。

第4位:车型系列代码。D表示两门旅行轿车。

第5位：发动机型号系列代码。B表示四缸60/66/75/77/90kW汽油发动机。

第6位：乘员安全防护系统代码。4表示主动式安全带。

第7、8位：车型系列代码。50表示Corrado(1990—1995年)。

第9位：工厂检验数字代码。用数字0～9或X表示。

第10位：汽车生产年款代码。L表示1990年。

第11位：汽车装配工厂代码。K表示奥斯纳布鲁克。

第12～17位：汽车生产顺序号代码。

4. 汽车VIN码的查找

不同的汽车厂商和汽车品牌，VIN码所处的位置并不一样，如何快速查找汽车的VIN码是识别汽车重要步骤。下面提供实际中常见的汽车VIN码位置。

- 前挡风玻璃下方，如图1-17所示。
- 发动机室内，如图1-18所示。
- 车辆铭牌上，如图1-19所示。
- 行驶证上，如图1-20所示。

图1-17 前挡风玻璃下方VIN码位置

图1-18 发动机室的防火墙上VIN码位置

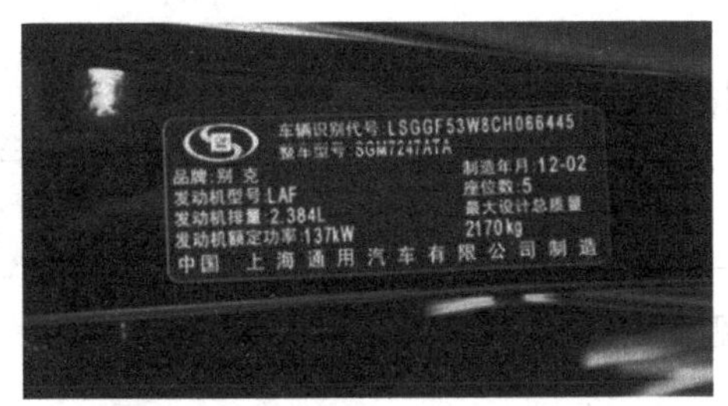

图1-19 车辆铭牌上VIN码位置

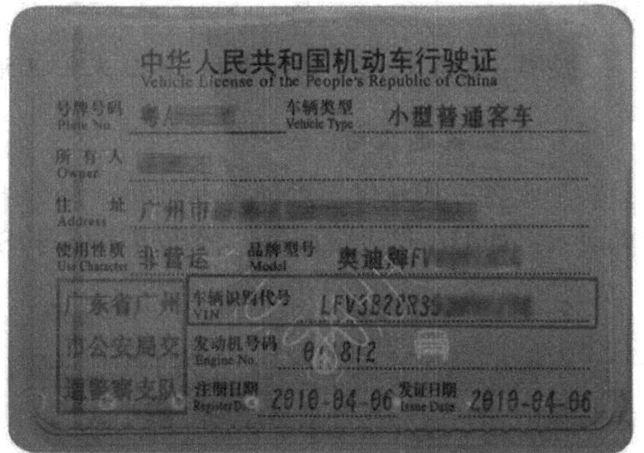

图1-20 行驶证上VIN码位置

1.2.4 国产汽车产品型号编制规则

1998 年我国颁布了《汽车产品型号编制规则》(GB 9417—1988)，该规则规定了编制各类汽车产品型号的术语及构成，适用于新设计定型的各类汽车和半挂车，不包括军事特种车辆(如装甲车、水陆两用车)。汽车产品型号由企业名称代号、车辆类别代号、主参数代号、产品序号组成，必要时附加企业自定代号，如图 1-21 所示。对于专用汽车及专用半挂车还应增加专用汽车分类代号，如图 1-22 所示。

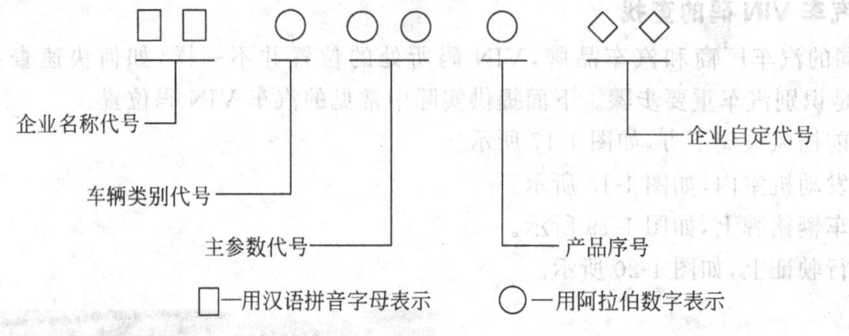

图 1-21 汽车产品型号

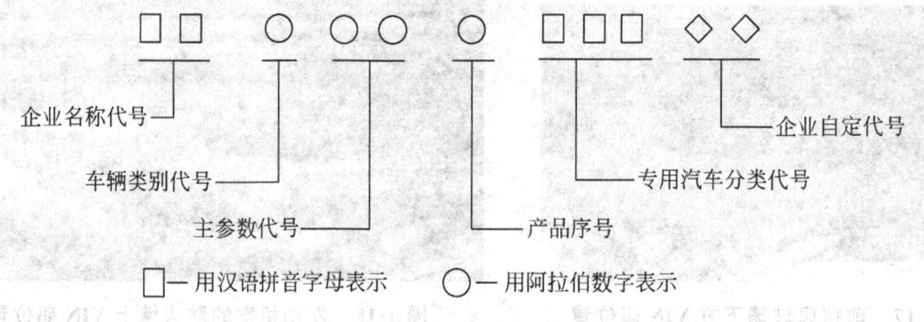

图 1-22 专用汽车产品型号

注意：为了避免与数字混淆，不应采用汉语拼音字母中的 I 和 O。

1. 企业名称代号

企业名称代号位于产品型号的第一部分，用代表企业名称的两个或三个汉语拼音字母表示。如 CA 代表中国第一汽车集团公司，SH 代表上海汽车集团股份有限公司。

2. 车辆类别代号

车辆类别代号位于产品型号的第二部分，用一位阿拉伯数字表示，按《汽车产品型号编制规则》的“各类汽车类别代号”表中规定，具体见表 1-10。

表 1-10 汽车型号中四位阿拉伯数字的含义

<table>
<tr><th colspan="2">第一位数字表示车辆的类别</th><th>第二、三位数字表示各类汽车的主要特征参数</th><th>第四位数字表示
企业自定代号</th></tr>
<tr><td>1</td><td>载货汽车</td><td rowspan="5">数值为汽车的总质量(t)</td><td rowspan="6">0—第一代产品
1—第二代产品
2—第三代产品
3—第四代产品
……</td></tr>
<tr><td>2</td><td>越野汽车</td></tr>
<tr><td>3</td><td>自卸汽车</td></tr>
<tr><td>4</td><td>牵引汽车</td></tr>
<tr><td>5</td><td>专用汽车</td></tr>
<tr><td>6</td><td>客车</td><td>数值×0.1 为汽车的总长度(m)</td></tr>
<tr><td>7</td><td>轿车</td><td>数值×0.1 为发动机的工作容积(L)</td><td rowspan="3"></td></tr>
<tr><td>8</td><td>(暂缺)</td><td></td></tr>
<tr><td>9</td><td>半挂车及专用半挂车</td><td>数值为汽车的总质量(t)</td></tr>
</table>

(1) 当汽车的总质量大于 100t 时,允许用三位数字。

(2) 当汽车总长度大于 10m 时,应以数值×1 为汽车的总长度(m)。

3. 主参数代号

主参数代号位于产品型号的第三部分,用两位阿拉伯数字表示。

(1) 载货汽车、越野汽车、自卸汽车、牵引汽车、专用汽车与半挂车的主参数代号为车辆的总质量(t)。牵引汽车的总质量包括牵引座上的最大总质量,当总质量在 100t 以上时,允许用三位数字表示。

(2) 客车及客车半挂车的主参数代号为车辆长度(m)。当车辆长度小于 10m 时,应精确到小数点后一位,并以长度(m)值的 10 倍数值表示。

(3) 轿车的主参数代号为发动机排量(L)。应精确到小数点后一位,并以其值的 10 倍数值表示。

(4) 主参数的数字修约按《数字修约规则》规定。主参数不足规定位数时,在参数前以 0 占位。

4. 产品序号

产品序号位于产品型号的第四部分,用阿拉伯数字表示,数字由 0、1、2、… 的形式依次使用。

5. 专用汽车分类代号

专用汽车分类代号位于产品型号的第五部分,用反映车辆结构和用途特征的三个汉语拼音表示。结构特征代号按《汽车产品型号编制规则》的"结构特征代号"表中规定,用途特征代号另行规定。

例如,汽油、柴油发动机,长、短轴距,单、双排驾驶室,平、凸头驾驶室,左、右置转向盘等,可用汉语拼音字母和阿拉伯数字表示,位数也由企业自定。供用户选装的零部件(如暖风装置、收音机、地毯、绞盘等)不属结构特征变化,应不给予企业自定代号。汽车产品型号举例如图 1-23 和图 1-24 所示。

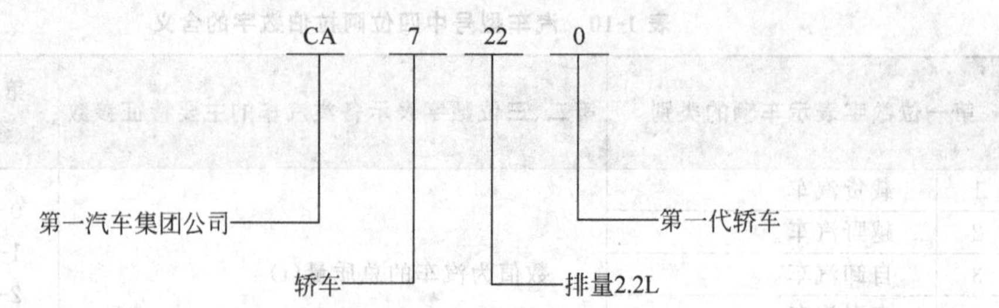

图 1-23 乘用车(轿车)型号示例

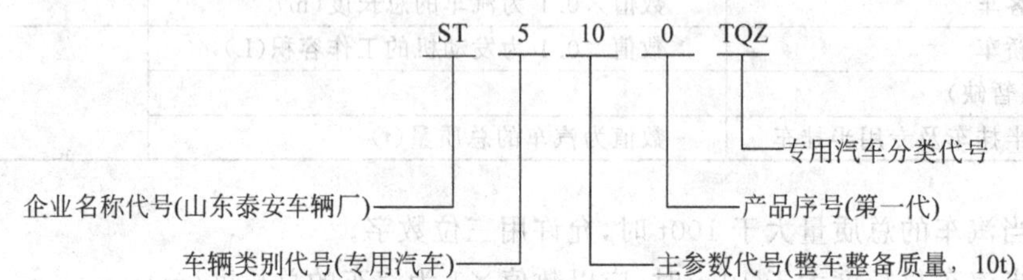

图 1-24 专用汽车型号示例

1.3 识别汽车的总体构造及车辆布置形式

汽车各个组成部分的总和为汽车的总体构造。为满足不同的使用要求，汽车的总体构造和布置形式可以各不相同。

◎ 客户委托1-2

想买汽车的小张听同事说买车前要看汽车的发动机，这不，一到 4S 店就让店员将自己中意的几款汽车打开，查看发动机。这时，小张疑惑了，这发动机的位置(图 1-25)怎么都不一样啊？同学们可以为小张答疑解惑吗？

图 1-25 发动机的不同位置

◎ 学习目标

(1) 能正确识别车辆的总体构造；

(2) 能正确识别车辆的布置形式。

◎ 知识点与技能点清单

序号	学 习 目 标	知 识 点	技 能 点
1	能正确识别车辆的总体构造	(1) 发动机； (2) 底盘； (3) 电气设备； (4) 车身	能正确描述汽车总体构造中各部分的功能
2	能正确识别车辆的布置形式	(1) 前置前驱(FF)； (2) 前置后驱(FR)； (3) 后置后驱(RR)； (4) 中置后驱(MR)； (5) 全轮驱动(4WD)	能正确识别汽车的布置形式

◎ 学习指南

(1) 明确学习目标和知识与技能点清单。

(2) 在课前完成学习任务中的知识类内容。在完成知识类学习任务时，可以参考本单元提供的学习信息，利用网络、厂家提供的维修手册和各类教学资源库等学习资源，也可以在课前或上课时向任课教师寻求帮助。任课教师可在正式上课时展示或共享大家对于知识类学习任务的完成情况，实现学习交流。

(3) 学习任务中的实操类内容，可以在正式上课前自行完成，也可以由任课教师在课堂上安排完成。

(4) 完成学习任务后，自行根据本书的鉴定表进行自查，并根据自己的不足进行知识与技能的补充学习。

(5) 任课教师按照鉴定表进行知识与技能鉴定。请注意，鉴定包括过程鉴定与终结性鉴定。学生平时的学习过程也将作为鉴定的依据，例如学习态度、学习过程中的技能展示、职场安全意识等。

◎ 学习任务

(1) 看图连线，认识汽车的总体构造。

车身　　发动机　　底盘

(2) 根据图 1-26 所示汽车透视图,依次填写汽车总体构成组件的序号。

图 1-26 汽车透视图

(　　)车身;(　　)发动机;(　　)电器;(　　)底盘。

(3) 将汽车各组成和它们的作用对应连线。

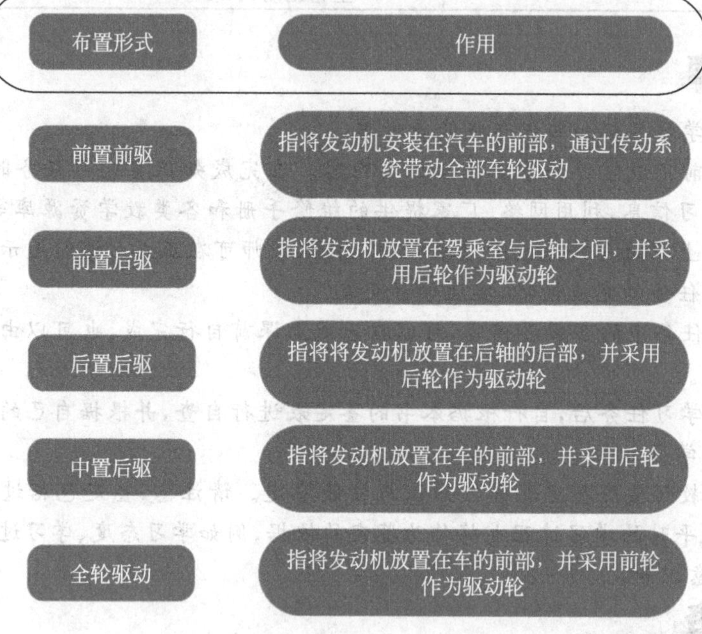

(4) 根据图 1-27 所示前置前驱汽车构造图指示,依次填写部件序号。

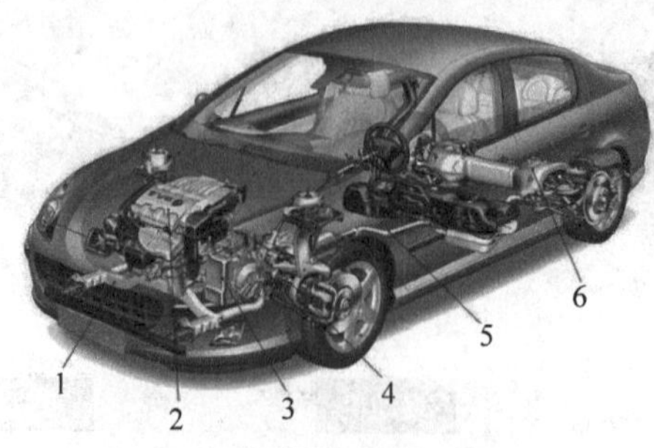

图 1-27 前置前驱汽车构造图

(　　)发动机(engine)；(　　)排气管(exhaust pipe)；(　　)半轴(half shaft)；(　　)前横梁(front cross member)；(　　)后桥(rear drive axle)；(　　)变速器(transmission)。

(5) 区分汽车的布置形式。

前置前驱
(FF)

前置后驱
(FR)

后置后驱
(RR)

(6) 在汽车检修厂识别各种车辆，观察不同汽车的部件的放置位置，完成表 1-11。

表 1-11　不同汽车的部件的放置位置

序　　号	车 辆 型 号	发动机在汽车中的位置	汽车布置形式	备　　注

鉴定

任课教师可以通过平时教学过程中学生的学习态度、参与教学活动的积极性、职场安全意识及终结性鉴定结果等确定其最后的鉴定结果，每个学生最多可以鉴定三次，鉴定教师需将鉴定结果填在表 1-12 中。

表 1-12　1.3 节鉴定表

序号	学 习 目 标	鉴定 1	鉴定 2	鉴定 3	鉴定结论	鉴定教师签字
1	能正确识别车辆的总体构造				□通过 □不通过	
2	能正确识别车辆的布置形式				□通过 □不通过	

1.3.1 汽车的总体构造

微课视频——汽车总体构造

一般汽车都由发动机、底盘、车身、电气设备四个部分组成，如图 1-28 所示。

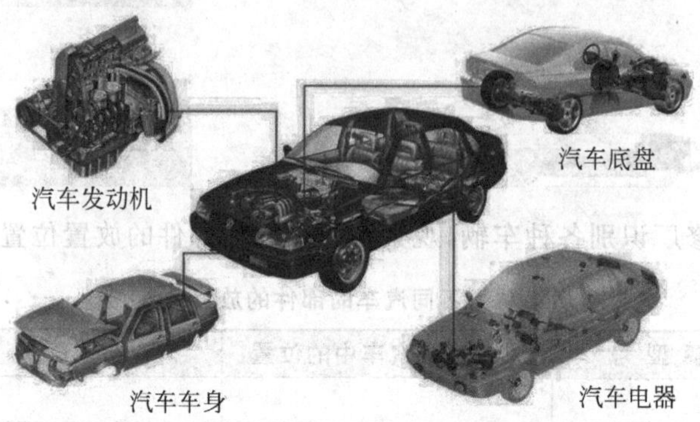

图 1-28 汽车总体构造

1. 发动机(engine)

发动机的作用是使供入其中的燃料燃烧而发出动力，然后通过底盘的传动系驱动汽车行驶。

2. 底盘(chassis)

底盘接受发动机的动力，使汽车产生运动，并保证正常行驶。底盘由传动系统、行驶系统、转向系统和制动系统组成。

- 传动系统。将发动机的动力传给驱动车轮。其中包括离合器、变速器、万向传动装置、驱动桥等部件。
- 行驶系统。将汽车各总成、部件连接成一整体，起到支持全车并保证行驶的作用。其中包括车架、车桥、车轮、悬架等部分。
- 转向系统。保证汽车能按照驾驶员所选定的方向行驶，由带转向盘的转向器和转向传动机构组成。
- 制动系统。用以降低汽车速度甚至于停车，或在汽车下坡时使车速稳定，或使汽车在原地可靠地停驻。由供能装置、控制装置、传动装置、制动装置等部分组成。

3. 车身(body)

车身用以安置驾驶员、乘客或货物。除轿车、客车有一整体的车身外，普通货车车身是由驾驶室和货箱组合而成的。

4. 电气设备(electrical equipment)

电气设备由电源组、发动机的启动系和点火系，以及汽车的照明装置、信号装置、电器部件等用电设备组成。

1.3.2 汽车的布置形式

微课视频——汽车的布置形式

为满足不同使用要求，汽车的总体结构和布置形式存在着差异，如发动机布置、传动装置、驱动形式、车身等有所不同。汽车传动系的布置形式与发动机的位置及驱动形式有关，一般可分为前置前驱(FF)、前置后驱(FR)、后置后驱(RR)、中置后驱(MR)、全轮驱动(4WD)形式。

(1) 前置前驱。前置前驱是指将发动机放置在车的前部，并采用前轮作为驱动轮，现在大部分轿车都采取这种布置方式。前置前驱汽车的直线行驶稳定性非常好，如图1-29所示。

(2) 前置后驱。前置后驱是指将发动机放置在车前部，并采用后轮作为驱动轮。前置后驱汽车拥有较好的操控性能和行驶稳定性，如图1-30所示。

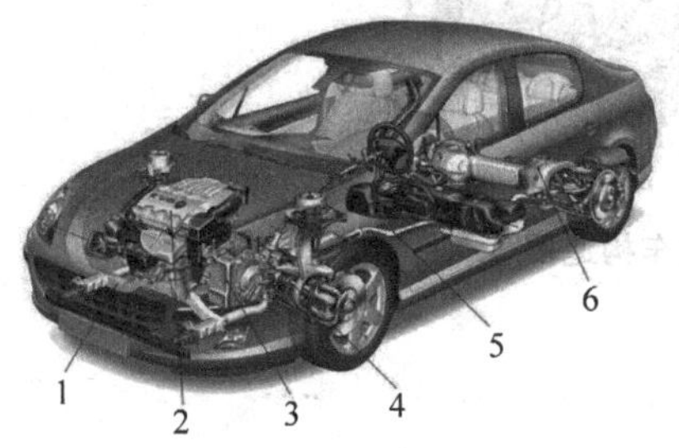

图1-29 前置前驱汽车构造图

1—前横梁(front cross member)；2—发动机(engine)；3—变速器(transmission)；4—半轴(axle shaft)；5—排气管(exhaust pipe)；6—后桥(rear drive axle)

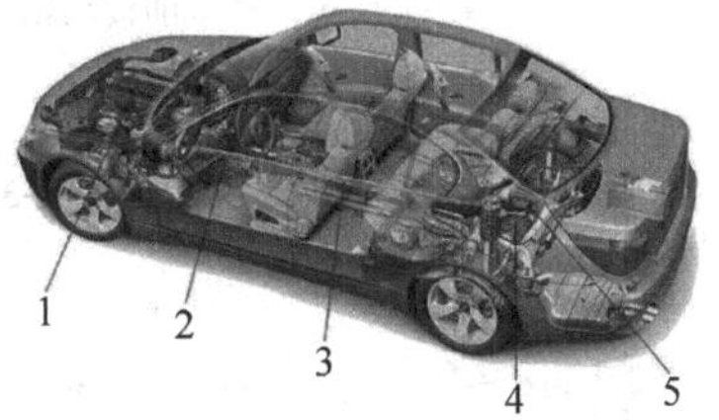

图1-30 前置后驱汽车构造图

1—发动机(engine)；2—变速器(transmission)；3—传动轴(transmission shaft)；4—差速器(differential)；5—半轴(axle shaft)

(3) 后置后驱。后置后驱是指将发动机放置在后轴的后部，并采用后轮作为驱动轮，如图1-31所示。超级跑车一般都采用后置后驱方式。

(4) 中置后驱。中置后驱是指将发动机放置在驾乘室与后轴之间，并采用后轮作为驱动轮，如图1-32所示。中置后驱是高级跑车的主流驱动方式。

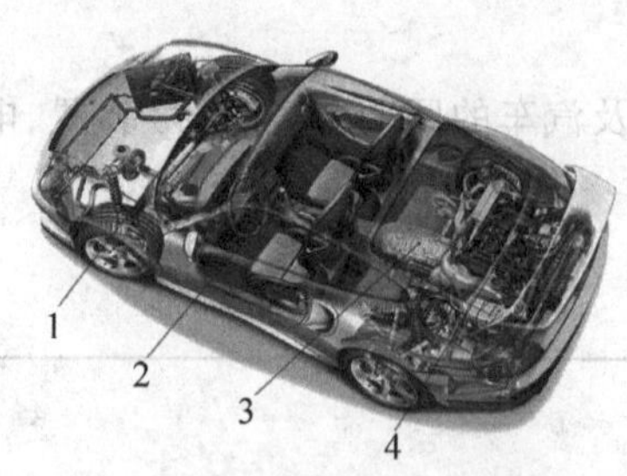

图 1-31　后置后驱汽车构造图

1—前悬架(suspension)；2—变速杆(gear-change lever)；3—变速器(transmission)；4—发动机(engine)

图 1-32　中置后驱汽车构造图

1—备胎(spare tire)；2—蓄电池(battery)；3—发动机(engine)；4—变速器(transmission)；5—半轴(axle shaft)

(5) 全轮驱动。全轮驱动又称四轮驱动，是指汽车的总布置形式为全部车轮都是驱动轮。一般来说，发动机安装在汽车的前部，通过传动系统带动全部车轮驱动，如图 1-33 所示。越野汽车和 SUV 多采用全轮驱动方式。

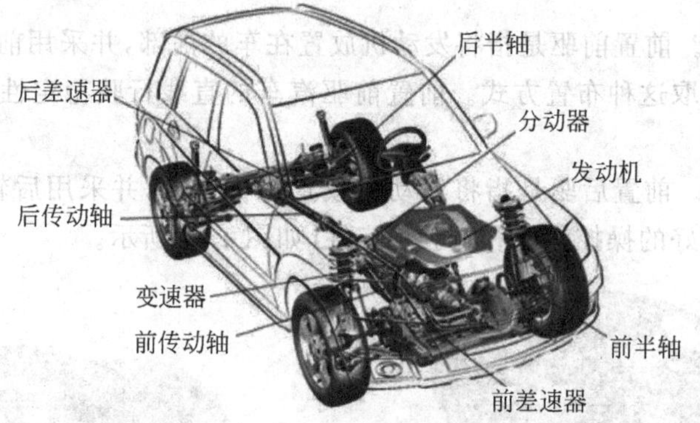

图 1-33　全轮驱动汽车构造图

单元2

识别发动机及部件

2.1 识别发动机的分类及总体构造

发动机是一种能够把其他形式的能转化为机械能的机器。发动机既可以按照燃烧的位置进行分类，也可以按照车辆的类型进行分类。其中，首先要了解的是发动机的基本工作原理以及总体构造。

◎ 客户委托2-1

晓峰准备将自家院子里的三轮车（图 2-1）开到庄稼地里，可是发现没油了。当晓峰想将汽油灌进油箱时，被晓峰爸爸连忙阻止，说应该灌柴油。这下晓峰有点傻了，为什么呢？你能为晓峰解惑吗？

图 2-1　晓峰家的三轮车

◎ 学习目标

能够识别发动机的分类及总体构造。

◎ 知识点与技能点清单

学习目标	知识点	技能点
识别发动机的分类及总体构造	(1) 发动机的分类及类型； (2) 发动机的常见术语； (3) 四冲程汽油发动机的工作原理； (4) 四冲程柴油发动机的工作原理； (5) 发动机的总体构造； (6) 内燃机的编号	(1) 能识别发动机的类型； (2) 能了解四冲程发动机的工作过程； (3) 能详细说明发动机的整体构造； (4) 能读懂内燃机的编号

◎ 学习指南

(1) 明确学习目标和知识与技能点清单。

(2) 在课前完成学习任务中的知识类内容。在完成知识类学习任务时，可以参考本单元提供的学习信息，利用网络、厂家提供的维修手册和各类教学资源库等学习资源，也可以在课前或上课时向任课教师寻求帮助。任课教师可在正式上课时展示或共享大家对于知识类学习任务的完成情况，实现学习交流。

(3) 学习任务中的实操类内容，可以在正式上课前自行完成，也可以由任课教师在课堂上安排完成。

(4) 完成学习任务后，自行根据本书的鉴定表进行自查，并根据自己的不足进行知识与技能的补充学习。

(5) 任课教师按照鉴定表进行知识与技能鉴定。请注意，鉴定包括过程鉴定与终结性鉴定。学生平时的学习过程也将作为鉴定的依据，例如学习态度、学习过程中的技能展示、职场安全意识等。

◎ 学习任务

(1) 正确连线发动机的各种类型示意图。

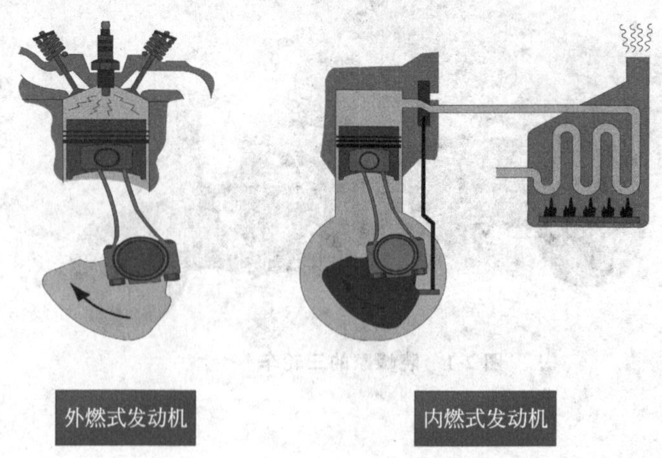

外燃式发动机　　　　内燃式发动机

(2) 什么是发动机？发动机的分类有哪些？

(3) 到汽车实训场所，观察实训车辆发动机，填写表2-1，确定发动机类型及所在位置。

表 2-1　实训车辆发动机的类型及所在位置

车　　型	发动机类型	所 在 位 置

(4) 看图连线发动机类型与气缸的排列方式。

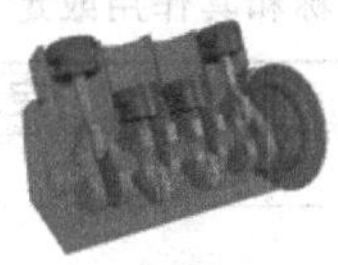

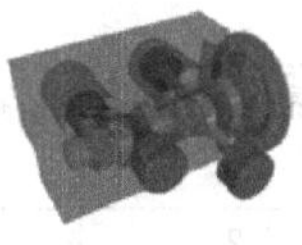

斜置式发动机　　直列式发动机　　对置式发动机　　V型发动机

(5) 车用发动机的类型有哪些？分别有什么特征？

(6) 到汽车实训场所，观察实训车辆发动机，填写表2-2，确定发动机类型及参数。

表 2-2　实训车辆发动机的类型及参数

车型		
发动机类型		
发动机型号		
排量/mL		
气缸排列形式		
气缸数/个		
每缸气门数/个		
缸径/mm		
燃料形式		
燃油标号		
供油方式		

(7) 小王在汽车杂志上看到这样的一幅图(图 2-2),你能将图中标号的名称和其作用或者定义填入表 2-3 吗?

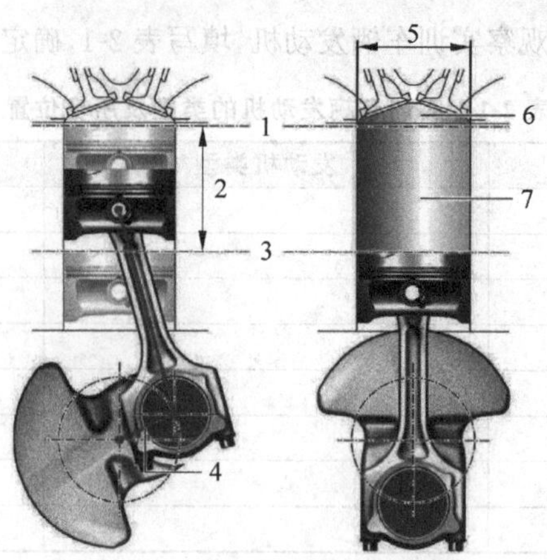

图 2-2　汽车杂志上的某幅图

表 2-3　图 2-2 中标号的名称和其作用或定义

序　　号	名　　称	定义/作用
1	上止点	
2	活塞行程/S	
3	下止点	
4	曲柄半径/R	
5	气缸直径	
6	燃烧室容积/V_c	
7	气缸工作容积/V_a	

(8) 已知 EQ6100 发动机为 6 缸,缸径为 100mm,活塞行程是 115mm,请问该发动机的排量是多少?

(9) 请为四冲程汽油发动机的四个行程进行连线。

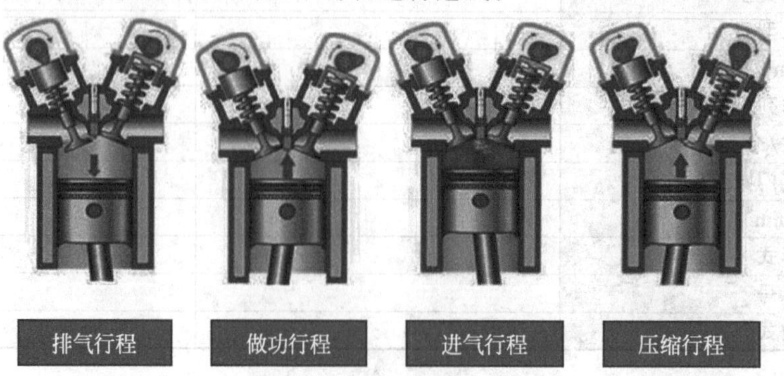

排气行程　　做功行程　　进气行程　　压缩行程

(10) 分别简述四冲程汽油发动机与四冲程柴油发动机之间有什么相同之处及不同之处?

____

____

____

(11) 到汽车实训场所,观察实训车辆发动机,填写表2-4,确定发动机的工作原理。

表2-4 实训车辆发动机的工作原理

车 型	发动机类型	发动机型号	工作原理

(12) 准确识别图2-3所示发动机总体构造的零部件,并填写其序号。

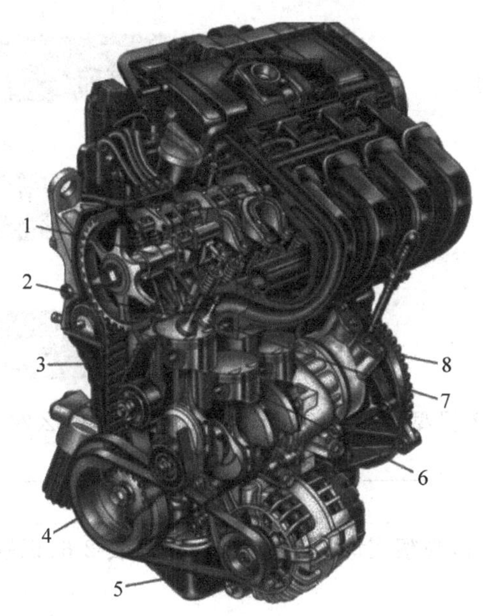

图2-3 发动机总体构造的零部件

( )飞轮;( )凸轮轴;( )曲轴带轮;( )排气门;( )活塞;( )正时带;( )进气门;( )油底壳。

(13) 现代汽车发动机的结构形式很多,但就其总体功能而言,基本上包括哪些机构和系统?

____

____

____

(14) 到汽车实训场所,观察实训车辆发动机,填写表 2-5,识别不同型号发动机的总体构造。

表 2-5 不同型号发动机的总体构造

车　　型	发动机类型	发动机型号	发动机构造

(15) 正确连接内燃机型号的四个组成部分。

第一部分	由结构特征和用途特征符号组成，以字母表示
第二部分	区分符号。同一系列产品因改进等原因需要区分时，由制造厂选用适当符号表示
第三部分	由制造商代号或系列号组成
第四部分	由气缸数符号、冲程符号、气缸排列形式符号和缸径符号等组成

(16) 汽油发动机内燃机型号为 4100Q,表示的含义是什么?

(17) 到汽车实训场所,观察实训车辆发动机,填写表 2-6,识别内燃机的编号,从而确认发动机的类型。

表 2-6 实训车辆发动机的类型确认

车　　型	发动机型号	内燃机编号	发动机类型

鉴定

任课教师可以通过平时教学过程中学生的学习态度、参与教学活动的积极性、职场安全意识及终结性鉴定结果等确定其最后的鉴定结果，每个学生最多可以鉴定三次，鉴定教师需将鉴定结果填在表 2-7 中。

表 2-7 2.1 节鉴定表

序号	学 习 目 标	鉴定 1	鉴定 2	鉴定 3	鉴定结论	鉴定教师签字
1	能够识别发动机的分类及总体构造				□通过 □不通过	

2.1.1 发动机的分类

微课视频——发动机的分类及类型

发动机是将某一种形式的能量转变为机械能的机器。根据燃烧的位置、燃烧的类型和内部运动的类型等分为以下几类。

1. 内燃发动机(internal-combustion engine)

内燃发动机是燃料在发动机内部燃烧。燃烧过程直接在必须移动以产生机械能的部件中发生。汽油发动机、摩托车发动机等都是内燃发动机，如图 2-4 所示。

2. 外燃发动机(external combustion engine)

在外燃发动机内，燃料必须远离被移动的部件。如图 2-5 所示，蒸汽发动机的锅炉就在外部，它不接触活塞。

3. 间歇燃烧发动机(intermittent combustion engine)

间歇燃烧发动机内的燃烧有开始和停止现象。常见的汽油、柴油等发动机都是间歇燃烧发动机。

4. 持续燃烧发动机(continuous combustion engine)

持续燃烧发动机内的燃烧是一直持续的。采用持续燃烧的发动机有直升机发动机、火箭发动机、喷气发动机等。

5. 往复式发动机(reciprocating engine)

在往复式发动机中，燃油内部能量产生的运动使部件上下移动，这种往复运动必须随后转换成旋转运动。常见的汽

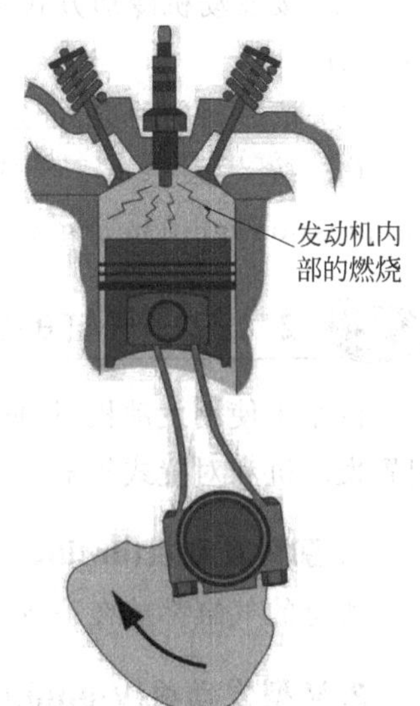

图 2-4 内燃式发动机示意图

油发动机、柴油发动机都是往复运动发动机，如图 2-6 所示。

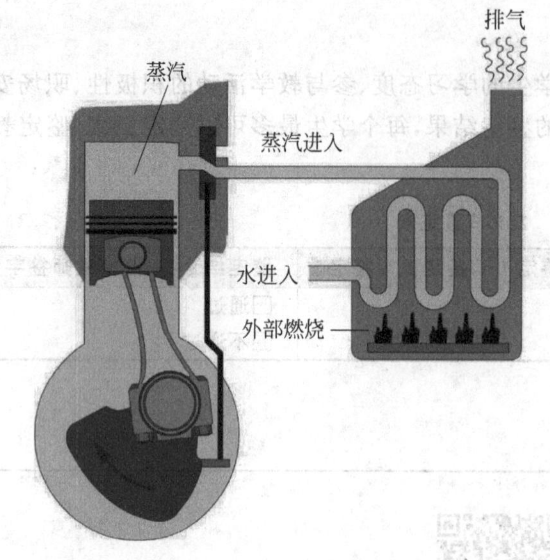

图 2-5　外燃式发动机示意图

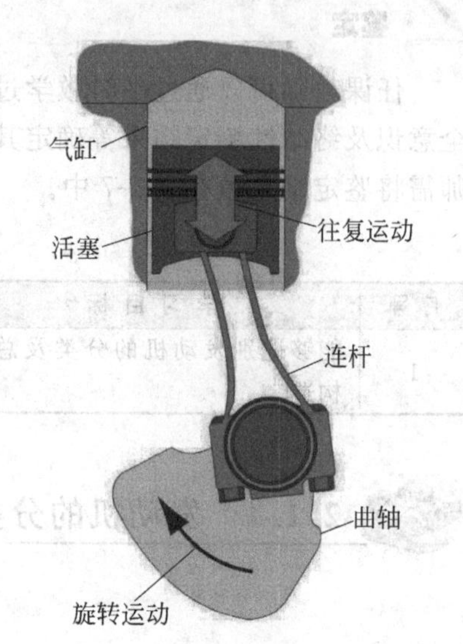

图 2-6　往复式发动机示意图

6. 转子发动机(rotary piston machine)

转子发动机的转子兼起往复式发动机的活塞和连杆的作用，并把燃气压力传给主轴。目前在国外，转子发动机还只限于装在一些赛车上。

7. 其他分类方法

(1) 按发动机完成一个工作循环活塞行程数，可分为二行程和四行程发动机(two stroke and four stroke engine)。

(2) 按发动机冷却方式不同，可分为水冷和风冷发动机(water cooled and air cooled engine)。

(3) 按燃料的种类，可分为汽油、柴油、燃气发动机等(gasoline、diesel、gas engine)。

(4) 按点火方式，可分为有火花塞点火和压缩点火发动机(spark plug and compression ignition engine)。

2.1.2　气缸的排列方式

汽车中使用发动机，根据气缸的排列方式的不同，可以分为直列发动机、V 型发动机、斜置发动机和对置式气缸布置形式。

1. 直列发动机(in-line engine)

所有的气缸都放在一排，缸体是一个整体铸件，所有气缸都垂直排列，如图 2-7 所示。

2. V 型发动机(V-engine)

V 型发动机有两排气缸，如图 2-8 所示，这两排气缸之间的夹角大约为 60°～90°。这种类型的发动有两个缸盖。

图 2-7　直列发动机示意图

图 2-8　V 型发动机示意图

3. 斜置式发动机(inclined engine)

斜置式发动机的气缸的布置形式是斜置式结构，如图 2-9 所示。其目的是缩短发动机顶部与底部之间的距离，具有更好的空气动力学特性。

4. 对置式发动机(opposed engine)

对置式发动机用在发动机的垂直空间很小的车辆上，两排气缸之间的夹角通常是 180°，如图 2-10 所示。

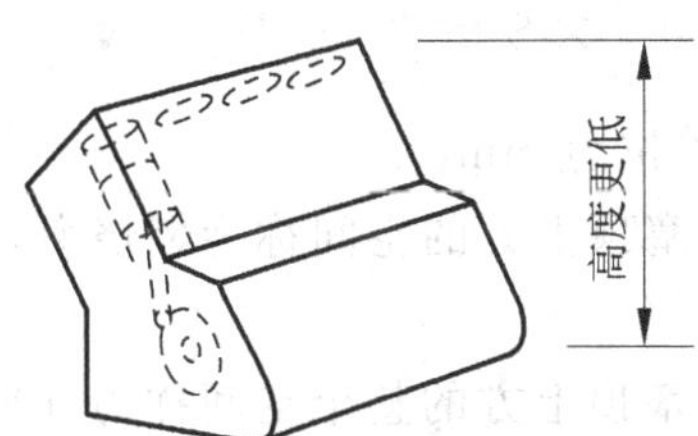

图 2-9　斜置式发动机示意图

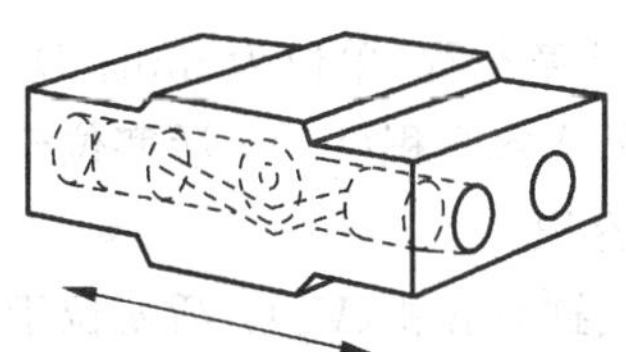

图 2-10　对置式发动机示意图

2.1.3　发动机的常见术语

微课视频——认识汽车发动机的基本术语

发动机的常见术语示意图如图 2-11 所示。

(1) 上止点：活塞上下往复运动时活塞顶离曲轴旋转中心最远处，即活塞最高位置。

(2) 下止点：活塞上下往复运动时活塞顶离曲轴旋转中心最近处，即活塞最低位置。

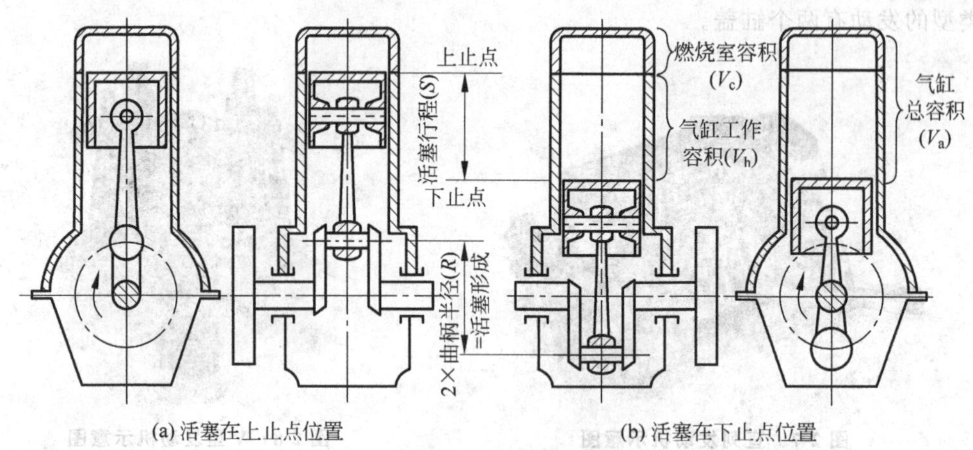

图 2-11　发动机常见术语示意图

(3) 活塞行程(S)：活塞上、下止点间的距离称为活塞行程。曲轴每转动半圈(即180°)相当于一个行程。

(4) 曲柄半径(R)：与连杆大端相连接的曲柄销的中心线到曲轴回转中心线的距离。曲轴每转一周，活塞移动两个曲柄半径，即 $S=2R$。

(5) 气缸工作容积(V_h)：活塞从上止点到下止点所扫过的气缸容积，称为气缸工作容积。其计算公式为

$$V_h=\pi D^2\times\frac{1}{4}\times10^{-3}\times S$$

式中，S—活塞行程，单位为 mm；D—气缸直径，单位为 mm。

(6) 燃烧室容积(V_c)：活塞位于上止点时，活塞顶上方的空间称为燃烧室，其容积称为燃烧室容积。

(7) 气缸总容积(V_a)：活塞位于下止点时，活塞顶上方的整个空间称为气缸总容积。其计算公式为

$$V_a=V_h+V_c$$

(8) 发动机工作容积(V_L)：多缸发动机各气缸工作容积之和，称为发动机工作容积或发动机排量。若发动机的气缸数为 i，则

$$V_L=V_h\times i=\pi D^2\times\frac{1}{4}\times10^{-3}\times S\times i$$

(9) 压缩比(ε)：气缸总容积与燃烧室容积之比，称为压缩比。通常用符号 ε 表示。

压缩比是发动机的一个很重要的参数。它反映了在压缩行程中气缸内的可燃混合气被压缩的程度。排量相同的发动机，压缩比越高，做功行程时膨胀能力就越强，输出功率越大。汽油发动机压缩比一般为 6～11，柴油发动机为 16～22。

(10) 发动机工况：发动机在某一时刻的运行状况称为发动机工况，用发动机此时输出的转速和有效功率表示。

(11) 工作循环：在气缸内进行的每一次将热能转化为机械能的一系列连续过程(进气、压缩、做功、排气)称为发动机的工作循环。

2.1.4 发动机的基本工作原理

1. 四冲程汽油发动机的工作原理

微课视频——四冲程汽油发动机的工作原理

四冲程汽油发动机每完成一个工作循环需要经过进气、压缩、做功和排气四个行程，对应活塞上下往复运动四次，相应的曲轴旋转720°(两圈)，如图2-12所示。

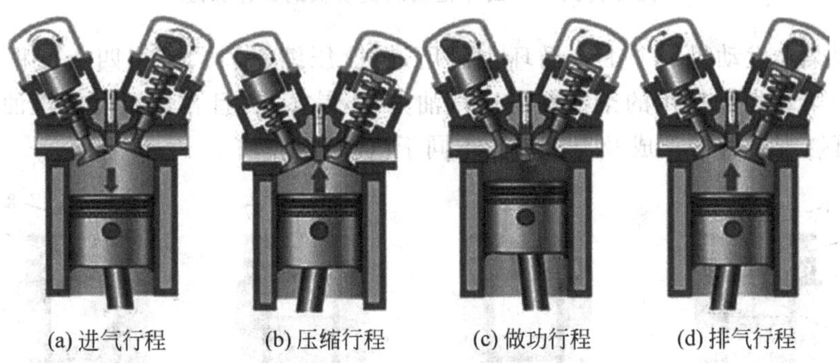

(a) 进气行程　(b) 压缩行程　(c) 做功行程　(d) 排气行程

图2-12　四冲程汽油发动机工作示意图

(1) 进气行程。进气行程开始时，活塞位于上止点，排气门关闭，进气门开启，活塞被曲轴带动从上止点向下止点移动，曲轴由0°沿顺时针方向转到180°。此时，气缸内活塞上方的容积增大，压力低到小于大气压力，可燃混合气在压差作用下被吸入气缸。进气终了时气缸内的压力为0.075～0.090MPa。流进气缸内的可燃混合气，因与气缸壁、活塞顶等高温机件接触并与前一行程(排气行程)留下的高温残余废气混合，所以它的温度上升到370～403K。

(2) 压缩行程。压缩行程开始时，进、排气门均关闭，活塞自下止点向上止点移动，曲轴由180°转到360°。由于活塞上方容积不断缩小，可燃混合气受到压缩，其温度和压力不断升高至易燃程度。压缩终了时，可燃混合气的温度为600～750K，可燃混合气压力为0.8～2.0MPa。压缩终了时，可燃混合气的压力和温度取决于压缩比，压缩比越大，燃烧速度越大，因而发动机发出的功率便越大，经济性越好。但压缩比过大时，不仅不能进一步改善燃烧状况，反而会出现爆燃和表面点火等不正常燃烧现象。

(3) 做功行程。在做功行程中，进、排气门仍关闭。当活塞在压缩行程接近上止点时，火花塞产生电火花，点燃被压缩的可燃混合气。可燃混合气燃烧后，放出大量的热能，使燃气的压力和温度急剧升高。最高压力为3～6.5MPa，相应的温度为2200～2800K，且体积迅速膨胀，从而使活塞被高压气体推动从上止点下行，带动曲轴从360°旋转到540°，并输出机械能。能量除了维持发动机本身继续运转消耗一部分外，其余部分都用于对外

做功，所以该行程称为做功行程。

(4) 排气行程。排气行程开始时，进气门关闭，排气门开启，活塞从下止点向上止点运动，曲轴由 540°旋转到 720°，废气被排出。排气终了时，气缸内压力稍高于大气压力，为 0.105～0.120MPa，废气温度为 900～1100K。因燃烧室占有一定容积，故排气终了时，不可能将废气排尽，留下的这一部分废气称为残余废气。

2. 四冲程柴油发动机的工作原理

微课视频——四冲程柴油发动机的工作原理

四冲程柴油发动机每个工作循环也经历进气、压缩、做功、排气四个行程，如图 2-13 所示。由于柴油发动机用的柴油黏度比汽油大，不易蒸发，且自燃温度比汽油低，因此柴油发动机可燃混合气的形成及点火方式不同于汽油发动机。

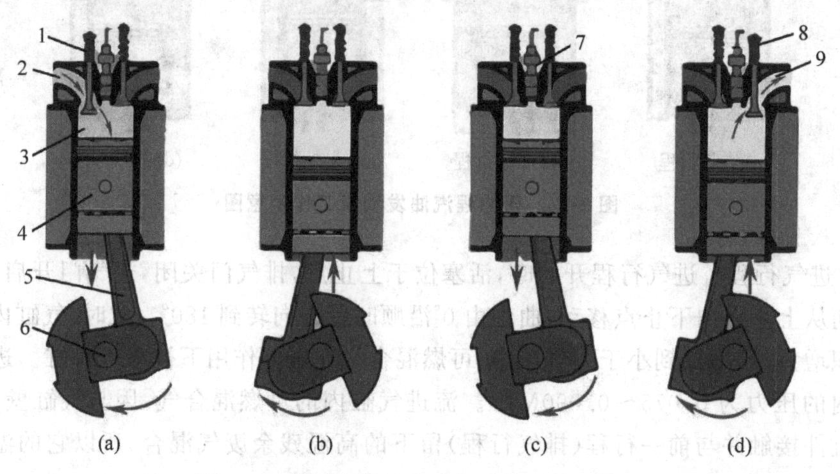

图 2-13　四冲程柴油发动机工作原理示意图

1—进气门(intake valve)；2—空气(air)；3—气缸(cylinder)；4—活塞(piston)；5—连杆(connecting rod)；6—曲轴(crankshaft)；7—喷油器(injector)；8—排气门(exhaust valve)；9—废气(exhaust gas)

(1) 进气冲程[图 2-13(a)]。第一冲程——进气，它的任务是使气缸内充满新鲜空气。当进气冲程开始时，活塞从上止点开始下行，吸入的是纯空气。

(2) 压缩冲程[图 2-13(b)]。压缩时活塞从下止点向上止点运动，这个冲程的功用有两个，一是提高空气的温度，为燃料自行着火做准备；二是为气体膨胀做功创造条件。当活塞上行，进气门关闭以后，气缸内的空气受到压缩，随着容积的不断缩小，空气的压力和温度则不断升高，压缩终点的压力和温度与空气的压缩程度有关，即与压缩比有关，一般压缩终点的压强和温度为：$P_c=3\sim5\text{MPa}$，$T_c=750\sim1000\text{K}$，大大超过了柴油的自燃温度，故柴油喷入气缸后，在很短的时间内与高温高压空气混合后，便立即自行着火燃烧。

(3) 做功冲程[图 2-13(c)]。在这个冲程开始时，大部分喷入燃烧室内的燃料都燃烧了。燃烧燃烧时放出大量的热量，因此气体的压力和温度便急剧升高，气缸内压力上升到6～9MPa，温度上升到2000～2500K。活塞在高温高压气体的作用下向下运动，并通过连杆使曲轴转动，对外做功。

(4) 排气冲程[图 2-13(d)]。排气冲程的功用是把燃烧后的废气排出去，以便充填新鲜空气，为下一个循环的进气做准备。

柴油发动机与汽油发动机相比，各有其特点。柴油发动机的热效率高，燃油经济性较好，且没有点火系统，所以故障较少易保养，工作可靠。但柴油发动机转速较汽油发动机低(一般转速为1800～3000r/min)，质量大，制造和维修费用高，噪声大，启动困难等。汽油发动机转速高(目前载货车用汽油发动机转速一般为3000～4000r/min，轿车用汽油发动机最高转速可达6000～8000r/min)，适应性好，工作平稳、柔和，操作方便、省力，质量轻，噪声小，造价低，容易启动等，故在轿车和中小型货车及军用越野车上得到广泛的应用。但汽油发动机燃料消耗率较高，经济性较差，排气净化指标低。

2.1.5 发动机的总体构造

微课视频——汽油发动机总体构造

现代汽车发动机的结构形式很多，但就其总体功能而言，基本上是由如下的机构和系统组成：曲柄连杆机构、配气机构、燃料供给系统、冷却系统、润滑系统、启动系统、点火系统。柴油发动机则无点火系统。图 2-14 所示为汽油发动机构造示意图。

1. 曲柄连杆机构(crankshaft connecting rod system)

曲柄连杆机构包括活塞连杆组和曲轴飞轮组。其作用是提供燃烧场所，把燃料燃烧后的气体作用在活塞顶上的膨胀压力转变为曲轴旋转的转矩，不断输出动力。

2. 配气机构(valve mechanism)

配气机构主要由气门、气门座、气门弹簧、气门导管、液力挺柱总成、凸轮轴、凸轮轴正时齿轮等组成。其作用是根据发动机每一气缸内所进行的工作循环或发火次序的要求，定时打开和关闭各气缸的进、排气门，使新鲜可燃混合气(汽油发动机)或空气(柴油发动机)得以及时进入气缸，废气得以及时从气缸排出，使换气过程最佳，以保证发动机在各种工况下工作时发挥最好的性能。

3. 燃料供给系统(fuel supply system)

采用汽油喷射供油时，其供油系统主要由空气系统、燃料系统、控制系统等部件组成。其作用是根据检测的空气量信号，计算发动机燃烧时所需要的汽油量，向喷射阀提供开阀信号，然后将加有一定压力的汽油，通过开启的喷射阀供给发动机。

图 2-14　汽油发动机构造示意图

柴油发动机供给系统的主要功能是为柴油发动机气缸内混合气形成与燃烧提供所需的燃料。其主要由燃油供给、空气供给、混合气形成及废气排出装置组成。

4. 冷却系统(cooling system)

冷却系统主要由水泵、散热器、风扇、节温器、水温表、水管及水套等组成。冷却系统的基本功能是从发动机内部把热量转移到外面的空气中，混合气在发动机气缸中的燃烧产生相当高的热量和温度，热量被气缸壁、气缸盖和活塞吸收。这些部件需要冷却系统保护，从而避免部件过热。冷却系统不仅保护发动机部件，而且防止部件上的润滑油失去润滑性能。

5. 润滑系统(lubrication system)

润滑系统主要包括油底壳、机油滤清器、机油泵、限压阀和油桶标尺等。润滑系统的基本任务就是将机油不断地供给各零件的摩擦表面，减少零件的摩擦和磨损。流动的机油不仅可以清除摩擦表面上的磨屑等杂质，而且可以冷却摩擦表面。气缸壁和活塞环上的油膜还能提高气缸的密封性。此外，机油还可以防止零件生锈。

6. 启动系统(start-up system)

启动系统主要由启动机、蓄电池、点火开关、电缆、启动继电器和飞轮齿圈等组成。启

动机的作用是从蓄电池中获取电能，然后把所获能量转化为机械能，并通过驱动机构传递给发动机飞轮，让发动机曲轴旋转。

7. 点火系统(ignition system)

点火系统包括蓄电池、点火开关、点火线圈、分电器、高压导线、火花塞、传感器、电控单元等组成。为了适应发动机的工作，要求点火系能按照发动机的点火次序，在一定的时刻，供给火花塞以足够能量的高压电，使其两极间产生电火花，点燃混合气，使发动机做功。

2.1.6　内燃机的编号

为了便于内燃机的生产管理和使用，国家标准(GB/T 725—2008)对内燃机的名称和型号做了统一规定。

内燃机型号由以下四部分组成。

- 第一部分：由制造商代号或系列号组成。
- 第二部分：由气缸数符号、冲程符号、气缸排列形式符号和缸径符号等组成。
- 第三部分：由结构特征和用途特征符号，以字母表示。
- 第四部分：区分符号。同一系列产品因改进等原因需要区分时，由制造厂选用适当符号表示。

内燃机名称及型号各符号代表的意义，如图 2-15 所示。

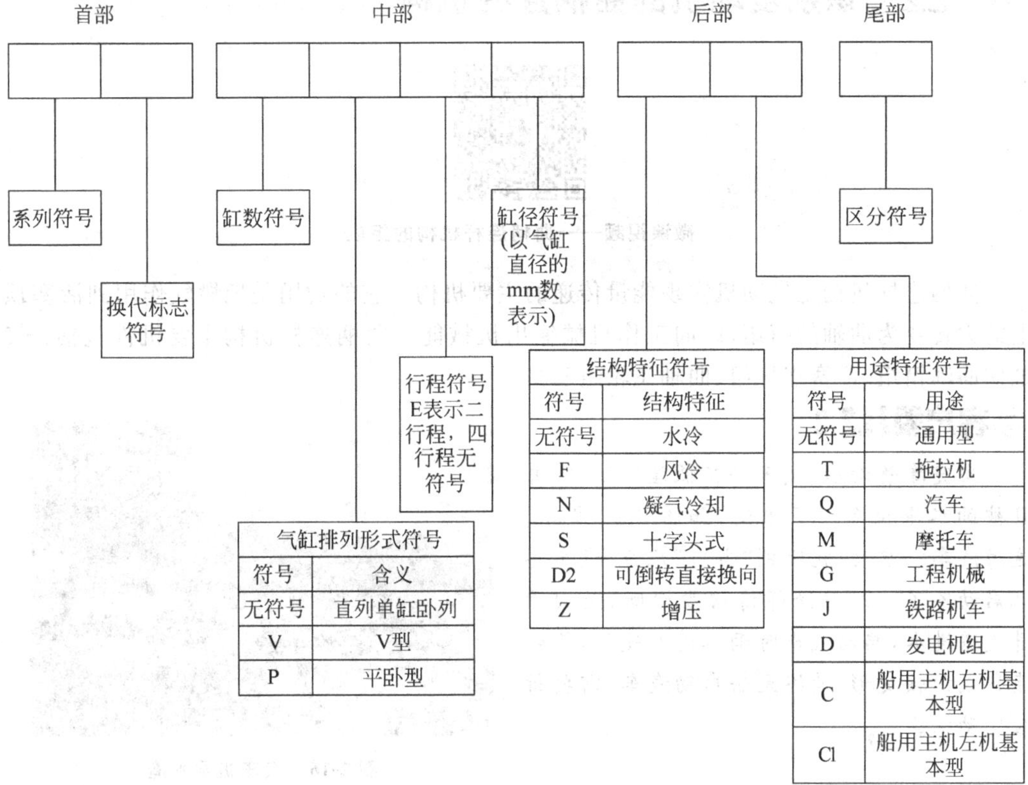

图 2-15　内燃机名称及型号各符号代表的意义

型号编制举例如下。

1. 汽油发动机

- 1E65F：表示单缸，二行程，缸径 65mm，风冷通用型。
- 4100Q：表示四缸，四行程，缸径 100mm，水冷汽车用。
- 4100Q-4：表示四缸，四行程，缸径 100mm，水冷汽车用，第四种变型产品。
- CA6102：表示六缸，四行程，缸径 102mm，水冷通用型，CA 表示系列符号。
- 8V100：表示八缸，四行程、缸径 100mm，V 型，水冷通用型。
- TJ376Q：表示三缸，四行程，缸径 76mm，水冷汽车用，TJ 表示系列符号。

2. 柴油发动机

- 195：表示单缸，四行程，缸径 95mm，水冷通用型。
- 165F：表示单缸，四行程，缸径 65mm，风冷通用型。
- 495Q：表示四缸，四行程，缸径 95mm，水冷汽车用。
- X4105：表示四缸，四行程，缸径 105mm，水冷通用型，X 表示系列代号。
- 12V230/300ZCZ：表示十二缸、V 型、四冲程、缸径 230mm、行程 300mm、水冷、增压、船用主机、左机基本型。

2.2 识别发动机的曲柄连杆机构

微课视频——曲柄连杆机构的组成

曲柄连杆机构是发动机实现能量传递的主要机构。它的功用是把燃气作用到活塞顶上的力转变为曲轴的扭矩，以向工作机械输出机械能。曲柄连杆机构主要机件包括：气缸体曲轴箱组、活塞连杆组、曲轴飞轮组三组。

◎客户委托2-2

当突降暴雨后，汽车停在低洼的地方，并且被雨水淹至车门下方处，如图 2-16 所示。这时汽车一启动，就听到“当当”几声，汽车再也启动不了。经维修师傅初步诊断，是由于进气道进水，启动汽车时雨水进入气缸，导致连杆或曲轴变形，最终无法启动汽车，需要拆检发动机。

图 2-16　汽车被雨水淹

◎ 学习目标

能够识别发动机的曲柄连杆机构。

◎ 知识点与技能点清单

学习目标	知识点	技能点
识别发动机的曲柄连杆机构	(1) 气缸体曲轴箱组； (2) 活塞连杆组； (3) 曲轴飞轮组	(1) 识别曲柄连杆机构的每个零部件名称； (2) 能够根据发动机的零部件名称在发动机上指出其安装位置； (3) 能够快速地从不同系统的备件中找出所需的发动机零件

◎ 学习指南

(1) 明确学习目标和知识与技能点清单。

(2) 在课前完成学习任务中的知识类内容。在完成知识类学习任务时，可以参考本单元提供的学习信息，利用网络、厂家提供的维修手册和各类教学资源库等学习资源，也可以在课前或上课时向任课教师寻求帮助。任课教师可在正式上课时展示或共享大家对于知识类学习任务的完成情况，实现学习交流。

(3) 学习任务中的实操类内容，可以在正式上课前自行完成，也可以由任课教师在课堂上安排完成。

(4) 完成学习任务后，自行根据本书的鉴定表进行自查，并根据自己的不足进行知识与技能的补充学习。

(5) 任课教师按照鉴定表进行知识与技能鉴定。请注意，鉴定包括过程鉴定与终结性鉴定。学生平时的学习过程也将作为鉴定的依据，例如学习态度、学习过程中的技能展示、职场安全意识等。

◎ 学习任务

(1) 区分气缸体类型。

一般式气缸体 (bearing bush)	隧道式气缸体 (tunnel type cylinder block)	龙门式气缸体 (gantry cylinder block)

（2）看图连线，连接气缸体中零部件及其名称。

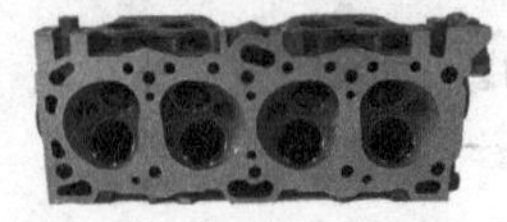

油底壳 (oil sump)　　气缸衬垫 (gasket)　　气缸盖 (cylinder head)

（3）到汽车实训场所，观察发动机的曲柄连杆机构，填写表 2-8。

表 2-8　实训汽车发动机的曲柄连杆机构的气缸体零件

车辆型号：　　　　　　　　　　　　　　发动机型号：

序　　号	零件名称（英汉双语）	主 要 功 能	安 装 位 置

（4）活塞连杆组构造连线题。

连杆(connecting rod)

活塞(piston)

（5）通过连线的方式将下列活塞顶部形式的图形与名称进行一一对应。

平顶式

凸顶式

凹顶式

（6）到汽车实训场所，观察发动机的曲柄连杆机构，填写表 2-9。

表 2-9　实训汽车发动机的曲柄连杆机构的活塞连杆组零件

车辆型号：　　　　　　　　　　　　　　发动机型号：

序　　号	零件名称（英汉双语）	主 要 功 能	安 装 位 置

（7）将图 2-17 所示的曲轴飞轮组中的部件序号填充至对应的部件名称括号中。

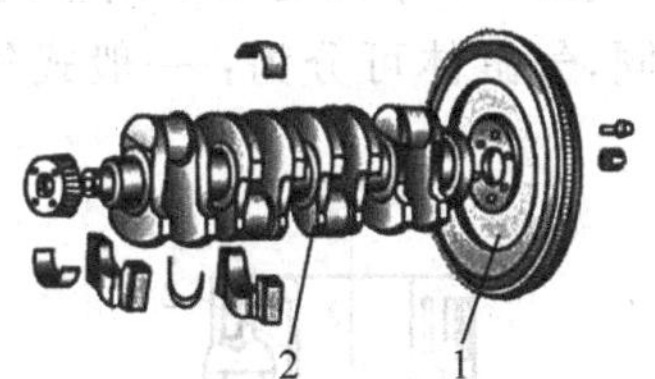

图 2-17　曲轴飞轮组

（　　）曲轴（crankshaft）；（　　）飞轮（flywheel）。

（8）到汽车实训场所，观察发动机的曲柄连杆机构，填写表 2-10。

表 2-10　实训汽车发动机的曲柄连杆机构的曲轴飞轮组零件

车辆型号：　　　　　　　　　　　　　　发动机型号：

序　　号	零件名称（英汉双语）	主 要 功 能	安 装 位 置

鉴定

任课教师可以通过平时教学过程中学生的学习态度、参与教学活动的积极性、职场安全意识及终结性鉴定结果等确定其最后的鉴定结果，每个学生最多可以鉴定三次，鉴定教师需将鉴定结果填在表 2-11 中。

表 2-11　2.2 节鉴定表

学习目标	鉴定 1	鉴定 2	鉴定 3	鉴定结论	鉴定教师签字
能够识别发动机的曲柄连杆机构				□通过 □不通过	

2.2.1　气缸体与曲轴箱组

发动机的主体将各个气缸和曲轴箱连成一体，是安装活塞、曲轴以及其他零件和附件的支承骨架。

1. 气缸体(cylinder block)

水冷式发动机的气缸体和曲轴箱常铸成一体。气缸体上半部有若干个为活塞在其中运动作导向的圆柱形空腔，称为气缸；下半部为支承曲轴的曲轴箱，其内腔为曲轴运动的空间。根据其具体结构形式不同，气缸体可分为：一般式气缸体、龙门式气缸体、隧道式气缸体，如图 2-18 所示。

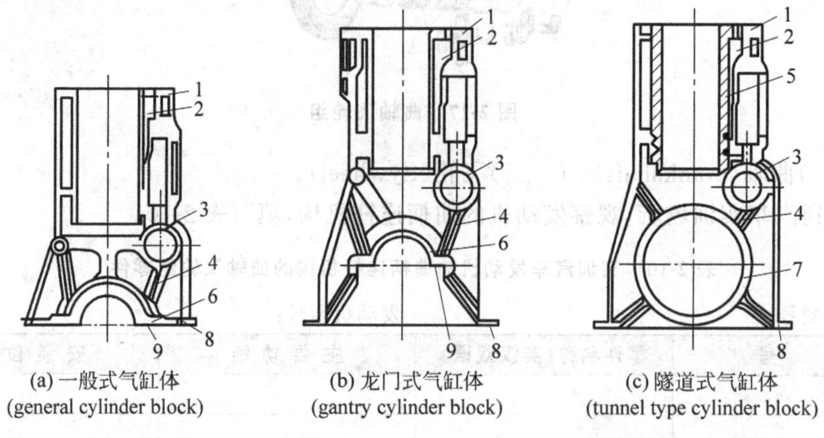

(a) 一般式气缸体 (general cylinder block)　(b) 龙门式气缸体 (gantry cylinder block)　(c) 隧道式气缸体 (tunnel type cylinder block)

图 2-18　气缸体示意图(schematic diagram of cylinder block)

1—气缸体(cylinder block)；2—水套(water jacket)；3—凸轮轴孔座(camshaft hole)；4—加强肋(strengthening rib)；5—湿缸套(wet liner)；6—主轴承座(main bearing seat)；7—主轴承座孔(main bearing seat hole)；8—安装油底壳的加工面(processing surface for oil pan)；9—安装主轴承盖的加工面(machined surface for Installing main bearing cover)

2. 气缸盖、气缸衬垫和气门室罩(cylinder head、gasket、valve cover)

气缸盖的功用是封闭气缸上部，并与活塞顶部和气缸壁一起形成燃烧室。气缸盖内部有与气缸体相通的冷却水套，有进、排气门座及气门导管孔和进、排气通道，有燃烧室、火花塞座孔(汽油发动机)或喷油器座孔(柴油发动机)，上置凸轮轴式发动机的气缸盖上还有用以安装凸轮轴的轴承座。图 2-19 所示为桑塔纳轿车发动机的气缸盖分解图。

气缸盖与气缸体之间有气缸盖衬垫，又称为气缸床。其功用是填补气缸体与缸盖结合面上的微观孔隙，保证结合面处有良好的密封性，保证燃烧室的密封，防止气缸漏气和水套漏水。

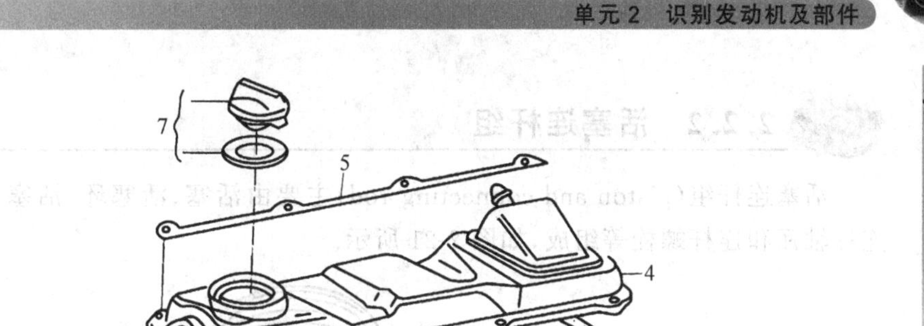

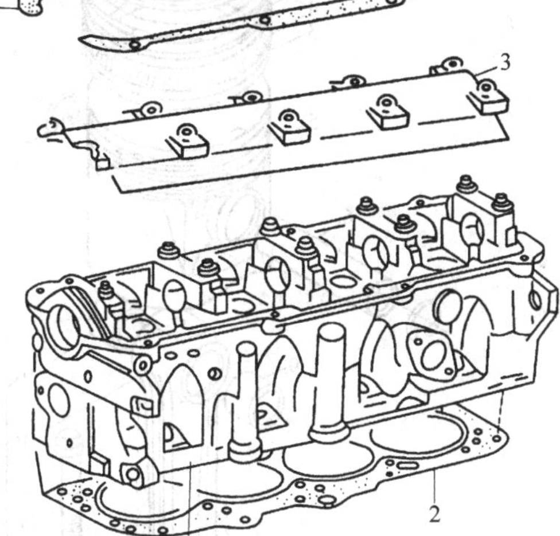

图 2-19　桑塔纳轿车发动机的气缸盖(santana engine cylinder head)

1—气缸盖(cylinder head)；2—气缸垫(gasket)；3—机油反射罩(valve cover)；4—气缸盖罩(cylinder head cover)；5—压条(depression bar)；6—气门罩垫(valve cover gasket)；7—加油盖(filler cap)

在气缸盖上部有起到封闭和密封作用的气门室罩，一般用薄钢板冲压而成，上设有加注机油用的注油孔。气门室罩与气缸盖之间设有密封衬垫。

3. 油底壳(oil sump)

油底壳的功用是贮存机油和封闭曲轴箱，同时也可起到机油散热作用。油底壳一般采用薄钢板冲压而成，如图 2-20 所示。油底壳中部做得较深，并在最深处装有放油塞。油底壳内还设有挡油板，防止汽车震动时油面波动过大。

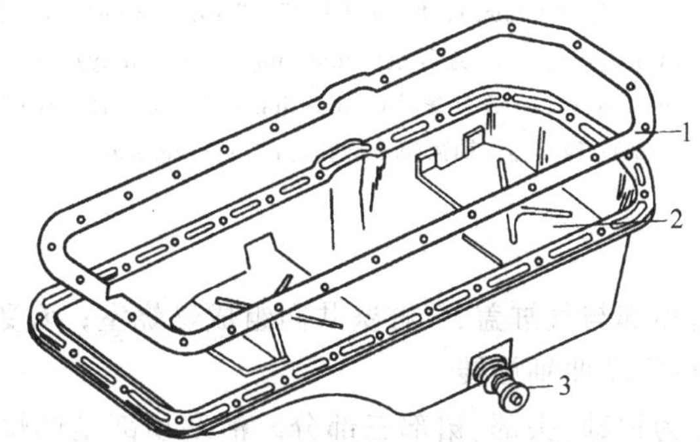

图 2-20　油底壳(oil sump)

1—衬垫(gasket)；2—稳油挡板(oil stable baffle)；3—放油塞(drain plug)

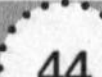

2.2.2 活塞连杆组

活塞连杆组(piston and connecting rod)主要由活塞、活塞环、活塞销、连杆、连杆盖、连杆轴瓦和连杆螺栓等组成,如图 2-21 所示。

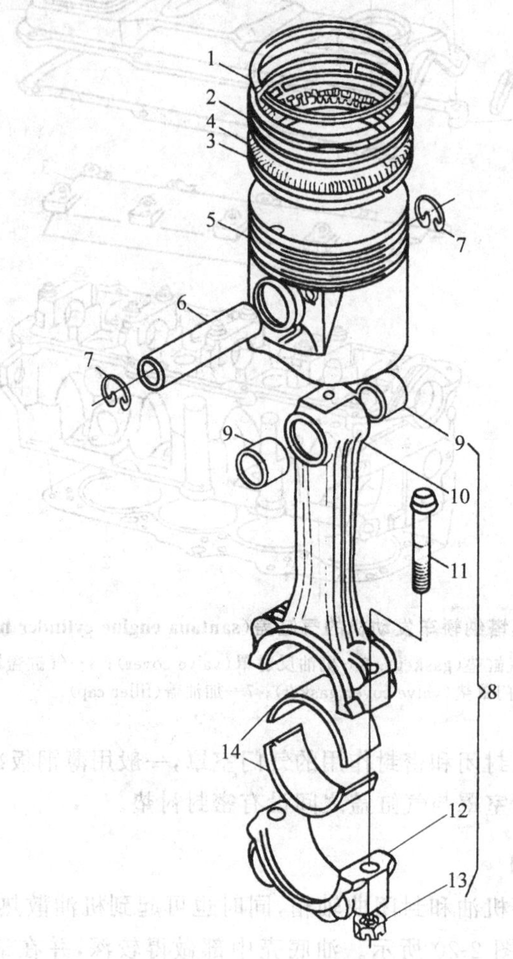

图 2-21 活塞连杆组(piston and connecting rod)

1、2—气环(gas rings);3—油环刮片(oil rings);4—油环衬簧(oil ring spring);5—活塞(piston);6—活塞销(piston pin);7—活塞销卡环(snap ring);8—连杆组(connecting rod assembly);9—连杆衬套(connecting rod bushing);10—连杆(connecting rod);11—连杆螺栓(connecting rod bolt);12—连杆盖(connecting rod cap);13—连杆螺母(connecting rod nut);14—连杆轴瓦(connecting rod bearing shell)

1. 活塞(piston)

活塞的功用是活塞顶部与气缸盖、气缸壁共同组成燃烧室;承受气体压力,并将此力通过活塞销传给连杆,以推动曲轴旋转。

活塞的基本构造分为顶部、头部、裙部三部分。活塞顶部是燃烧室的组成部分,有平顶、凹顶、凸顶;活塞头部是指活塞最下一道环槽以上部分;活塞裙部是指油环槽下端以下部分，其作用是为活塞在气缸内做往复运动导向和承受侧压力。

2. 活塞环(piston ring)

活塞环可分为气环和油环。

气环的功用是保证活塞与气缸壁间的密封，防止气缸中的高温、高压燃气大量漏入曲轴箱，同时还将活塞顶部的热量传导到气缸壁，再由冷却液或空气带走。一般发动机上每个活塞装有2～3道气环。

油环的功用是刮除气缸壁上多余的机油，并在气缸壁上部上一层均匀的油膜，既可以防止机油窜入气缸燃烧，又可以减小活塞、活塞环与气缸的磨损，还可以起到密封的辅助作用。通常发动机有1～2道油环。

3. 活塞销(piston pin)

活塞销的功用是连接活塞和连杆小头，将活塞承受的气体作用力传给连杆。活塞销通常做成空心圆柱体。

4. 连杆(connecting rod)

连杆的功用是将活塞承受的力传给曲轴，推动曲轴转动，从而使活塞的往复运动转变为曲轴的旋转运动。连杆由小头、杆身和大头三部分组成。

 2.2.3 曲轴飞轮组

曲轴飞轮组(crankshaft and flywheel)主要由曲轴、飞轮、扭转减振器、带轮、正时齿轮或链条组成。图2-22所示为曲轴飞轮组的总体结构。

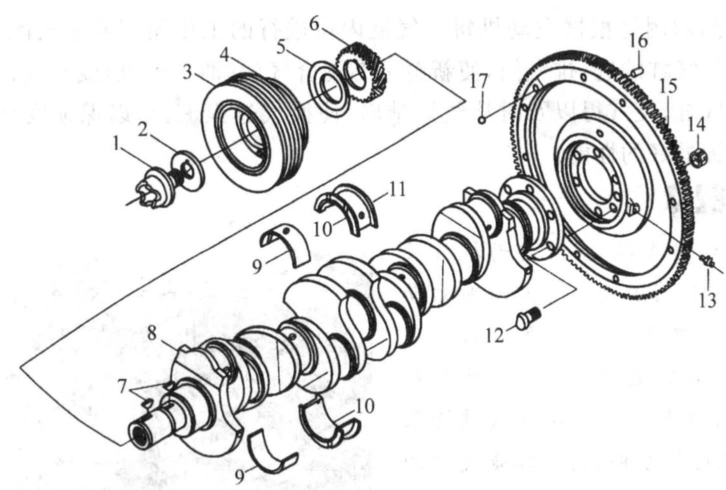

图 2-22 曲轴飞轮组(crankshaft and flywheel)

1—启动爪(starting jaw)；2—锁紧垫圈(lock washer)；3—扭转减振器(torsional vibration damper)；4—皮带轮(belt pulley)；5—挡油片(oil baffle)；6—正时齿轮(timing gear)；7—半圆键(woodruff key)；8—曲轴(crankshaft)；9、10—轴瓦(bearing bush)；11—止推片(crankshaft thrust halfring)；12—飞轮螺栓(flywheel bolt)；13—滑脂嘴(grease nipple)；14—螺母(nut)；15—飞轮齿圈(flywheel ring gear)；16—离合器盖定位销(clutch cover locating pin)；17—六缸上止点记号用钢球(No. six cylinder top deadcenter marking steel ball)

1. 曲轴(crankshaft)

曲轴的功用是承受连杆传来的力，并将其转变成扭矩，然后通过飞轮输出；另外，还用来驱动发动机的配气机构及其他辅助装置。曲轴一般由前端、主轴颈、曲柄、平衡重、连杆轴颈和后端组成。一个连杆轴颈和它左右主轴颈组成一个曲拐。

2. 曲轴扭转减振器(crankshaft tortional vibration damper)

为消除曲轴共振现象，曲轴前端装有扭转减振器，通常为摩擦式扭转减振器。

3. 飞轮(flywheel)

飞轮是一个转动惯量很大的圆盘，其主要功用是将在做功行程中输入于曲轴的动能的一部分贮存起来，用以在其他行程中克服阻力，带动曲柄连杆机构越过上下止点，保证曲轴的旋转角速度和输出扭矩尽可能均匀。此外，飞轮又往往用作摩擦式离合器的驱动件。

2.3 识别发动机配气机构

微课视频——识别发动机配气机构

配气机构的功用是根据发动机每一气缸内所进行的工作循环或发火次序的要求，定时打开和关闭各气缸的进、排气门，使新鲜可燃混合气（汽油发动机）或空气（柴油发动机）得以及时进入气缸，废气得以及时从气缸排出，使换气过程最佳，以保证发动机在各种工况下工作时发挥最好的性能。

◎客户委托2-3

一辆桑塔纳轿车的 AJR 发动机行驶里程为 25 万公里，客户反映该车有时启动困难、加速不畅、燃油消耗大，加速时排气管冒蓝烟，同时伴有黑烟。经汽车修理厂技术人员检查，该车两个月前更换过活塞环、轴瓦等活塞连杆组件，很可能是气门油封损坏导致机油渗入燃烧室。经检查还发现该车的正时皮带（图 2-23）也已老化严重，必须更换。故针对该车，必须对配气机构进行检测与维修。

图 2-23　正时皮带

◎ 学习目标

能够识别发动机配气机构。

◎ 知识点与技能点清单

学习目标	知识点	技能点
识别发动机配气机构	(1) 配气机构的组成； (2) 配气机构的布置形成； (3) 配气机构的传动方式	(1) 识别发动机配气机构的每个零部件名称； (2) 能够根据发动机配气机构的零部件名称在发动机配气机构上指出其安装位置； (3) 能够快速地从不同系统的备件中找出所需的发动机配气机构零件； (4) 能够知道配气机构的传动方式

◎ 学习指南

(1) 明确学习目标和知识与技能点清单。

(2) 在课前完成学习任务中的知识类内容。在完成知识类学习任务时，可以参考本单元提供的学习信息，利用网络、厂家提供的维修手册和各类教学资源库等学习资源，也可以在课前或上课时向任课教师寻求帮助。任课教师可在正式上课时展示或共享大家对于知识类学习任务的完成情况，实现学习交流。

(3) 学习任务中的实操类内容，可以在正式上课前自行完成，也可以由任课教师在课堂上安排完成。

(4) 完成学习任务后，自行根据本书的鉴定表进行自查，并根据自己的不足进行知识与技能的补充学习。

(5) 任课教师按照鉴定表进行知识与技能鉴定。请注意，鉴定包括过程鉴定与终结性鉴定。学生平时的学习过程也将作为鉴定的依据，例如学习态度、学习过程中的技能展示、职场安全意识等。

◎ 学习任务

(1) 配气机构由哪两部分组成？你能够指出来吗？

气门传动组(valve train)

气门组(valve set)

(2) 识别图 2-24 所示配气机构中气门组的部件名称。

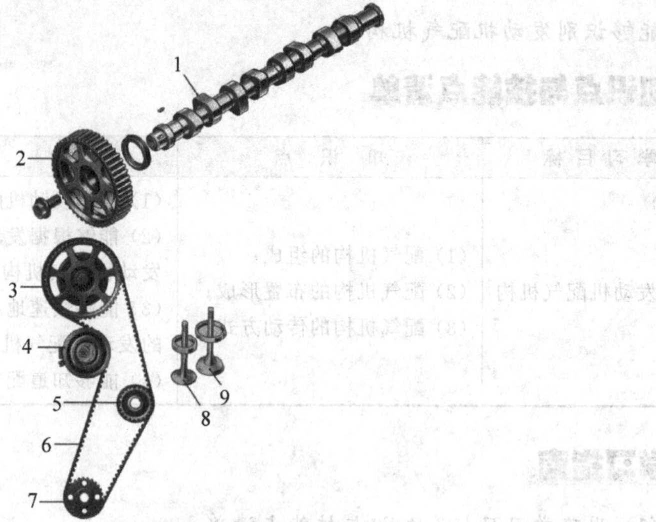

图 2-24 配气机构

( )正时齿形带(timing belt);( )凸轮轴(camshaft);( )排气门(exhaust valve);( )进气门(intake valve);( )凸轮轴正时齿形带轮(camshaft timing toothed belt wheel);( )张紧轮(tensioning wheel);( )水泵齿形带轮(water pump toothed belt wheel);( )曲轴正时齿形带轮(crankshaft timing gear belt wheel)。

(3) 到汽车实训场所,观察车辆配气机构,确认配气机构的组成零部件名称,填写表 2-12。

表 2-12 配气机构的组成

车辆型号:　　　　　　　　　　　　发动机型号:

序　　号	零件名称(英汉双语)	主 要 功 能	安 装 位 置

（4）配气机构的布置形式多种多样，你能够准确地连接它们的名称吗？

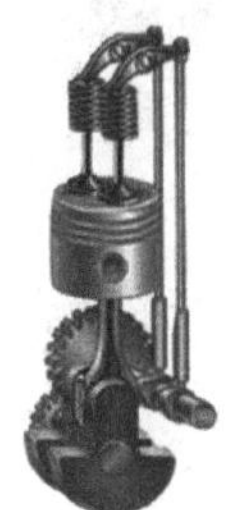

顶置气门、中置凸轮轴配气机构 (overhead valve and middle camshaft distribution mechanism)	顶置气门、下置凸轮轴配气机构 (overhead valve and lower camshaft distribution mechanism)	顶置气门、双上置双凸轮轴配气机构 (overhead valve and double overhead camshaft distribution mechanism)	顶置气门、单上置凸轮轴配气机构 (schematic diagram of overhead valve and single overhead camshaft distribution mechanism)

（5）到汽车实训场所，观察车辆配气机构，确认配气机构的布置形式，填写表 2-13。

表 2-13　配气机构的布置形式

车辆型号：　　　　　　　　　　　　　发动机型号：

序　　号	零件名称(英汉双语)	主 要 功 能	安 装 位 置

(6) 配气机构的传动形式有哪些呢？你能够根据图片连接对应的形式名称吗？

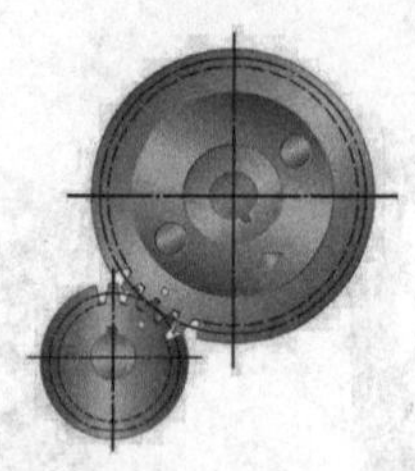

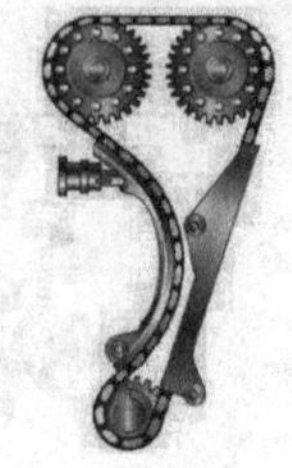

链条传动 (chain drive)

齿带传动 (simultaneous toothed belt drive)

齿轮传动 (gear drive)

(7) 到汽车实训场所，观察车辆配气机构，确认配气机构的传动方式，填写表 2-14。

表 2-14　配气机构的传动方式

车辆型号：　　　　　　　　　　　　发动机型号：

序　　号	零件名称(英汉双语)	主 要 功 能	安 装 位 置

鉴定

任课教师可以通过平时教学过程中学生的学习态度、参与教学活动的积极性、职场安全意识及终结性鉴定结果等确定其最后的鉴定结果，每个学生最多可以鉴定三次，鉴定教师需将鉴定结果填在表 2-15 中。

表 2-15　2.3 节鉴定表

学 习 目 标	鉴定 1	鉴定 2	鉴定 3	鉴定结论	鉴定教师签字
能够识别发动机配气机构				□通过 □不通过	

2.3.1 配气机构的组成

配气机构(composition of valve train)主要由气门组和气门传动组两部分组成。

1. 气门组(valve set)

气门组包括气门、气门座、气门导管、气门弹簧、弹簧座及锁片等零件，如图 2-25 所示。

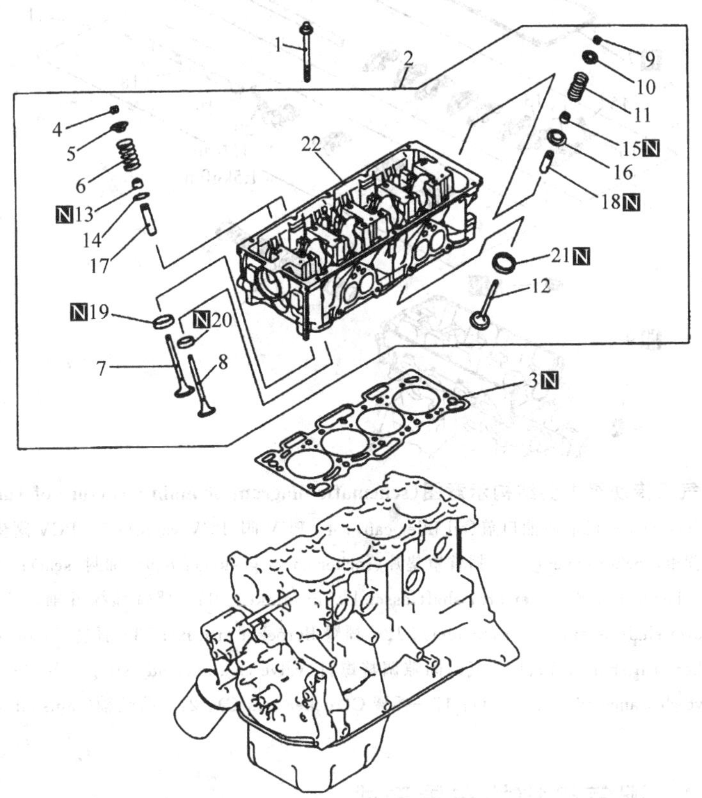

图 2-25 气门组主要结构示意图(schematic diagram of main structure of valve set)

1—气缸盖螺栓(cylinder head stud)；2—气缸盖总成(cylinder head assembly)；3—气缸盖垫片(cylinder head gasket)；4、9—气门锁片(collects)；5、10—气门弹簧保持座(valve spring retainer)；6、11—气门弹簧(valve spring)；7、8—进气门(intake valve)；12—排气门(exhaust valve)；13—进气门油封(inlet valve oil seal)；14、16—气门弹簧座圈(valve-spring washer)；15—排气门油封(exhaust valve oil seal)；17—进气门导套(intake valve guide)；18—排气门导套(exhaust valve guide)；19、20—进气门座(intake valve seat)；21—排气门座(exhaust valve seat)；22—气缸盖(cylinder head)

2. 气门传动组(valve train)

气门传动组的功用是使进、排气门能按配气相位规定的时刻开闭，且保证有足够的开度。气门传动组主要包括凸轮轴及正时齿轮、挺柱、导管、推杆、摇臂和摇臂轴等，如图 2-26 所示。

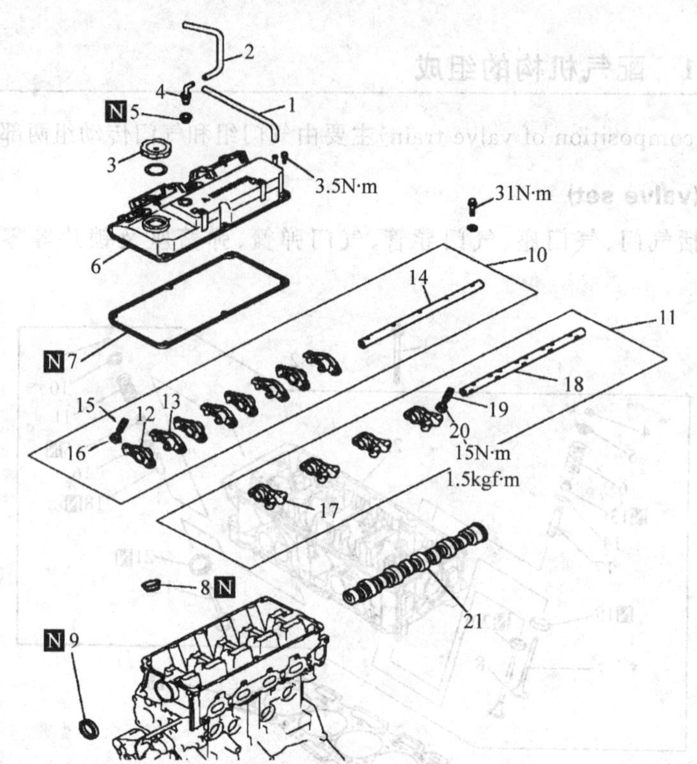

图 2-26　气门传动组主要结构示意图(schematic diagram of main structure of valve train)

1、2—通气软管(hose)；3—机油注油口盖(oil filler cap)；4—PCV 阀(PCV valve)；5—PCV 阀垫片(PCV valve washer)；6—摇臂罩(rocker cover)；7—摇臂罩垫片(rocker cover gasket)；8、9—油封(seal)；10—摇臂和摇臂轴总成(进气)(rocker arm and rocker arm shaft assembly forintake)；11—摇臂和摇臂轴总成(排气)(rocker arm and rocker arm shaft assembly for exhaust)；12—摇臂 B(rocker arm B)；13—摇臂 A(rocker arm A)；14、18—摇臂轴(rocker arm shaft)；15、19—气门间隙调整螺钉(valve clearance adjusting screw)；16、20—气门间隙调整螺母(valve clearance adjusting nut)；17—摇臂 C(rocker arm C)；21—凸轮轴(camshaft)

2.3.2　配气机构的布置形式

1. 顶置气门、下置凸轮轴配气机构(overhead valve and lower camshaft distribution mechanism)

顶置气门、下置凸轮轴配气机构的凸轮轴或位于气缸体侧部，或位于气缸体上部，或位于 V 型内燃机气缸体的 V 形夹角内，如图 2-27 所示。

2. 顶置气门、中置凸轮轴配气机构(overhead valve and middle camshaft distribution mechanism)

当发动机转速较高时，为了减小气门传动机构的往复运动质量，可将凸轮轴位置移到气缸体的上部，由凸轮轴经过挺柱、推杆驱动摇臂，由摇臂再驱动气门，这种结构称为中置凸轮轴配气机构，如图 2-28 所示。

图 2-27　顶置气门、下置凸轮轴配气机构示意图(schematic diagram of overhead valve and lower camshaft distribution mechanism)

1—摇臂(rocker arm)；2—摇臂轴(rocker-arm shaft)；3—推杆(push rod)；4—挺柱(tappet)；5—凸轮轴(camshaft)；6—凸轮轴正时齿轮(camshaft timing gear)；7—曲轴正时齿轮(Crankshaft timing gear)；8—曲轴(crankshaft)；9—气门(valve)；10—气门弹簧(valve spring)

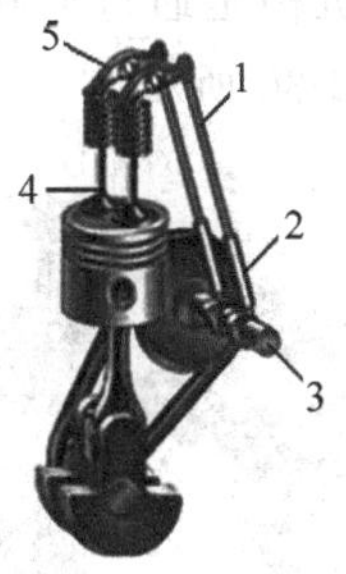

图 2-28　顶置气门、中置凸轮轴配气机构示意图(schematic diagram of overhead valve and middle camshaft distribution mechanism)

1—推杆(push rod)；2—挺柱(tappet)；3—凸轮轴(camshaft)；4—气门(valve)；5—摇臂(rocker arm)

3. 顶置气门、单上置凸轮轴配气机构(overhead valve and single overhead camshaft distribution mechanism)

顶置气门、单上置凸轮轴配气机构的凸轮轴安装在气缸盖上，它可以直接驱动沿气缸体纵向排列的两个气门，也可以通过摇臂或摆杆驱动气门，如图 2-29 所示。

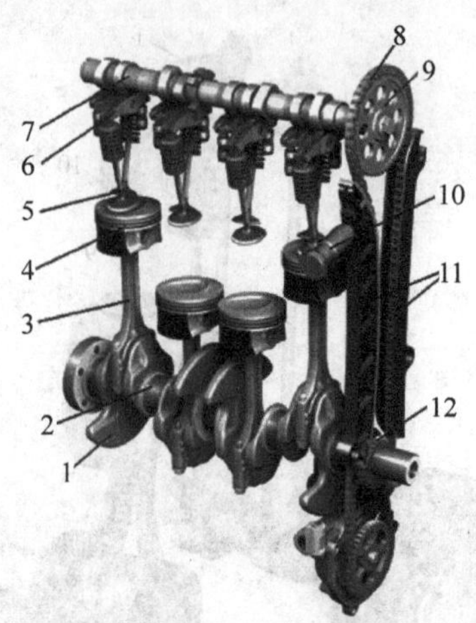

图 2-29　顶置气门、单上置凸轮轴配气机构示意图(schematic diagram of overhead valve and single overhead camshaft distribution mechanism)

1—曲轴平衡块(crankshaft counter balance)；2—曲轴(crankshaft)；3—连杆(connecting rod)；4—活塞(piston)；5—气门(valve)；6—摇臂(rocker arm)；7—凸轮轴(camshaft)；8—正时链条(timing chain)；9—凸轮轴正时链轮(camshaft sprocket)；10—张紧器(slipper pretensioner)；11—正时链条导板(timing chain guide plate)；12—曲轴正时链轮(crankshaft sprocket)

4. 顶置气门、双上置凸轮轴配气机构(overhead valve and double overhead camshaft distribution mechanism)

顶置气门、双上置双凸轮轴配气机构是通过放在气缸盖上的两根凸轮轴分别控制气缸盖上进气门和排气门的机构，如图 2-30 所示。

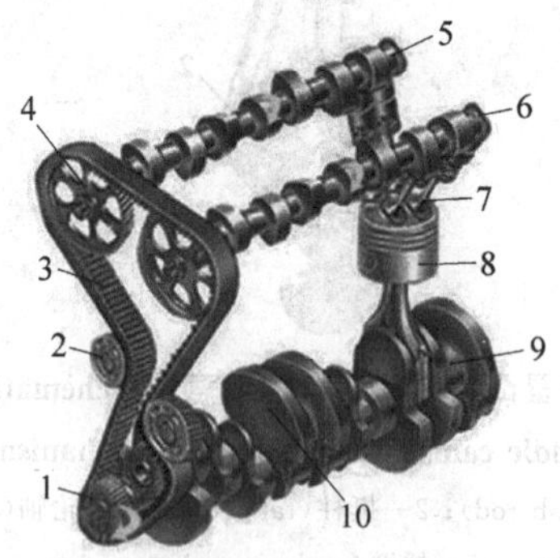

图 2-30　顶置气门、双上置双凸轮轴配气机构示意图(schematic diagram of overhead valve and double overhead camshaft distribution mechanism)

1—曲轴正时带轮(crankshaft timing pulley)；2—皮带张紧轮(belting tightener)；3—正时皮带(timing belt)；4—进气凸轮轴带轮(intake camshaft pulley)；5—进气凸轮轴(intake camshaft)；6—排气凸轮轴(exhaust camshaft)；7—排气门(exhaust valve)；8—活塞(piston)；9—曲轴(crankshaft)；10—曲轴平衡块(crankshaft counter balance)

2.3.3 配气机构的传动

由于曲轴到凸轮轴的传动方式不同,配气机构的传动(valve train)分为齿轮传动、链式传动、同步齿形带传动三种。

1. 齿轮传动(gear drive)

齿轮传动就是采用齿轮副来驱动凸轮轴,如图 2-31 所示。曲轴与凸轮轴的传动比为 2∶1,因此凸轮轴正时齿轮的齿数为曲轴正时齿轮齿数的二倍。凸轮轴下置时,一般都采用齿轮副驱动,正时齿轮多用斜齿。因为两轴距离较近,而且齿轮传动工作可靠、啮合平稳、噪声小。有时两轴距离较远时,可加装中间齿轮。

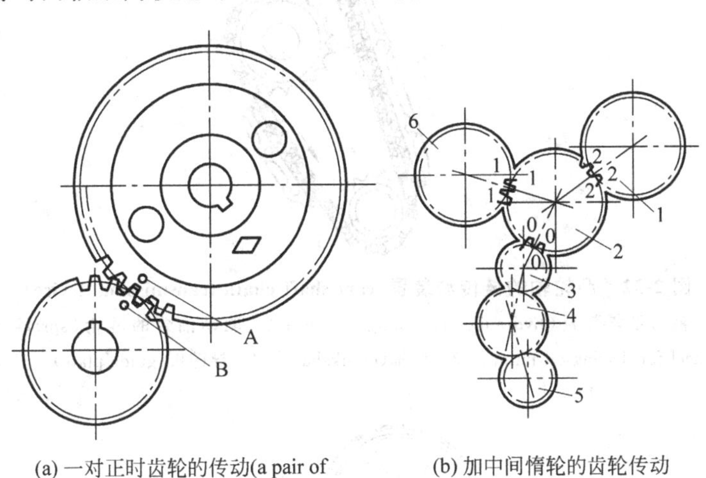

(a) 一对正时齿轮的传动(a pair of timing gear transmission)　(b) 加中间惰轮的齿轮传动(intermediate idler gear)

图 2-31　齿轮传动及正时记号(gear drive and timing mark)

A—凸轮轴正时齿轮记号(camshaft timing gear mark);B—曲轴正时齿轮记号(crankshaft timing gear mark);1—喷油泵正时齿轮(fuel injection pump timing gear);2、4—中间惰轮(middle idler);3—曲轴正时齿轮(crankshaft timing gear);5—机油泵传动齿轮(oil pump drive gear);6—凸轮轴正时齿轮(camshaft timing gear)

2. 链式传动(chain drive)

链式传动是指曲轴通过链条来驱动凸轮轴,如图 2-32 所式。这种驱动形式一般多用于凸轮轴上置的远距离传动。链传动的可靠性和耐久性不如齿轮传动,且噪声较大、造价高。为使在工作时链条具有一定的张力而不致脱链,通常装有导链板 4、液力张紧装置 1 等。

3. 同步齿形带传动(simultaneous toothed belt drive)

同步齿形带传动与链式传动的原理相同。只是链轮改为齿轮,链条改成齿形带,如图 2-33 所示。气门顶置式配气机构,目前采用同步齿形带传动较为广泛,齿形带传动弥补了链式传动的缺陷,并降低了成本。

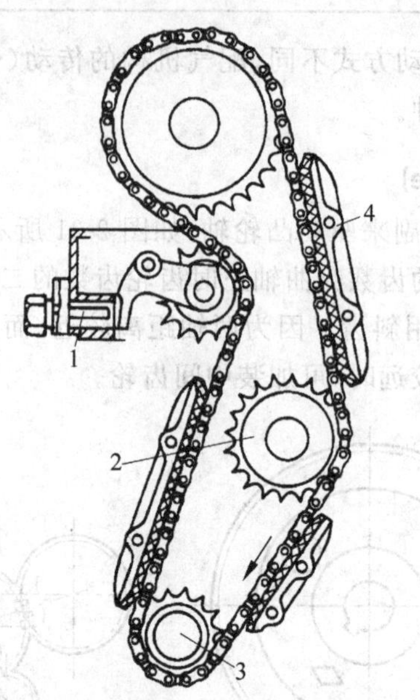

图 2-32　凸轮轴的链传动装置(cam shaft chain transmission device)

1—液力张紧装置(hydraulic tensioning device)；2—驱动油泵的链轮(sprocket wheel for driving oil pump)；3—曲轴(crankshaft)；4—导链板(guide plate)

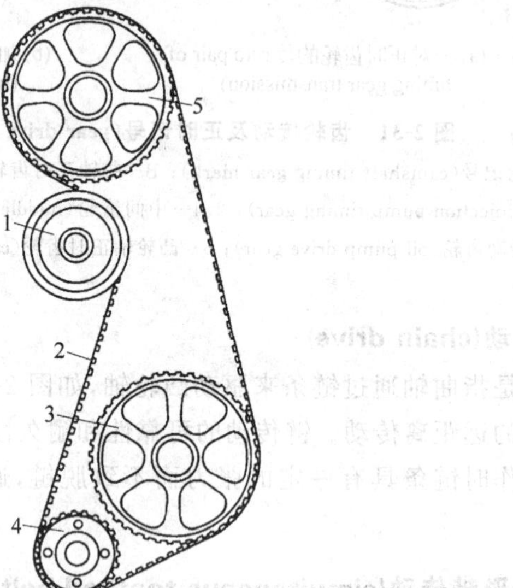

图 2-33　同步齿形带传动装置(toothed belt drive)

1—张紧轮(tension pulley)；2—正时齿形带(timing toothed belt)；3—中间轴正时齿轮(intermediate shaft timing gear)；4—曲轴正时齿轮(crankshaft timing gear)；5—凸轮轴正时齿轮(camshaft timing gear)

2.4 识别汽油发动机供给系统

汽油发动机供给系统的主要作用是贮存、输送、清洁燃料，根据发动机各种不同工况，供给气缸一定浓度和数量的可燃混合气，并将发动机做功后产生的废气排出到大气中。

◎ 客户委托2-4

赵林是某汽车制造商展馆的工作人员，需要为到访展馆的顾客讲述汽车关键零部件的核心技术，其中汽油发动机供给系统的组成和工作原理是讲解的重点，请你为赵林进行一次培训，为他普及这方面的知识。

◎ 学习目标

能够识别汽油供给系统，找出所需的发动机零件。

◎ 知识点与技能点清单

学习目标	知识点	技能点
识别汽油供给系统找出所需的发动机零件	(1) 汽油喷射式供给系统的组成； (2) 进排气系统； (3) 缸内直喷	(1) 识别汽油供给系统的每个零部件名称； (2) 能够根据汽油供给系统的零部件名称在汽油供给系统上指出其安装位置； (3) 能够快速地从不同系统的备件中找出所需的汽油供给系统零件

◎ 学习指南

(1) 明确学习目标和知识与技能点清单。

(2) 在课前完成学习任务中的知识类内容。在完成知识类学习任务时，可以参考本单元提供的学习信息，利用网络、厂家提供的维修手册和各类教学资源库等学习资源，也可以在课前或上课时向任课教师寻求帮助。任课教师可在正式上课时展示或共享大家对于知识类学习任务的完成情况，实现学习交流。

(3) 学习任务中的实操类内容，可以在正式上课前自行完成，也可以由任课教师在课堂上安排完成。

(4) 完成学习任务后，自行根据本书的鉴定表进行自查，并根据自己的不足进行知识与技能的补充学习。

（5）任课教师按照鉴定表进行知识与技能鉴定。请注意，鉴定包括过程鉴定与终结性鉴定。学生平时的学习过程也将作为鉴定的依据，例如学习态度、学习过程中的技能展示、职场安全意识等。

◎ 学习任务

（1）请指出图 2-34 所示空气供给系统的组成部件序号。

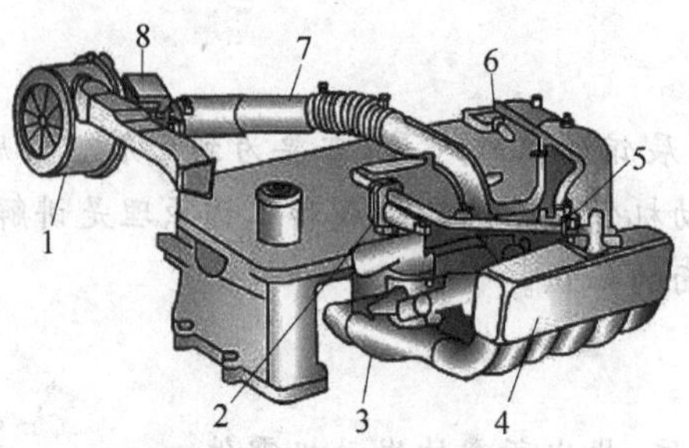

图 2-34 空气供给系统的组成部件

（ ）节气门怠速开度控制传感器（throttle idling opening control sensor）；（ ）空气滤清器（air cleaner）；（ ）空气流量传感器（air flow sensor）；（ ）怠速阀（idle valve）；（ ）进气管（intake-tube）；（ ）进气歧管（intake manifold）；（ ）PCV 管（PCV pipe）；（ ）进气总管（inlet manifold）。

（2）请指出图 2-35 所示燃料供给系统的组成部件序号。

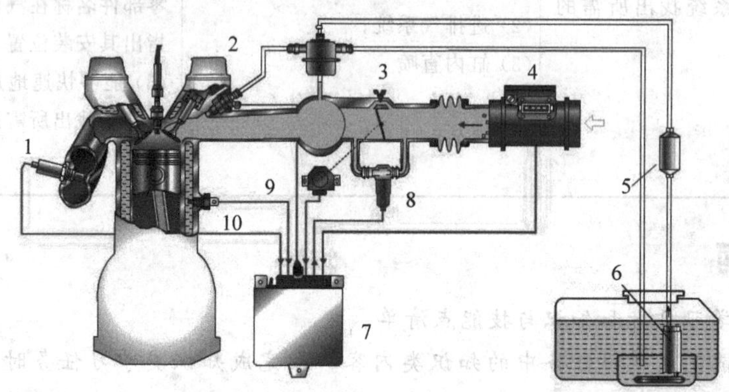

图 2-35 燃料供给系统的组成部件

（ ）喷嘴（nozzle）；（ ）水温传感器（water temperature sensor）；（ ）调压器（voltage regulator）；（ ）电子控制单元（electronic control unit）；（ ）热线式空气流量计（hot-wire air flow meter）；（ ）节流阀位置开关（throttle valve position switch）；（ ）燃油滤清器（fuel filter）；（ ）氧传感器（lambda sensor）；（ ）电动燃油泵（electric fuel pump）；（ ）怠速执行器（idle speed actuator）。

(3) 请指出图 2-36 所示发动机控制系统的组成部件名称序号。

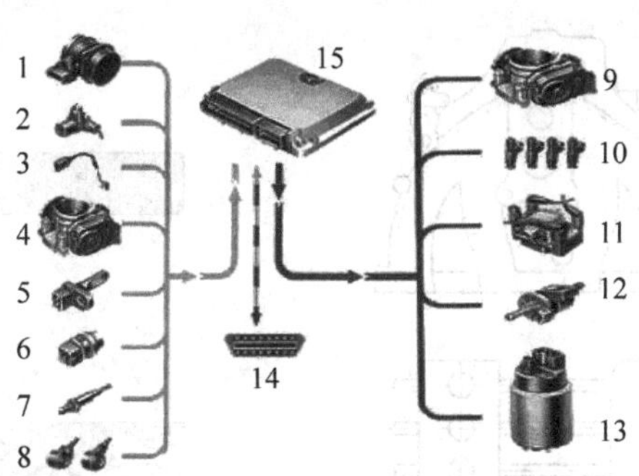

图 2-36　发动机控制系统的组成部件

(　　)控制单元(ECU)；(　　)氧传感器(oxygen sensor)；(　　)节气门控制单元及电位计(throttle control unit and a potentiometer)；(　　)发动机转速传感器(engine speed sensor)；(　　)空气流量计(airflow meter)；(　　)电动燃油泵(electric fuel pump)；(　　)相位传感器(phase sensor)；(　　)带输出驱动级的点火线圈组件(ignition coil assembly with output driver stage)；(　　)冷却水温度传感器(coolant temperature sensor)；(　　)自诊断接口(self-diagnostic interface)；(　　)进气温度传感器(intake air temperature sensor)；(　　)爆震传感器(knocking sensor)；(　　)活性炭继电磁阀(active carbon relay solenoid valve)；(　　)喷油器(fuel injector)；(　　)节气门控制部件(throttle valve control part)。

(4) 到汽车实训场所，观察实训车辆中汽油发动机供给系统零部件，填写表 2-16。

表 2-16　实训车辆中汽油发动机供给系统零部件

车辆型号：　　　　　　　　　　　　发动机型号：

序　号	零件名称(英汉双语)	主 要 功 能	安 装 位 置

（5）进气管类型连线。

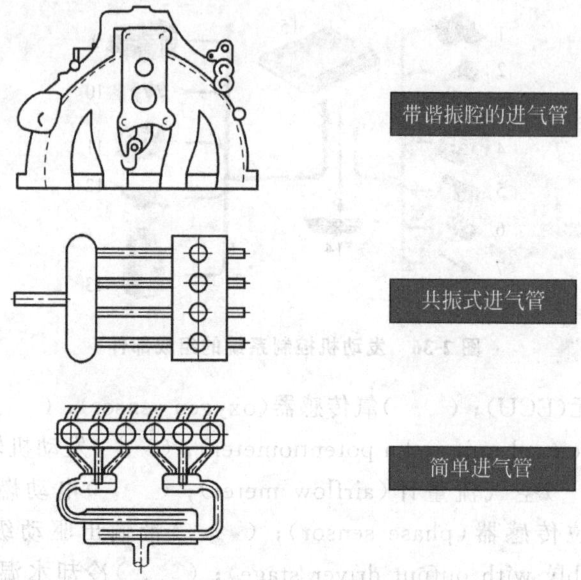

（6）到汽车实训场所，确认车辆发动机进气、排气系统各部件和作用，完成表 2-17。

表 2-17 实训车辆发动机进气、排气系统各部件和作用

车辆型号： 发动机型号：

序　　号	部件名称（英汉双语）	安 装 位 置	主 要 作 用

（7）正确填写图 2-37 所示缸内直喷式汽油发动机零部件的名称序号。

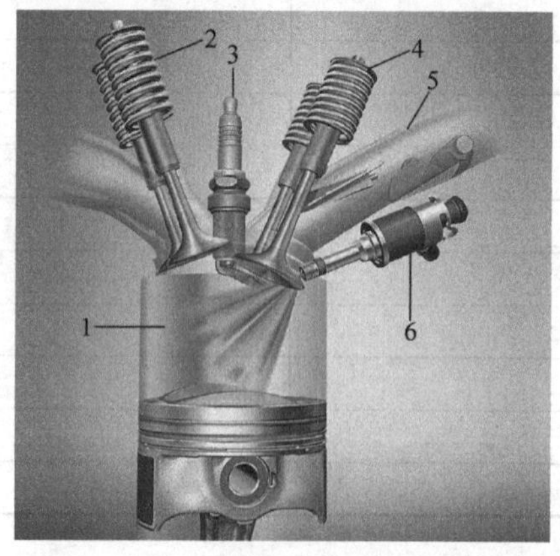

图 2-37 缸内直喷式汽油发动机零部件

(　　)火花塞；(　　)高压喷油嘴；(　　)气缸、燃烧室；(　　)进气道；(　　)排气门组；(　　)进气门组。

(8) 到汽车实训场所，观察实训车辆中汽油喷射式供给系统类型、组件等，填写表 2-18。

表 2-18　实训车辆中汽油喷射式供给系统

车辆型号：　　　　　　　　　　　　　　发动机型号：

序　号	零件名称(英汉双语)	主 要 功 能	安 装 位 置

鉴定

任课教师可以通过平时教学过程中学生的学习态度、参与教学活动的积极性、职场安全意识及终结性鉴定结果等确定其最后的鉴定结果，每个学生最多可以鉴定三次，鉴定教师需将鉴定结果填在表 2-19 中。

表 2-19　2.4 节鉴定

学 习 目 标	鉴定 1	鉴定 2	鉴定 3	鉴定结论	鉴定教师签字
能够识别汽油供给系找出所需的发动机零件				□通过 □不通过	

2.4.1　汽油喷射式供给系统的组成

采用汽油喷射供油时，其供油系统主要由空气系统、燃料系统、控制系统等部件组成。根据检测的空气量信号，计算发动机燃烧时所需要的汽油量，向喷射阀提供开阀信号，然后将加有一定压力的汽油，通过开启的喷射阀供给发动机。

1. 空气系统(air induction system)

空气系统的功用是测量和控制汽油燃烧时所需要的空气量，其结构示意图如图 2-38 所示。

2. 燃油供给系统(fuel supply system)

燃油供给系统的功用是向气缸供给系统燃烧时所需要的汽油量，燃油泵从燃油箱吸出的汽油，通过燃油滤清器后，经压力调节器调压，然后经输油管配送给各个喷油器和低温启动喷油器，喷油器根据 ECU 信号，把适量汽油喷射到进气歧管中，如图 2-39 所示。

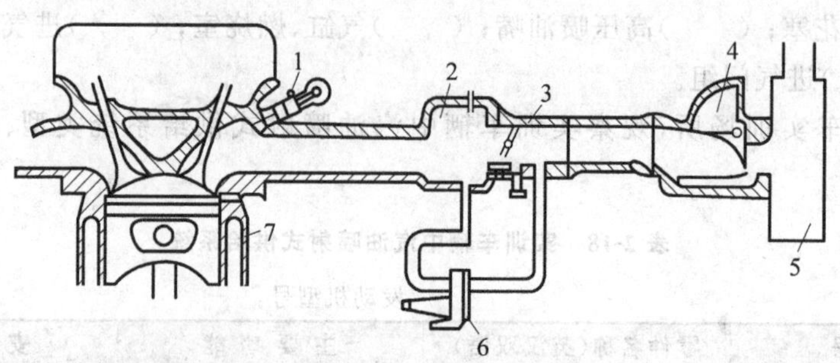

图 2-38　空气供给系统示意图(schematic diagram of air induction system)

1—喷油器(injector)；2—稳压室(air intake chamber)；3—节气门体(throttle body)；4—空气流量计(airflow meter)；5—空气滤清器(air cleaner)；6—空气阀(air valve)；7—发动机(engine)

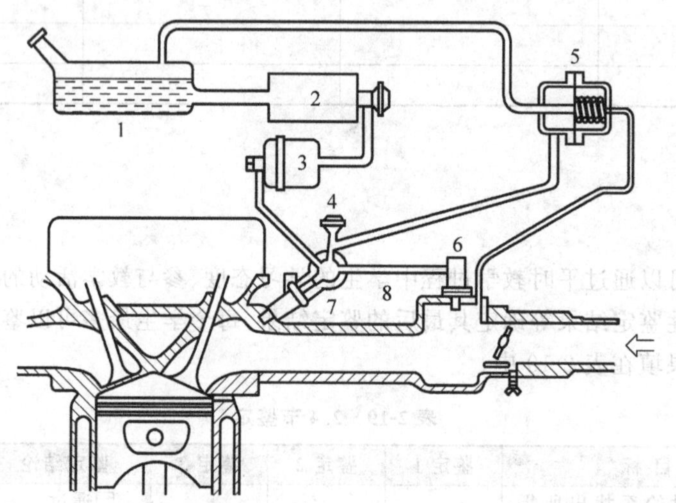

图 2-39　燃油供给系统示意图(schematic diagram of fuel supply system)

1—燃油箱(fuel tank)；2—燃油泵(fuel pump)；3—燃油滤清器(fuel filter)；4—脉动减振器(pulsation damper)；5—压力调节器(pressure regulator)；6—低温启动喷油器(low temperature starting fuel injector)；7—喷油器(fuel injector)；8—输出管(fuel pipe)

3. 控制系统(control system)

控制系统的功能是根据发动机运转和车辆运行状况确定汽油最佳喷射量。供给发动机的汽油量,用喷油器的喷射时间来控制,喷油时间则由 ECU 进行计算和控制。图 2-40 所示为发动机控制系统的组成。

2.4.2　进气、排气系统

进气、排气系统(air intake and exhaust system)是在内燃机工作循环时,不断地将新鲜空气或可燃混合气送入燃烧室,又将燃烧后的废气排到大气,保证内燃机连续运转。进、排气系统的基本装置由空气滤清器、进气管、排气管和排气消声器等组成。

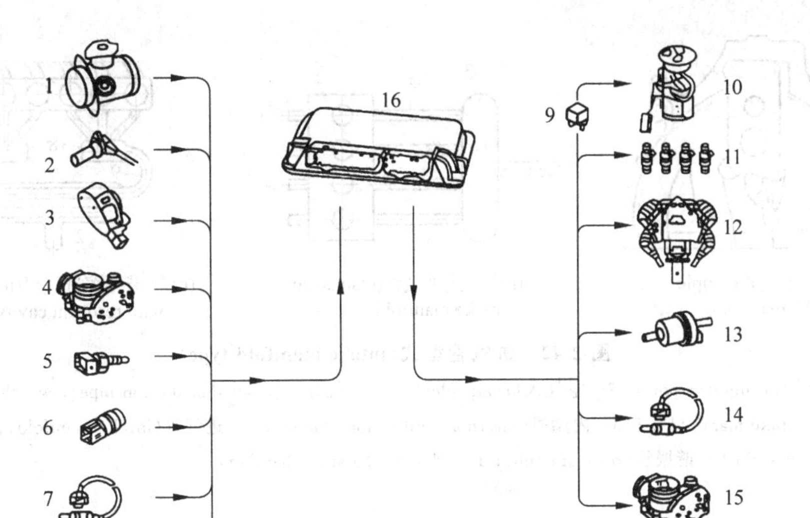

图 2-40　发动机控制系统的组成(main components in the engine control system)

1—空气流量计(airflow meter)；2—发动机转速传感器(engine speed sensor)；3—霍尔传感器(hall sensor)；4—节气门控制单元及电位计(throttle control unit and a potentiometer)；5—进气温度传感器(intake air temperature sensor)；6—冷却水温度传感器(coolant temperature sensor)；7—氧传感器(oxygen sensor)；8—爆震传感器(knocking sensor)；9—汽油泵继电器(fuel pump relay)；10—汽油泵(pump relay)；11—喷油器(fuel injector)；12—点火线圈(ignition coil)；13—活性炭继电磁阀(active carbon relay solenoid valve)；14—氧传感器加热器(oxygen sensor heater)；15—节气门控制单元、怠速电机(throttle control、unit idle motor)；16—控制单元(ECU)

1. 空气滤清器(air filter)

空气滤清器的功用是滤去空气中的尘埃和杂质，将清洁的空气送入燃烧室，以减少活塞与气缸套之间、活塞组之间和气门组之间的磨损。

现代轿车普遍使用纸质空气滤清器，由外壳、盖、滤芯组成，如图 2-41 所示。

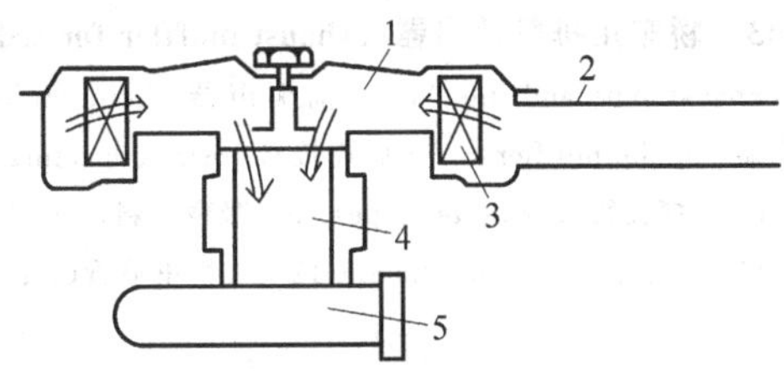

图 2-41　纸质空气滤清器(paper air cleaner)

1—盖(cover)；2—外壳(housing)；3—滤芯(filter element)；4—节气门体(throttle body)；5—进气管(intake manifold)

2. 进气管(intake manifold)

进气管是连接空气滤清器和气缸盖进气道之间的管子。进气管有简单进气管、共振式进气管、带谐振腔进气管三种，如图 2-42 所示。

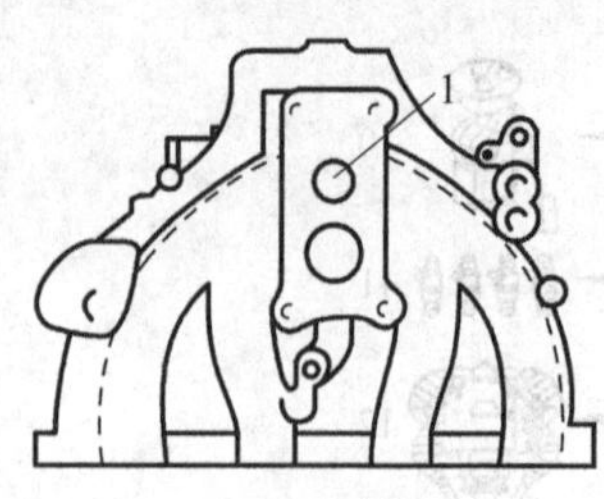

(a) 简单进气管(simple intake manifold)

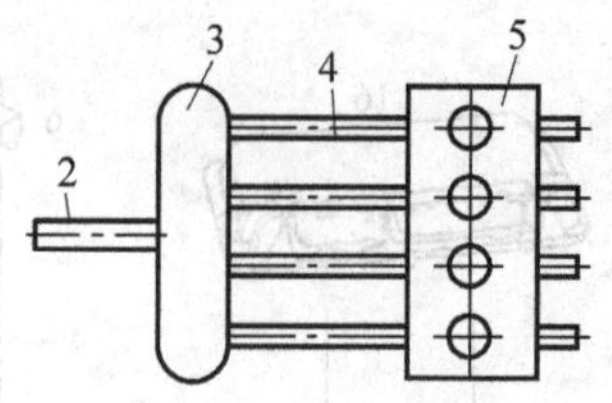

(b) 共振式进气管(resonance intake manifold)

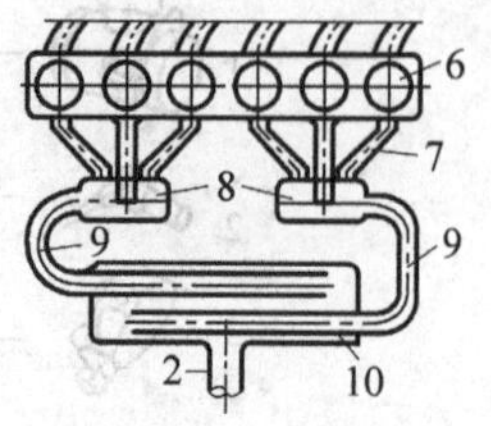

(c) 带谐振腔进气管(intake manifold with resonant cavity)

图 2-42　进气管型式(intake manifold type)

1—接喷油器口(injector port)；2—空气入口(air inlet)；3—空气分配管(air distribution pipe)；4—共振式进气管(resonant intake manifold)；5、6—内燃机(internal-combustion engine)；7—进气管(intake manifold)；8—谐振腔(resonant cavity)；9—谐振管(resonant tub)；10—平衡室(balance chamber)

3. 排气消声器(exhaust muffler)

排气系统常由排气歧管、排气总管、催化反应器、排气消声器、排气尾管等组成。目前轿车上用的消声器主要由前消声器、中消声器、后消声器及连接管组成，并焊接成一个整体，如图 2-43 所示。

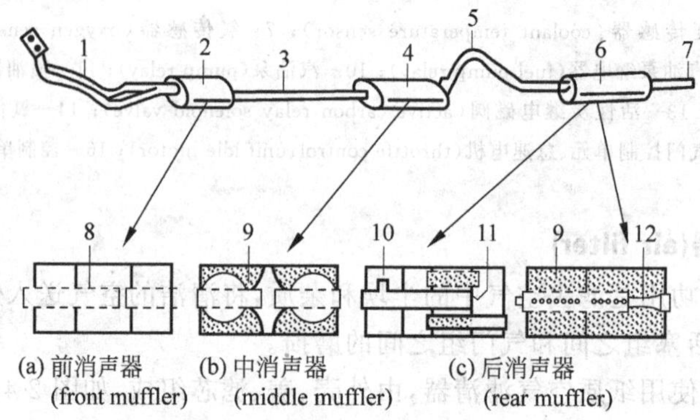

(a) 前消声器(front muffler)　(b) 中消声器(middle muffler)　(c) 后消声器(rear muffler)

图 2-43　轿车用排气消声器(exhaust muffler for sedan)

1—前排气管及接口(front exhaust pipe and inlet)；2—前消声器(front muffler)；3—前连接管(front connecting tube)；4—中消声器(middle muffler)；5—后连接管(rear connecting tube)；6—后消声器(rear muffler)；7—尾管(tail pipe)；8—穿孔管(perforated pipe)；9—吸声材料(sound absorbing material)；10—梯形滤波器(stepped filter)；11—反射孔(reflection hole)；12—文特里喷管(ventilator spray tube)

4. 催化反应器(catalytic converter)

催化反应器是采用面容比很大的载体表面上的催化剂作为触媒介质，将排气中有害成分 CO、HC、NO 进行反应转化为无害的 CO_2 和 H_2O 的一种净化装置，如图 2-44 所示。

2.4.3　缸内直喷

缸内喷注式汽油发动机与一般汽油发动机的主要区别是汽油喷射的位置，普通电喷汽油发动机上所用的汽油电控喷射系统，是将汽油喷入进气歧管或进气管道上，与空气混

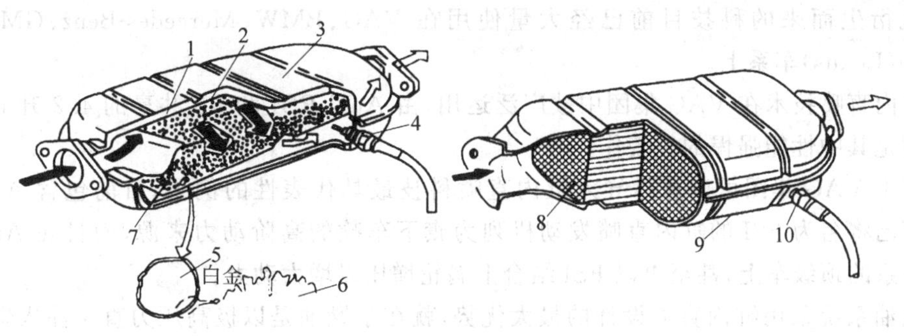

图 2-44 催化反应器(catalytic converter)

1—绝热材料(heat insulating material);2—主壳(main casing);3、9—外罩(outer cover);4、10—排温传感器(exhaust temperature sensor);5—氧化铝(aluminum oxide);6—氧化铝表面(alumina surface);7、8—触媒(catalytic agent)

合成混合气后再通过进气门进入气缸燃烧室内被点燃做功;而缸内直喷式汽油发动机是在气缸内喷注汽油,将喷油嘴安装在燃烧室内,然后将汽油直接喷注在气缸燃烧室内,空气则通过进气门进入燃烧室与汽油混合成混合气被点燃做功,这种形式与直喷式柴油发动机相似,因此有人认为缸内直喷式汽油发动机是将柴油发动机的形式移植到汽油发动机上的一种创举。

1. 缸内直喷的优点

缸内直喷式汽油发动机的优点是油耗量低,升功率大。空燃比达到 40∶1(一般汽油发动机的空燃比是 15∶1),也就是人们所说的"稀燃"。

发动机内的活塞顶部一半是球形,一半是壁面,空气从气门冲进来后在活塞的压缩下形成一股涡流运动,当压缩行程将要结束时,在燃烧室顶部的喷油嘴开始喷油,汽油与空气在涡流运动的作用下形成混合气,这种急速旋转的混合气是分层次的,越接近火花塞越浓,易于点火做功,如图 2-45 所示。

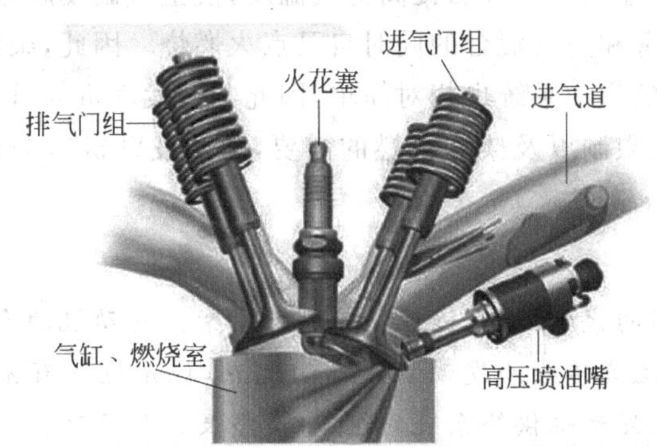

图 2-45 缸内直喷式汽油发动机

压缩比高达 12,与同排量的一般发动机相比功率与扭矩都提高了 10%。

2. 缸内直喷的广泛运用

在近来各厂采用的发动机科技中,最炙手可热的技术非缸内直喷莫属。这套由柴油发动机衍生而来的科技目前已经大量使用在 VAG、BMW、Mercedes-Benz、GM 以及 Toyota(Lexus)车系上。

缸内直喷技术在 VAG 集团中被广泛运用,由 Audi RS4 和 R8 共享的 4.2 升 FSI 发动机即是其中性能强悍的代表作。

其中 VAG 集团可以算是导入缸内直喷科技最具代表性的例子,目前包含 Audi 和 VW 都已将名为 FSI 的缸内直喷发动机列为旗下车款的高阶动力来源,而且在 Audi 和 VW 车系的顶级车上,甚至更以 FSI 结合上涡轮增压以增大动力。

供油系统采用缸内直喷设计的最大优势,就在于燃油是以极高压力直接注入燃烧室中,因此除了喷油嘴的构造和位置之外都异于传统供油系统,在油气的雾化和混合效率上也更为优异。加上近年来车上各项电子系统的控制技术大幅进步,计算机对于进气量与喷油时机的判读与控制也愈加精准,因此在搭配上缸内直喷技术以使得发动机的燃烧效率大幅提升下,除了发动机得以产生更大动力,对于环保和节能也都有正面的帮助。

但是缸内直喷科技也并非无敌,因为从经济层面来看,采用缸内直喷的供油系统除了在研发过程必须花费更大成本,在部品构成复杂且精密的情况下,零组件的价格也比传统供油系统来得昂贵,因此这些也都是未来缸内直喷发动机尚待克服的要素。

2.5 识别柴油发动机供给系统

微课视频——认识柴油发动机燃油供给系统

柴油发动机采用压缩空气的方法提高空气温度,使空气温度超过柴油的自燃燃点,这时再喷入柴油、柴油喷雾和空气混合的同时自己点火燃烧。因此,柴油发动机无须点火系统。同时,柴油发动机的供油系统也相对简单,因此柴油发动机的可靠性要比汽油发动机的好。由于不受爆燃的限制以及柴油自燃的需要,柴油发动机压缩比很高。热效率和经济性较好。

◎客户委托2-5

刘向是某汽车品牌的代理商,最近他在推销配置柴油发动机的家用汽车,为了提升销售业绩,他需要向准车主宣传柴油发动机汽车的优点,但是他没有系统学习过相关知识,请你为他讲解一下柴油发动机供给系统的组成、类型及工作原理。

◎学习目标

能够识别柴油发动机供给系统。

◎知识点与技能点清单

学习目标	知识点	技能点
识别柴油发动机供给系统	(1) 柴油发动机供给系统的组成； (2) 电控柴油发动机喷射系统	(1) 识别柴油发动机供给系统的每个零部件名称； (2) 能够根据柴油发动机供给系统的零部件名称在柴油发动机供给系统上指出其安装位置； (3) 能够快速地从不同系统的备件中找出所需的柴油发动机供给系统零件

◎学习指南

(1) 明确学习目标和知识与技能点清单。

(2) 在课前完成学习任务中的知识类内容。在完成知识类学习任务时，可以参考本单元提供的学习信息，利用网络、厂家提供的维修手册和各类教学资源库等学习资源，也可以在课前或上课时向任课教师寻求帮助。任课教师可在正式上课时展示或共享大家对于知识类学习任务的完成情况，实现学习交流。

(3) 学习任务中的实操类内容，可以在正式上课前自行完成，也可以由任课教师在课堂上安排完成。

(4) 完成学习任务后，自行根据本书的鉴定表进行自查，并根据自己的不足进行知识与技能的补充学习。

(5) 任课教师按照鉴定表进行知识与技能鉴定。请注意，鉴定包括过程鉴定与终结性鉴定。学生平时的学习过程也将作为鉴定的依据，例如学习态度、学习过程中的技能展示、职场安全意识等。

◎学习任务

(1) 请指出图2-46中柴油供给系统中的部件名称序号。

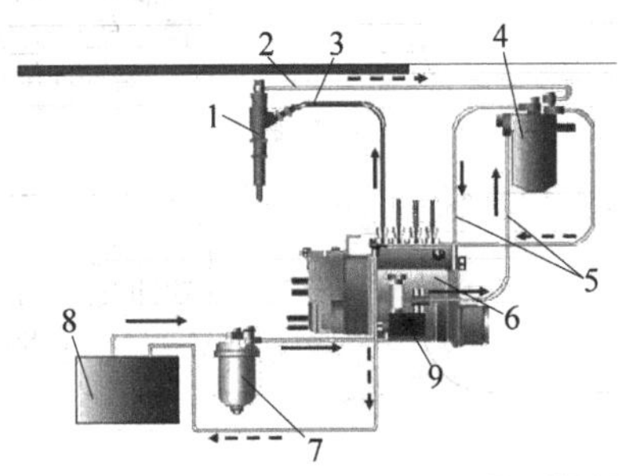

图2-46　柴油供给系统

(　　)油水分离器(oil water separator)；(　　)喷油器(fuel injector)；(　　)燃油滤清器(fuel filter)；(　　)回油管(fuel return pipe)；(　　)高压油管(fuel injection

pipe)；(　　)柴油箱(diesel fuel tank)；(　　)低压油管(low pressure oil pipe)；(　　)喷油泵(injection pump)；(　　)输油泵(oil transfer pump)。

(2) 到汽车实训场所，观察车辆柴油发动机，确定其类型及供给系统零部件，填写表 2-20。

表 2-20　实训车辆柴油发动机类型及供给系统零部件

车辆型号：　　　　　　　　　　　　　　发动机型号：

序　　号	零件名称(英汉双语)	主 要 功 能	安 装 位 置

(3) 判断：电控分配泵喷射系统是在原喷油泵—高压油管喷油器基础上加了一个高速电磁阀，另外增加了电控系统和传感器等部件。(　　)

(4) 将电控柴油喷射系统的名称与作用进行连接。

名称	作用
泵—喷嘴电控喷射系统	在原喷油泵-高压油管喷油器基础上加了一个高速电磁阀，另外增加了电控系统和传感器等部件
共轨式电控喷射系统	该系统保留了VE分配泵上控制喷油量的溢油环，取消了机械调速机构，采用一个布置在泵上方的线性电磁铁，通过杠杆来控制溢油环位置，从而实现喷油量的控制
电控分配喷油系统	该系统中有一条公共油管，用高压(或中压)输油泵向共轨中泵油，用电磁阀进行压力调节并由压力传感器反馈控制
电控直列泵喷射系统	取消了高压油管，将喷油泵和喷油嘴做成一体，采用电子控制，由电磁阀的开启时刻和开启持续时间来满足喷油提前角和喷油量的要求

(5) 到汽车实训场所，观察车辆柴油发动机，查看各类型电控柴油发动机喷射系统的组成结构和特点，填写表 2-21。

表 2-21 实训车辆各类型电控柴油发动机喷射系统的组成结构和特点

车辆型号： 发动机型号：

序 号	类 型	作 用	安装位置

鉴定

任课教师可以通过平时教学过程中学生的学习态度、参与教学活动的积极性、职场安全意识及终结性鉴定结果等确定其最后的鉴定结果，每个学生最多可以鉴定三次，鉴定教师需将鉴定结果填写在表 2-22 中。

表 2-22 2.5 节鉴定表

学 习 目 标	鉴定 1	鉴定 2	鉴定 3	鉴定结论	鉴定教师签字
能够识别柴油发动机供给系统				□通过 □不通过	

2.5.1 柴油供给系统的组成

柴油发动机供给系统的主要功能是为柴油发动机气缸内混合气形成与燃烧提供所需的燃料。其主要由燃油供给、空气供给、混合气形成及废气排出装置组成。图 2-47 所示为柴油发动机燃油供给与调节简图。

(1) 燃油供给装置。主要由柴油箱、柴油滤清器、输油泵、柴油细滤器、喷油泵、喷油器及油管等部件组成。喷油泵的功能是定时、定量地向喷油器输送高压燃油。喷油泵的

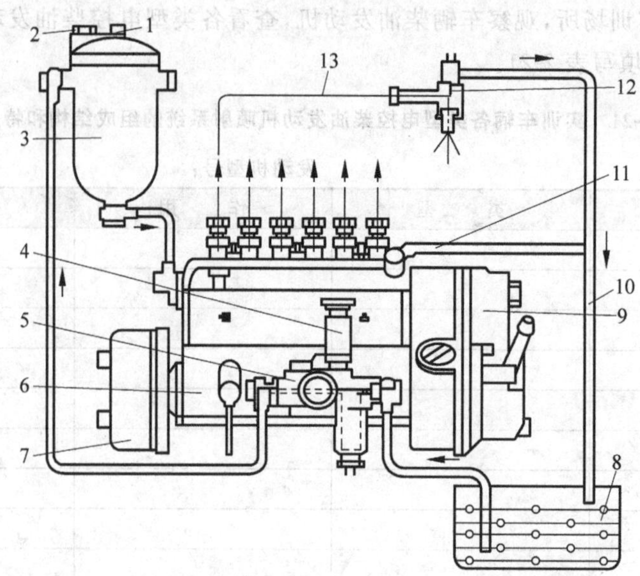

图 2-47 柴油供给与调节系统简图(diesel supply and regulatory system diagram)

1—放气螺塞(bleeder screw)；2—加油螺塞(refueling thread plug)；3—柴油滤清器(diesel filter)；4—手油泵(manual fuel pump)；5—输油泵(oil transfer pump)；6—喷油泵(injection pump)；7—自动供油提前器(automatic fuel supply advance device)；8—柴油箱(diesel fuel tank)；9—离心式调速器(centrifugal governor)；10—回油管(fuel return pipe)；11—回油阀(fuel return valve)；12—喷油器(fuel injector)；13—高压油管(fuel injection pipe)

结构形式很多,车用柴油机喷油泵主要分为柱塞式喷油泵、喷油泵—喷油器、转子分配式喷油泵三大类。

(2) 空气供给装置。主要由空气滤清器、进气管和进气道组成,有的还装有空气增压器。

(3) 混合气形成装置。主要由活塞顶与缸盖之间形成的燃烧室组成。

(4) 废气排出装置。主要由排气道、排气管和排气消声器组成。

2.5.2 电控柴油发动机喷射系统

电控柴油发动机喷射系统主要由传感器、ECU 控制单元、执行器三部分组成。其任务是对喷油系统进行电子控制,实现对喷油量以及喷油定时和随行工况的实时控制。

1. 电控分配泵喷射系统

电控分配泵喷射系统保留了 VE 分配泵上控制喷油量的溢油环,取消了机械调速机构,采用一个布置在泵上方的线性电磁铁,通过杠杆来控制溢油环位置,从而实现喷油量的控制。如图 2-48 所示为电控分配泵。

2. 电控直列泵喷射系统

电控直列泵喷射系统是在原喷油泵—高压油管喷油器基础上加了一个高速电磁阀,另外增加了电控系统和传感器等部件。如图 2-49 所示为电控直列泵。

图 2-48 电控分配泵(electronic distribution pump)

图 2-49 电控直列泵(electronically controlled in-line pump)

3. 共轨式电控喷射系统

共轨式电控喷射系统是指该系统中有一条公共油管,用高压(或中压)输油泵向共轨中泵油,用电磁阀进行压力调节并由压力传感器反馈控制。如图 2-50 所示为中压共轨式电控喷射系统。该系统的共轨中不用燃油而用柴油发动机润滑油,因此系统中有润滑油和燃油两套油路。

4. 泵—喷嘴电控喷射系统

泵—喷嘴系统取消了高压油管,将喷油泵和喷油嘴做成一体。泵—喷嘴系统没有高压油管,缩短了喷油持续时间,提高了怠速和小负荷的稳定性,最高压力可达 180MPa。泵—喷嘴系统采用电子控制,由电磁阀的开启时刻和开启持续时间来满足喷油提前角和喷油量的要求。如图 2-51 所示为泵—喷嘴电控喷射系统。

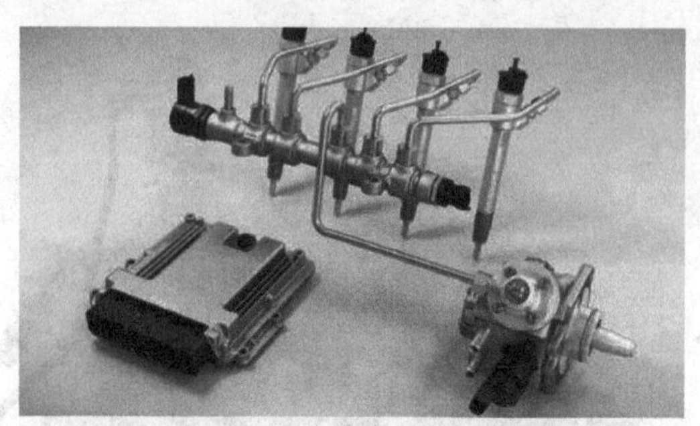

图 2-50　共轨式电控喷射系统

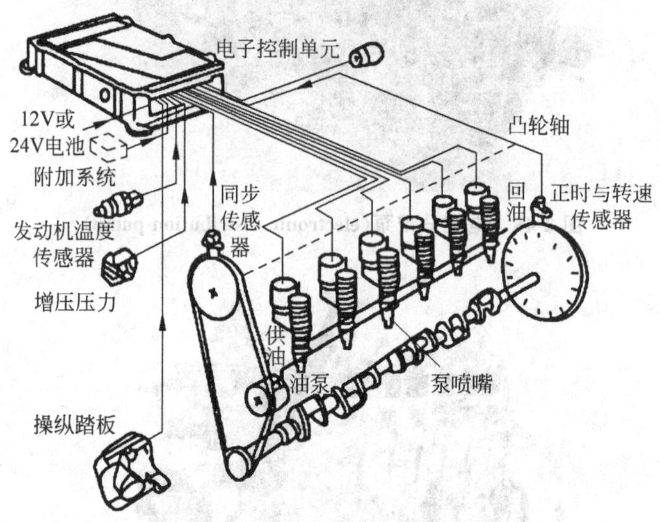

图 2-51　泵—喷嘴电控喷射系统

2.6　识别发动机冷却系统

发动机工作时会产生大量多余的热量，为避免损害发动机，多余的热量必须通过发动机冷却系统散发出去，以保证发动机在最适宜的温度状态下工作。冷却系统的基本功能就是从发动机内部把热量转移到外面的空气中。冷却系统不仅保护发动机部件，而且防止部件上的润滑油失去润滑性能。

◎ 客户委托2-6

最近晓晓的汽车一直开得不顺，他到 4S 店去维修，维修人员说是发动机冷却系统出现了故障，建议他更换节温器。你能为他解释一下节温器在发动机水冷却系统中发挥的重要作用，进而说服他更换该零件吗？

◎ 学习目标

能够识别发动机冷却系统。

◎知识点与技能点清单

学习目标	知识点	技能点
识别发动机冷却系统	(1) 冷却系统的分类; (2) 水冷却系统; (3) 风冷却系统	(1) 识别发动机冷却系统的每个零部件名称; (2) 能够根据发动机冷却系统的零部件名称在发动机冷却系统上指出其安装位置; (3) 能够快速地从不同系统的备件中找出所需的发动机冷却系统零件

◎学习指南

(1) 明确学习目标和知识与技能点清单。

(2) 在课前完成学习任务中的知识类内容。在完成知识类学习任务时,可以参考本单元提供的学习信息,利用网络、厂家提供的维修手册和各类教学资源库等学习资源,也可以在课前或上课时向任课教师寻求帮助。任课教师可在正式上课时展示或共享大家对于知识类学习任务的完成情况,实现学习交流。

(3) 学习任务中的实操类内容,可以在正式上课前自行完成,也可以由任课教师在课堂上安排完成。

(4) 完成学习任务后,自行根据本书的鉴定表进行自查,并根据自己的不足进行知识与技能的补充学习。

(5) 任课教师按照鉴定表进行知识与技能鉴定。请注意,鉴定包括过程鉴定与终结性鉴定。学生平时的学习过程也将作为鉴定的依据,例如学习态度、学习过程中的技能展示、职场安全意识等。

◎学习任务

(1) 分别识别发动机冷却系统的中英文名称。

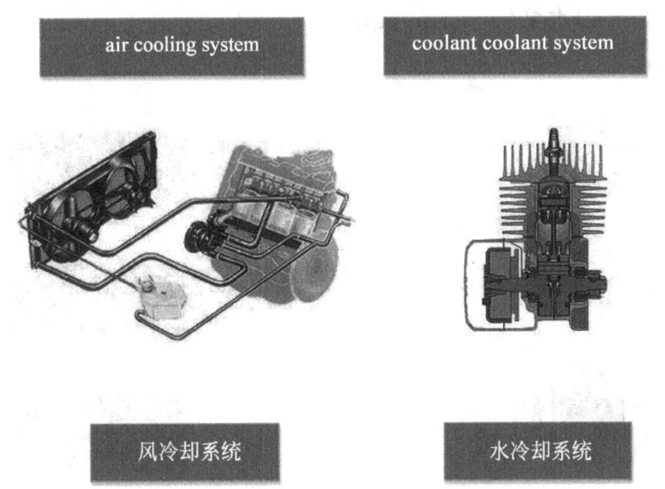

(2) 到汽车实训场所,观察汽车发动机的冷却系统,确定冷却系统类型,填写表2-23。

表 2-23　实训车辆发动机冷却系统类型

序　　号	车 辆 型 号	发动机型号	冷却系统类型

(3) 判断：发动机冷却系统将发动机温度调节得越低越好，对吗？（　　）

(4) 在括号中分别指出图 2-52 所示发动机冷却系统中的部件名称序号。

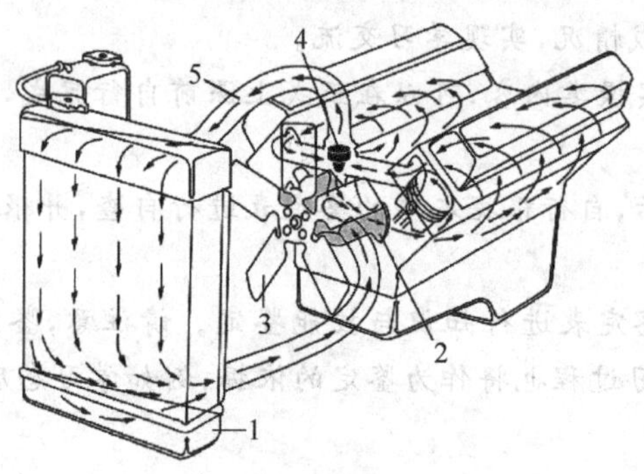

图 2-52　发动机冷却系统

（　　）节温器(thermostat)；（　　）散热器(radiator)；（　　）风扇(fan)；（　　）水管(water pipe)；（　　）水泵(water pump)。

(5) 连线题。

（6）到汽车实训场所，观察实训车辆中汽车发动机的水冷却系统的组成，填写表2-24。

表2-24 实训车辆中发动机的水冷却系统的组成

车辆型号：　　　　　　　　　　　　　发动机型号：

序　　号	零件名称（英汉双语）	主 要 功 能	安 装 位 置

（7）正确区分风冷却系统的优缺点。

结构简单　噪声大　经济性好　功率消耗大　升温较快　不够可靠

风冷却系统的优点　　风冷却系统的缺点

（8）到汽车实训场所，识别汽车发动机的水冷却系统与风冷却系统，观察两者之间的区别以及各自的作用，填写表2-25。

表2-25 汽车发动机的水冷却系统与风冷却系统的区别

序　　号	水冷却系统	风冷却系统	作　　用

鉴定

任课教师可以通过平时教学过程中学生的学习态度、参与教学活动的积极性、职场安全意识及终结性鉴定结果等确定其最后的鉴定结果，每个学生最多可以鉴定三次，鉴定教师需将鉴定结果填在表 2-26 中。

表 2-26　2.6 节鉴定表

学习目标	鉴定1	鉴定2	鉴定3	鉴定结论	鉴定教师签字
能够识别发动机冷却系统				□通过 □不通过	

2.6.1　冷却系统的分类

汽车发动机常见的冷却方式有两种，即水冷却和风冷却。大多数发动机采用水冷却系统。

1. 水冷却(coolant cooling)

水冷却以冷却液为介质，热量由机件传给冷却液，靠冷却液的流动把热量带走，再散发到大气中去，使发动机的温度降低，散热后的冷却液再重新流回到受热机件处。适当地调解水路和冷却的强度，就能保证发动机的正常工作温度。

2. 风冷却(air cooling)

利用高速流动的空气直接吹过气缸盖和气缸体表面，把热量散发到大气中去，保证发动机在最有利的温度范围内工作。

2.6.2　水冷却系统

微课视频——汽车发动机水冷却系统

目前汽车发动机上采用的水冷却系统大都是强制循环式水冷却系统，利用水泵强制冷却液在冷却系统中进行循环流动。

散热器内的冷却液加压后，通过气缸体进水孔压送到气缸体水套和气缸盖水套内，冷却液在吸收了机体的大量热量后经气缸盖出水孔流回散热器。由于有风扇的强力抽吸，空气流由前向后高速通过散热器。因此，受热后的冷却液在流过散热器芯的过程中，热量不断地散发到大气中去，冷却后的冷却液流到散热器的底部，又被水泵抽出，再次压送到发动机的水套中，如此不断循环，把热量不断地送到大气中去，使发动机不断地得到冷却，如图 2-53 所示。

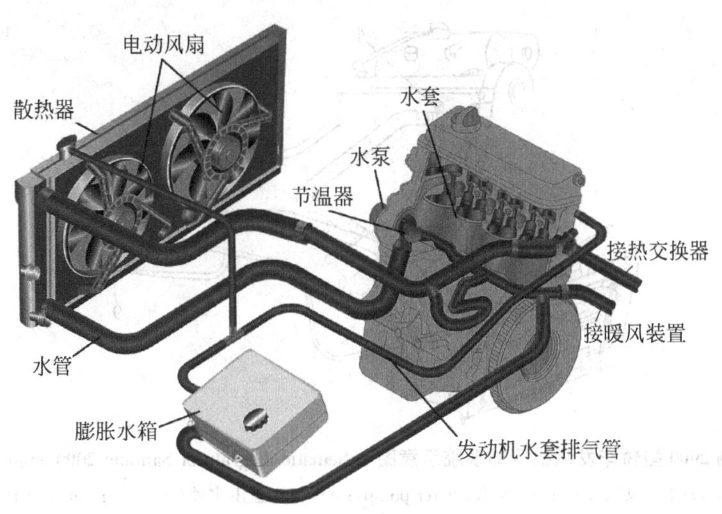

图 2-53 水冷却系统

通常冷却液在冷却系统内的循环流动路线有两条：一条为大循环；另一条为小循环，如图 2-54 所示。当发动机水温高于约 80℃时，节温器主阀门打开，旁通阀关闭，冷却液由主阀门进入散热器，经过散热器散热后，进入水泵，由水泵将冷却液再次打入水套，如此经过散热器的循环，水温迅速降低，这种循环方式称为大循环；当发动机水温低于约 70℃时，节温器主阀门关闭，旁通阀打开，气缸盖至散热器的冷却液的通道被切断，冷却液由气缸盖水套流出，经过节温器、旁通阀、旁通管进入水泵，并经水泵进入气缸体水套，由于冷却液不经散热器散热，可使发动机温度迅速升高，这种循环方式被称为小循环。大、小循环的控制是通过节温器的开启与关闭实现的。

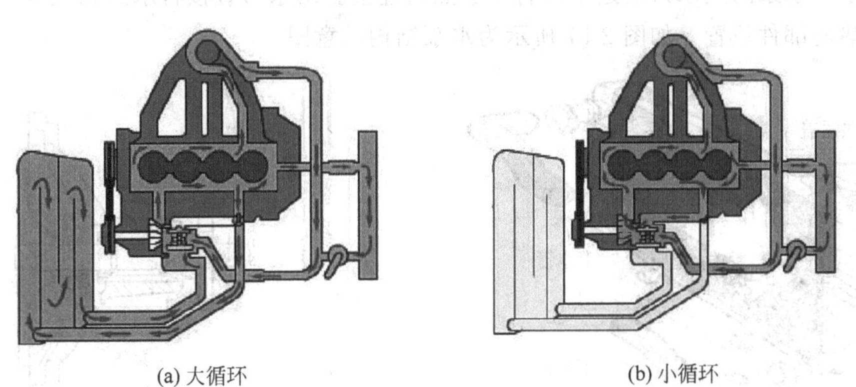

(a) 大循环　　(b) 小循环

图 2-54 发动机冷却系统的水循环路线

水冷却系统主要由散热器及其风扇、水泵、水套、节温器和水温监测装置等组成，如图 2-55 所示。

1. 散热器(radiator)

散热器从发动机接受热水。热水流经散热器芯管，把热量散发到流过散热片的空气中。散热器在车辆上的位置取决于发动机位置。但是，不管怎样，为了有效运转，空气流

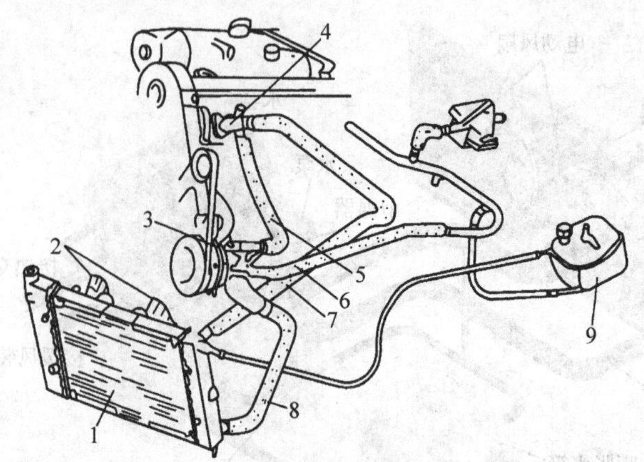

图 2-55　桑塔纳 2000 型轿车发动机冷却系统示意图(schematic diagram of Santana 2000 engine cooling system)

1—散热器(radiator)；2—风扇(fan)；3—水泵(water pump)；4—气缸盖出水处(the water outlet of the cylinder head)；5—旁通水管(bypass hose)；6—暖气回水管(heating water return pipe)；7—气缸盖大循环时出水管(the cylinder head outlet pipe in full circulation)；8—散热器出水管(radiator outlet pipe)；9—膨胀小水箱(expansion small water tank)

过它是必要的。在通常的前置发动机车辆中,它位于发动机前部,直接面对通过汽车前部栅栏的空气流。图 2-56 所示为水平流动式散热器结构示意图。

2. 水泵(water pump)

水泵的功用是对冷却液加压,迫使水从发动机流到散热器,然后再返回,确保正确的循环流动,保证冷却可靠。车用发动机上多采用离心式水泵,使用离心式水泵确保水流规则又不耗费过多的能量驱动。一般地,水泵固定在发动机体前部,由三角带或齿形带通过曲轴驱动。水泵的进水口通过下水管与散热器连接。出水口直接将水送到气缸体和气缸盖的最热的部件位置。如图 2-57 所示为水泵结构示意图。

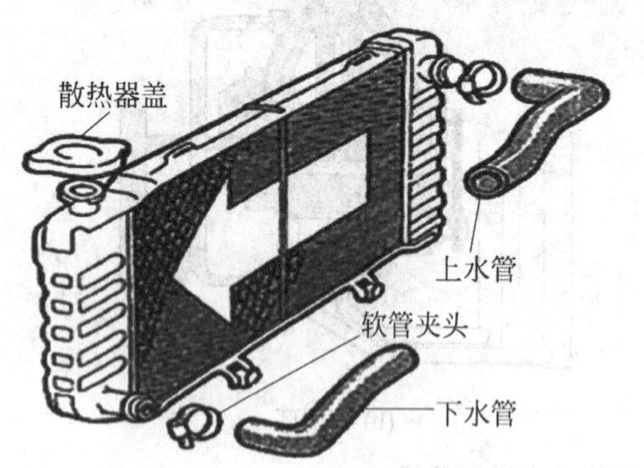

图 2-56　水平流动式散热器结构示意图

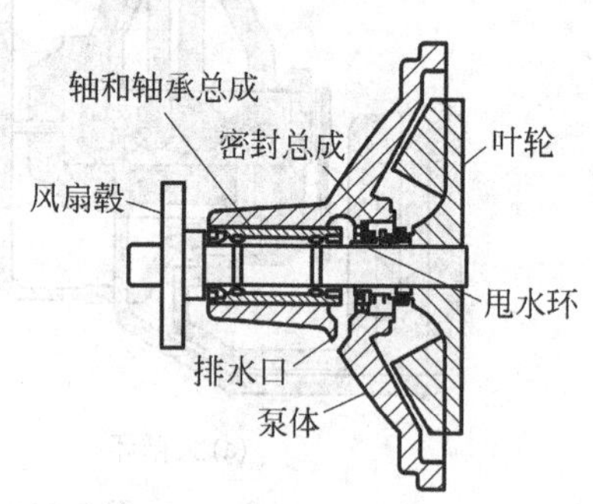

图 2-57　水泵结构示意图

3. 水套(water jacket)

水套由外壳和气缸及燃烧室形成。留在气缸、燃烧室、外壳之间的空间叫水套,储蓄水以便传递热量。水套还延伸并包围最热的发动机部件,如气门座。图 2-58 所示为水套结构示意图。

4. 散热器盖(radiator filler cap)

所有的汽车都装有压力式散热器盖，目的是提高水的沸点。散热器盖是压力阀的阀门部分，散热器颈部的底座是阀座。当散热器盖锁紧在颈部时，压力阀闭合。每一个散热器盖的压力等级，都打印在顶面上。压力范围在 28kPa～147kPa。图 2-59 所示为散热器盖的结构示意图。

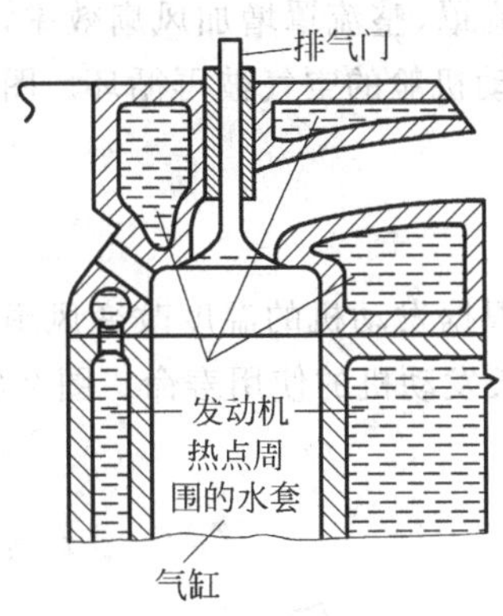

图 2-58　水套结构示意图

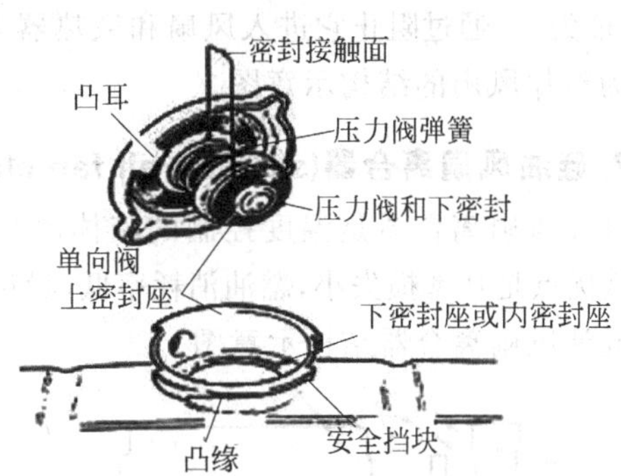

图 2-59　散热器盖结构示意图

5. 节温器(thermostat)

节温器允许发动机尽快暖机，并保持适当的运转温度，以帮助获得更好的发动机性能和更长的发动机寿命。利用节温器可控制通过散热器冷却液的流量。节温器位于发动机的出水口壳体中，因此，当阀门关闭时，通过散热器的水循环受到限制。阀头连接到一个热敏元件，热敏元件由水加热；当水加热时，热敏元件膨胀打开阀门。当热敏元件冷却时，收缩关闭阀门。当阀门关闭时，水通过旁通管循环。图 2-60 所示为蜡式节温器的结构示意图。

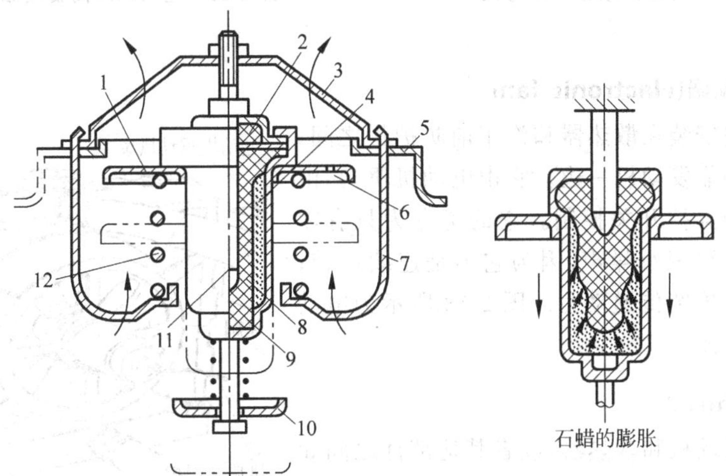

图 2-60　蜡式节温器结构示意图(schematic diagram of the structure of wax thermostat)

1—主阀门(main valve)；2—盖和密封垫(cover and seal)；3—上支架(upper bracket)；4—胶管(hose)；5—阀座(valve seat)；6—通气孔(venthole)；7—下支架(lower bracket)；8—石蜡(wax)；9—感应体(inductor)；10—旁通阀(bypass-valve)；11—中心杆(center pole)；12—弹簧(spring)

6. 风扇及整流罩(fan and cowl)

为了确保空气流过散热器芯并围绕发动机，在散热器后面安装了风扇。通常，风扇由曲轴或通过皮带及皮带轮驱动。有些厂家使用电动机驱动风扇。

风扇由一定数量的带有偏转角度的叶片组成，这些叶片用钢板或塑料制成。当风扇旋转时，叶片排挤空气，使之流过发动机。

为了引导空气流过发动机，在风扇周围安装一个整流罩，整流罩增加风扇效率，减少空气“散失”。通过阻止它进入风扇和散热器之间，防止发动机舱的空气被再循环。图 2-61 所示为冷却风扇的结构示意图。

7. 硅油风扇离合器(silicone oil fan clutch)

硅油风扇离合器是温度控制的液体离合器，它可以根据发动机的温度改变风扇的速度。其优点是功率损失小，燃油消耗率低，噪声小，可以延长发动机的使用寿命。图 2-62 所示为硅油风扇离合器结构示意图。

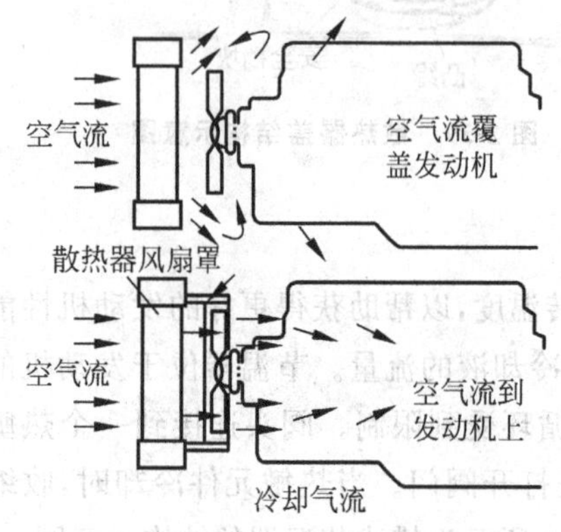

图 2-61 冷却风扇结构示意图

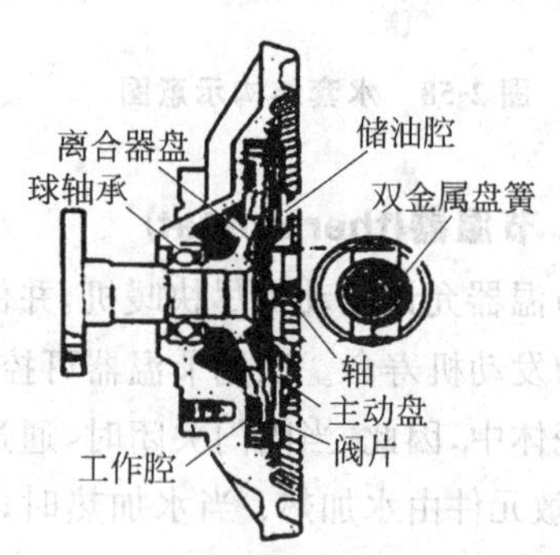

图 2-62 硅油风扇离合器结构示意图

8. 电动风扇(electronic fan)

电动风扇安装在散热器和汽车前防护栏之间，或在散热器的靠发动机一边。它由电动机驱动，由冷却系统中的温控开关控制。它的优点为只有需要时才运转；可减小噪声，因为它不是连续运转；不需要发动机连续传递动力。图 2-63 所示为电动风扇结构示意图。

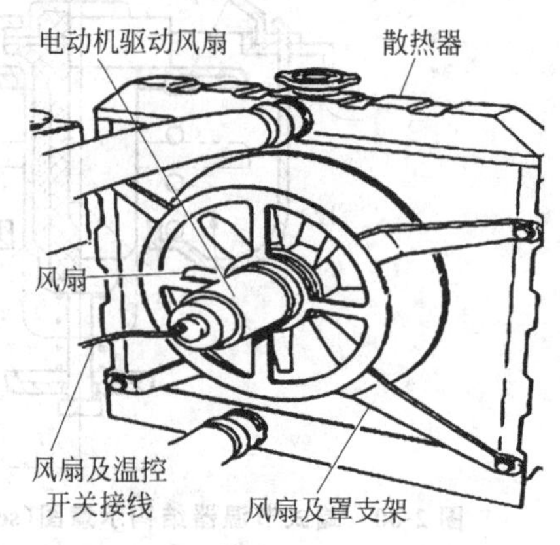

图 2-63 电动风扇结构示意图

9. 软管(hose)

软管给发动机和散热器，或者其他部件之间如取暖器提供柔性连接。一般使用加强的成型橡胶软管。图 2-64 所示为冷却系统软管结构示意图。

(1) 上水管(upper hose)。它连接散热器上部

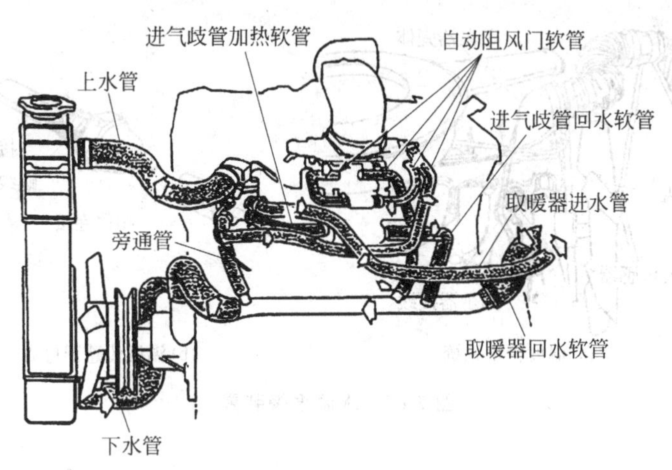

图 2-64 冷却系统软管结构示意图

和节温器壳体出口；把热水从发动机输送到散热器。

(2) 下水管(lower hose)。它将散热器下部连接到水泵的进水口；将温水从散热器输送到发动机。

(3) 旁通管(bypass hose)(如果有安装)。它将节温器壳体的下部连接到水泵的进水口；当节温器关闭时，它提供了从节温器到水泵的冷却水小循环。

(4) 暖气软管(heater hose)。用于循环热水到汽车取暖器或进气歧管；一个软管连接节温器壳体下部或气缸盖，并输送热水到取暖器；另一个软管连接水泵的进口，使温水回到发动机。

10. 软管夹头(hose clamp)

软管夹头用来牢固地把软管连接到各种接头上。常用的几种软管夹头是：齿带式夹头、螺钉式夹头、钢丝弹簧夹头。图 2-65 所示为软管夹头结构示意图。

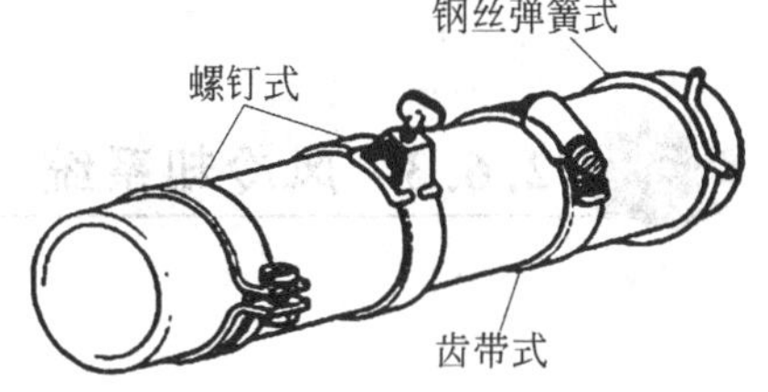

图 2-65 软管夹头结构示意图

11. 温度警报系统(temperature alarm system)

汽车上安装的温度警报系统主要由传感器和指示器两部分组成，如图 2-66 所示。

12. 膨胀水箱(expansion tank)

膨胀水箱安装在发动机舱靠近散热器处。它通过软管连接到散热器溢流，通常叫作冷却液回收系统。膨胀水箱一般是透明的塑料制成，有“加注”和“已满”刻度。当冷却系统温度高时，它接受散热器溢流；当系统冷却时，冷却液又通过软管重新回到散热器。图 2-67 所示为膨胀水箱结构示意图。

13. 风扇皮带(fan belt)

风扇皮带用来将发动机曲轴旋转的动力传递给水泵皮带轮或风扇皮带轮。图 2-68 所示为风扇皮带结构示意图。

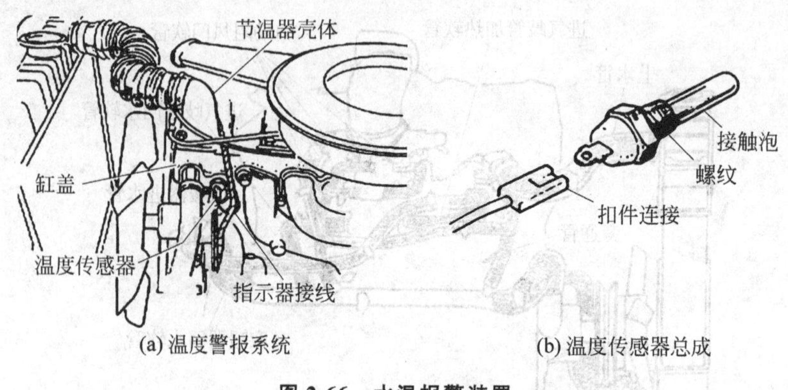

(a) 温度警报系统　　(b) 温度传感器总成

图 2-66　水温报警装置

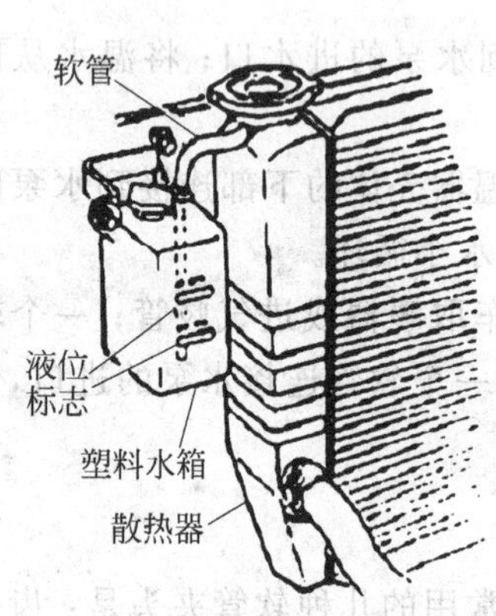

图 2-67　膨胀水箱结构示意图

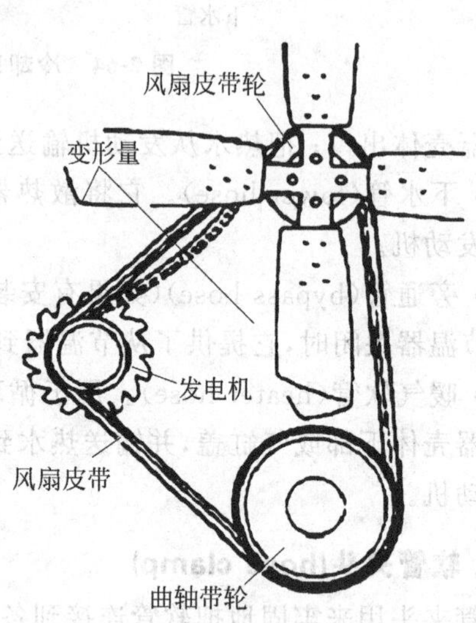

图 2-68　风扇皮带结构示意图

2.6.3　风冷却系统

微课视频——发动机的风冷却系统

风冷却系统(air cooling system)利用大流量风扇使高速空气流直接吹过气缸盖和气缸体的外表面，把热量散发到大气中去。为了有效地降低受热零件的温度和改善其温度的分布，在气缸盖和气缸体的外表面精心布置了一定形状的散热片，确保发动机在最适当的温度范围内可靠地工作。

风冷却系统的优点是结构简单，工作可靠，质量较小，升温较快，经济性好，使用和维修方便，特别适用于沙漠等高温地区和极地等严寒地区；缺点是冷却不够可靠，功率消耗

大，噪声大，对气温变化不敏感，仅用于部分小排量及军用汽车发动机。

普通类型的发动机风冷却系统由散热片、风扇和整流罩等组成。

1. 散热片(radiation fin)

散热片安装或浇注到气缸盖和气缸体上，如图 2-69 所示。

2. 径流式风扇(radial fan)

通过轴和三角带传动与发动机转速相同。安装在发动机上的位置，暴露在空气中，如图 2-70 所示。

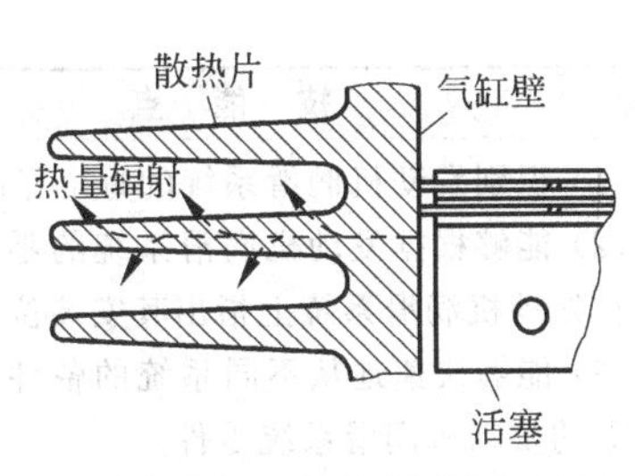

图 2-69　散热片示意图

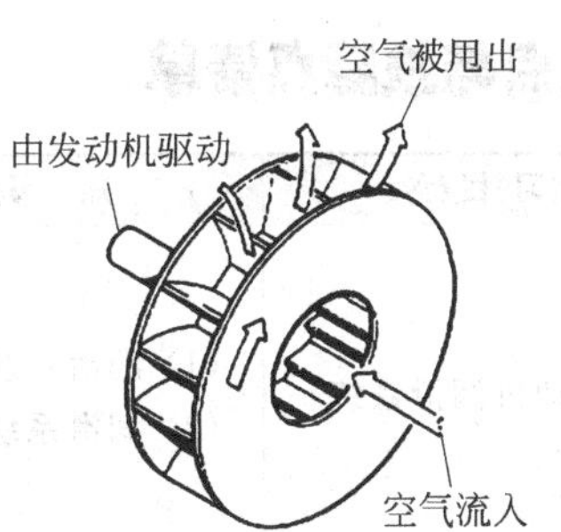

图 2-70　径流式风扇示意图

3. 整流罩或护罩(cowl or hood)

整流罩或护罩由钢板和塑料制造。通过螺栓连接到发动机上，确保从风扇来的空气流直接到达最热的部件，如图 2-71 所示。

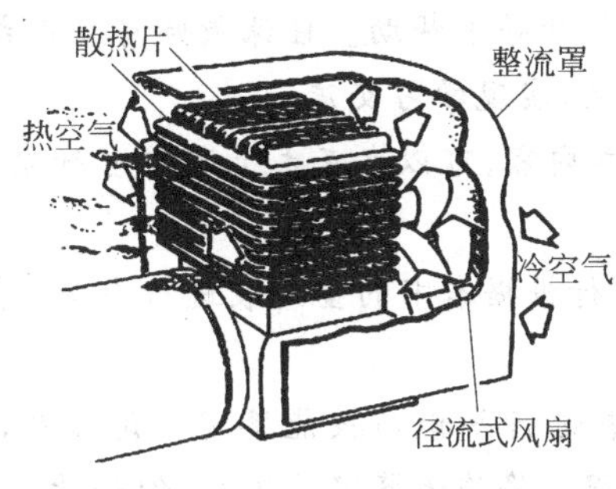

图 2-71　整流罩示意图

2.7　识别发动机润滑系统

发动机润滑系统的功能就是将机油不断地供给各零件的摩擦表面，减少零件的摩擦和磨损。流动的机油不仅可以清除摩擦表面的磨屑等杂质，而且可以冷却摩擦表面。气缸壁和活塞环上的油膜还能提高气缸的密封性。此外，机油还可防止零件生锈。

发动机的润滑方式常分为两种：一种是需要以一定压力将机油输送至摩擦面间隙中，形成油膜保证润滑，这种润滑方式称为压力润滑；另一种润滑方式是利用发动机工作

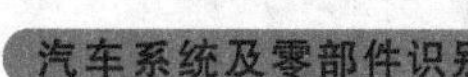

时运动零件飞溅起来的油滴或油雾润滑摩擦表面，称为飞溅润滑。

◎ 客户委托2-7

小张的爱车性能表现良好，但是最近去洗车时，4S店的工作人员建议他给爱车进行一次发动机润滑系统清洗，小张不懂个中缘由，没有接受建议。请你告诉他发动机润滑系统的工作原理，让他明白是否有必要进行清洗。

◎ 学习目标

能够识别发动机润滑系统。

◎ 知识点与技能点清单

学 习 目 标	知 识 点	技 能 点
识别发动机润滑系统	(1) 润滑系统的方式 (2) 润滑系统主要部件	(1) 识别发动机润滑系统的每个零部件名称 (2) 能够根据发动机润滑系统的零部件名称在发动机润滑系统上指出其安装位置 (3) 能够快速地从不同系统的备件中找出所需的发动机润滑系统零件

◎ 学习指南

(1) 明确学习目标和知识与技能点清单。

(2) 在课前完成学习任务中的知识类内容。在完成知识类学习任务时，可以参考本单元提供的学习信息，利用网络、厂家提供的维修手册和各类教学资源库等学习资源，也可以在课前或上课时向任课教师寻求帮助。任课教师可在正式上课时展示或共享大家对于知识类学习任务的完成情况，实现学习交流。

(3) 学习任务中的实操类内容，可以在正式上课前自行完成，也可以由任课教师在课堂上安排完成。

(4) 完成学习任务后，自行根据本书的鉴定表进行自查，并根据自己的不足进行知识与技能的补充学习。

(5) 任课教师按照鉴定表进行知识与技能鉴定。请注意，鉴定包括过程鉴定与终结性鉴定。学生平时的学习过程也将作为鉴定的依据，例如学习态度、学习过程中的技能展示、职场安全意识等。

◎ 学习任务

(1) 判断：发动机的润滑方式常分为两种，分别是压力润滑和飞溅润滑。在发动机的润滑系统中，曲轴的主轴颈、连杆轴颈、凸轮轴止推凸缘、正时齿轮和分电器轴等都用压力润滑，其余部分用飞溅润滑，对吗？(　　)

(2) 到汽车实训场所，确认车辆发动机润滑系统各部件和作用，完成表2-27。

表 2-27　实训车辆发动机润滑系统各部件和作用

车辆型号：　　　　　　　　　　　　发动机型号：

序号	部件名称(英汉双语)	安装位置	润滑方式	主要作用

(3) 正确连线润滑系统的部件名称。

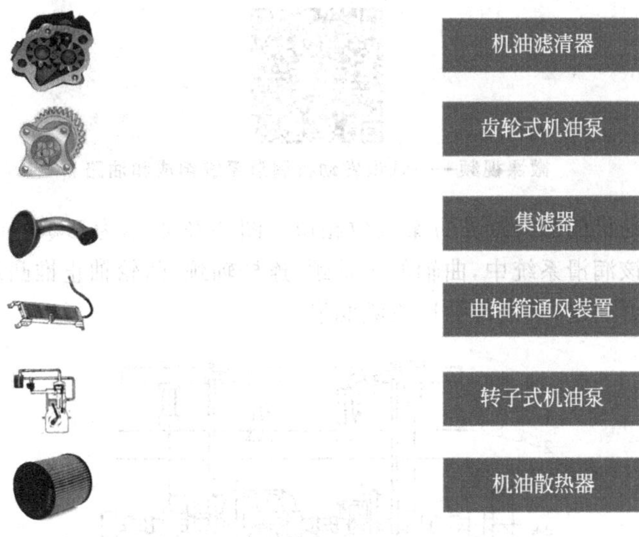

(4) 到汽车实训场所，确认车辆发动机润滑系统各部件和作用，完成表 2-28。

表 2-28　实训车辆发动机润滑系统各部件和作用

车辆型号：　　　　　　　　　　　　发动机型号：

序　　号	部件名称(英汉双语)	安 装 位 置	主 要 作 用

鉴定

任课教师可以通过平时教学过程中学生的学习态度、参与教学活动的积极性、职场安全意识及终结性鉴定结果等确定其最后的鉴定结果，每个学生最多可以鉴定三次，鉴定教师需将鉴定结果填在表 2-29 中。

表 2-29　2.7 节鉴定表

学 习 目 标	鉴定 1	鉴定 2	鉴定 3	鉴定结论	鉴定教师签字
能够识别发动机润滑系统				□通过 □不通过	

2.7.1　润滑系统的油路

微课视频——认识发动机润滑系统组成和油路

现代汽车发动机的润滑油路方案大致相似。图 2-72 所示为 EQ6100-1 型发动机润滑系统示意图。在该润滑系统中，曲轴的主轴颈、连杆轴颈、凸轮轴止推凸缘、正时齿轮和分电器轴等都用压力润滑，其余部分用飞溅润滑。

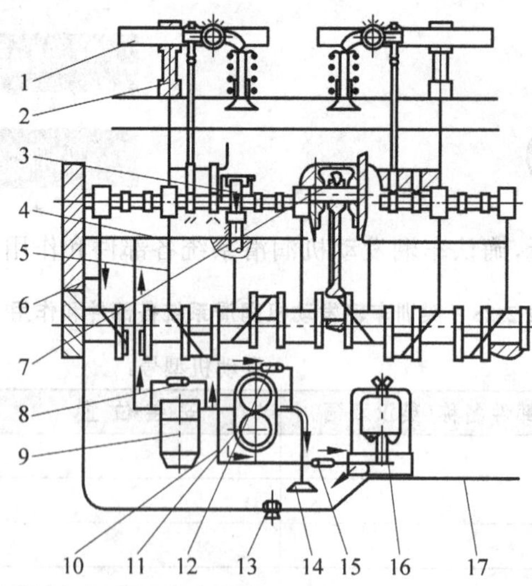

图 2-72　EQ6100-1 型发动机润滑系统示意图(schematic diagram of engine lubrication system)

1—摇臂轴(rocker-arm shaft)；2—上油道(oil passage)；3—机油泵传动轴(oil pump drive shaft)；4—主油道(main oil gallery)；5—横向油道(transverse oil passage)；6—喷油嘴(fuel spray nozzle)；7—连杆小头油道(oil passage in the small end of connecting rod)；8—机油粗滤器旁通阀(primary oil filter bypass valve)；9—机油粗滤器(oil coarse filter)；10—油管(oil pipe)；11—机油泵(oil pump)；12—限压阀(pressure relief valve)；13—磁性放油螺塞(magnetic drain plug)；14—固定式集滤器(oil pump strainer)；15—机油细滤器进油限压阀(oil fine filter inlet pressure limiting valve)；16—机油细滤器(oil fine filter)；17—油底壳(oil sump)

2.7.2 润滑系统的主要部件

微课视频——润滑系统的基本组成

润滑系统主要由机油泵、集滤器、粗滤器、细滤器、机油散热器、曲轴箱通风、机油尺等组成。

1. 齿轮式机油泵(gear oil pump)

机油泵一般装在曲轴箱内,齿轮式机油泵是在油泵壳体内装有一个主动齿轮和一个从动齿轮,齿轮与壳体内壁之间的间隙很小,图 2-73 所示为 EQ6100-1 型发动机的齿轮式机油泵。

2. 转子式机油泵(rotor oil pump)

图 2-74 所示为柴油发动机上装用的转子式机油泵。主动轴通过轴套、卡环安装在油泵壳体和盖板上,内转子用半圆键固定在主动轴上,外转子装在油泵壳体内,可以自由转动。

图 2-73 齿轮式机油泵(gear oil pump)

图 2-74 转子式机油泵(rotor oil pump)

3. 集滤器(oil pump strainer)

集滤器一般是滤网的,装在机油泵之前,防止粒度较大的杂质进入机油泵。汽车发动机所用的集滤器分为浮式和固定式集滤器两种。图 2-75 所示为浮式集滤器结构示意图。

4. 粗滤器(coarse filter)

粗滤器用以滤去机油中粒度较大(直径为 0.05～0.1mm 及以上)的杂质,它对机油的流动阻力较小,串联于机油泵与主油道之间,目前国产发动机都采用纸质式粗滤器,如图 2-76 所示。

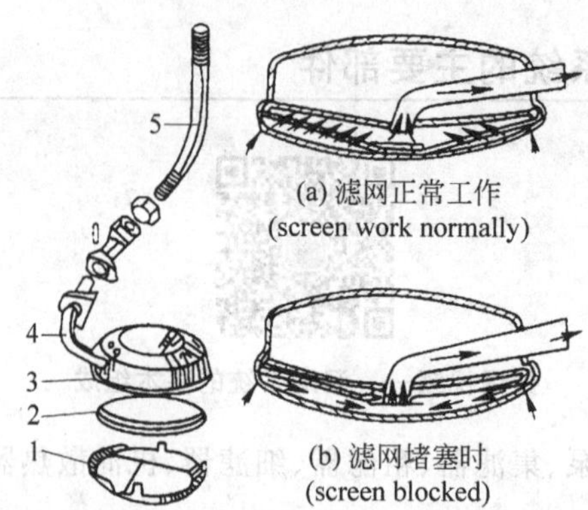

图 2-75　浮式集滤器结构示意图(schematic diagram of the structure of floating strainer)

1—罩(cover)；2—滤网(strainer mesh)；3—浮子(floater)；4—吸油管(fuel sucking pipe)；5—固定管(fixed tube)

图 2-76　纸质滤芯机油粗滤器(paper coarse filter)

5. 细滤器(fine filter)

细滤器用以清除直径在 0.001mm 以上的细小杂质。现大部分车采用离心式机油细滤器，与主油道并联，其结构如图 2-77 所示。

6. 机油散热器(oil cooler)

机油散热器一般是装在发动机冷却水散热器的前面，利用风扇风力使机油冷却。也有一些发动机将机油散热器装在冷却水路中。图 2-78 所示为 EQ6100-1 型发动机的机油散热器外形图，它是管片式结构，与一般的冷却水散热器类似。

7. 曲轴箱通风(crankcase ventilation)

为了延长机油的使用期限，减少摩擦零件的磨损和腐蚀，防止发动机漏油，必须使发动机曲轴箱保持通风，将混合气和废气自曲轴箱内抽出。图 2-79 所示为曲轴箱通风示意图。

8. 机油尺(oil dipstick)

机油尺是用来检查油底壳内油量和油面高低的。它是一片金属杆，下端制成扁平，并有刻线。润滑油油面必须处于油尺上、下刻线之间。

图 2-77 发动机离心式机油细滤器
(the centrifugal fine filter)

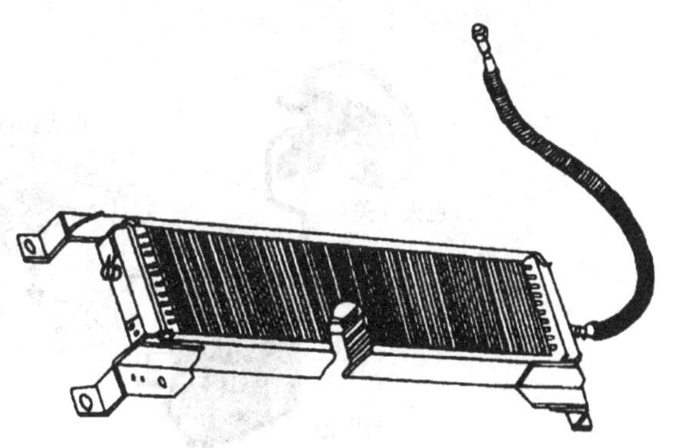

图 2-78 EQ6100-1 型发动机的机油散热器

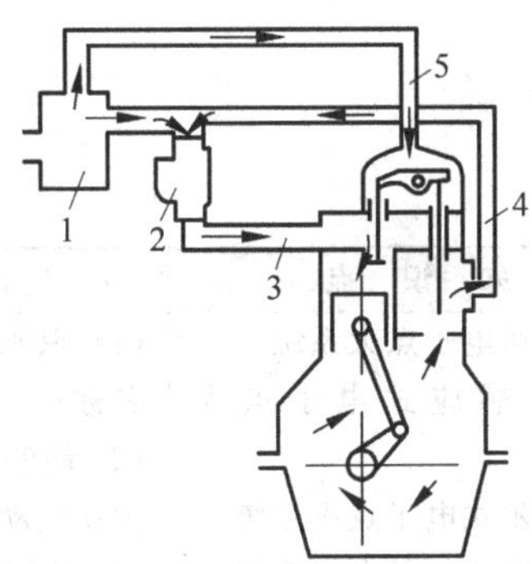

图 2-79 BJ492QA 型发动机曲轴箱通风示意图(schematic diagram of engine crankcase ventilation)

1—空气滤清器(air cleaner);2—节气门体(throttle body);3—进气管(intake-tube);4—抽气管(suction-pipe);5—曲轴箱进气管(crankcase intake pipe)

2.8 识别发动机点火系统

能够按时在火花塞电极间产生电火花的全部设备,称为发动机点火系统。为了适应发动机的工作,要求点火系统能按照发动机的点火次序,在一定的时刻,供给火花塞以足够能量的高压电,使其两极间产生电火花,点燃混合气,使发动机做功。

发动机点火系统的主要代表有普通电子点火系统、磁感应式电子点火系统、光电式电子点火系统和无分电器微机控制点火系统等。

◎客户委托2-8

老李最近刚刚购买了一辆汽车,在说明书上他看到了图 2-80,你能帮他判断一下他的新车发动机点火系统属于哪一种吗?

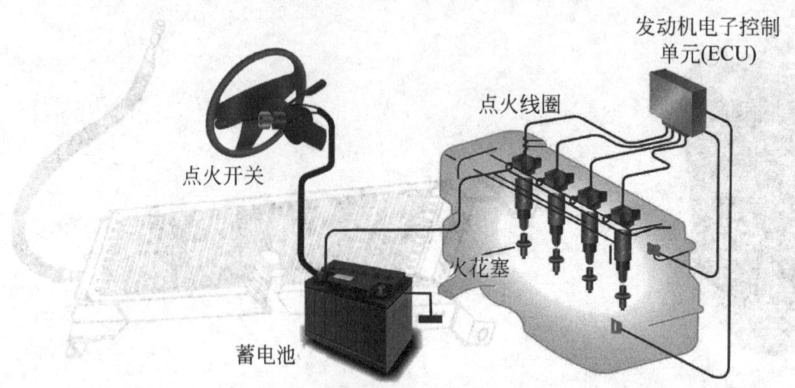

图 2-80　某种发动机点火系统

◎ 学习目标

能够识别发动机点火系统。

◎ 知识点与技能点清单

学习目标	知识点	技能点
识别发动机点火系统	(1) 普通电子点火系统； (2) 磁感应式电子点火系统； (3) 霍尔式电子点火系统； (4) 光电式电子点火系统； (5) 微机控制点火系统	(1) 识别发动机点火系统的每个零部件名称； (2) 能够根据发动机点火系统的零部件名称在发动机点火系统上指出其安装位置； (3) 能够快速地从不同系统的备件中找出所需的发动机点火系统零件

◎ 学习指南

(1) 明确学习目标和知识与技能点清单。

(2) 在课前完成学习任务中的知识类内容。在完成知识类学习任务时，可以参考本单元提供的学习信息，利用网络、厂家提供的维修手册和各类教学资源库等学习资源，也可以在课前或上课时向任课教师寻求帮助。任课教师可在正式上课时展示或共享大家对于知识类学习任务的完成情况，实现学习交流。

(3) 学习任务中的实操类内容，可以在正式上课前自行完成，也可以由任课教师在课堂上安排完成。

(4) 完成学习任务后，自行根据本书的鉴定表进行自查，并根据自己的不足进行知识与技能的补充学习。

(5) 任课教师按照鉴定表进行知识与技能鉴定。请注意，鉴定包括过程鉴定与终结性鉴定。学生平时的学习过程也将作为鉴定的依据，例如学习态度、学习过程中的技能展示、职场安全意识等。

◎ 学习任务

(1) 请指出图 2-81 所示的普通电子点火系统的各个组成部件的名称。

(　　)蓄电池(storage battery)；(　　)点火线圈(ignition coil)；(　　)火花塞(sparking plug)；(　　)点火开关(ignition lock)；(　　)分电器(distributor)；(　　)点火控制器(ignition controller)。

(2) 判断：磁感应式电子点火系统、霍尔式电子点火系统和光电式电子点火系统都采用了分电器这一关键部件。(　　)

(3) 为图 2-82 所示的无分电器微机控制点火系统部件名称填序号。

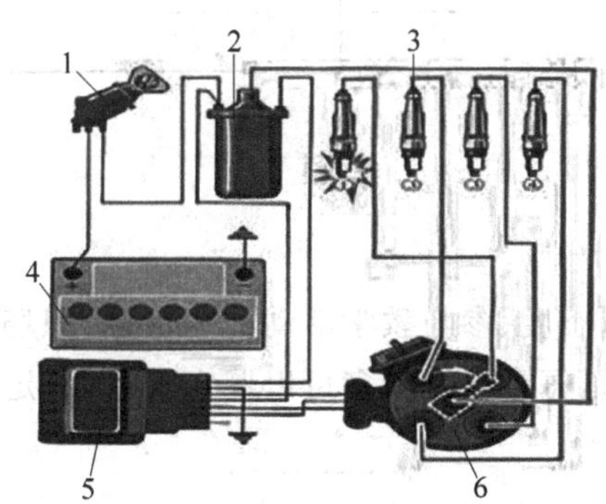

图 2-81　普通电子点火系统

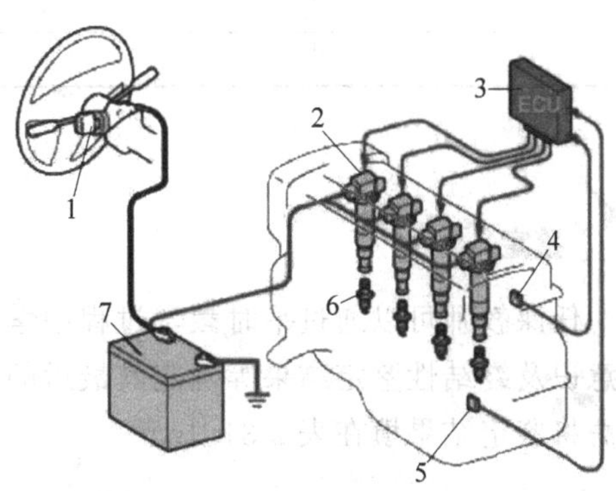

图 2-82　无分电器微机控制点火系统部件

(　　)点火线圈(ignition coil)；(　　)火花塞(sparking plug)；(　　)点火开关(ignition lock)；(　　)蓄电池(storage battery)；(　　)曲轴位置传感器(crankshaft position sensor)；(　　)凸轮轴位置传感器(camshaft position sensor)；(　　)发动机控制电脑(the engine controls the computer)。

(4) 将点火系统与对应的含义进行连线。

点火系统	含义
普通电子点火系统	由低压电源、点火开关、微机控制单元(ECU)、点火控制器、点火线圈、火花塞、高压线和各种传感器等组成
磁感应式电子点火系统	应用光电效应的原理，以发光元件、光敏元件和遮光盘组成光电脉冲信号发生器来产生脉冲信号电压，并经放大电路放大后，推动大功率管工作，控制点火线圈一次绕组电路的通断，使二次绕组产生高压电，实现点火
光电式电子点火系统	利用电磁感应原理，信号转子转动时，信号转子的凸齿与铁心的空气隙发生变化，使通过传感线圈的磁通发生变化，因此传感线圈中便产生感应的交变电动势，该交变电动势输入点火控制器，以控制点火系统工作
无分电器微机控制点火系统	以蓄电池和发电机为电源，借点火线圈和由半导体器件(晶体三极管)组成的点火控制器将电源提供的低压电转变为高压电，再通过分电器分配到各缸火花塞，使火花塞两电极之间产生电火花，点燃可燃混合气

(5) 到汽车实训场所，确认发动机点火系统的类型、各部件和作用，完成表 2-30。

表 2-30　实训车辆发动机点火系统的类型、各部件和作用

序　　号	发动机点火类型	部件名称(英汉双语)	主 要 作 用

鉴定

任课教师可以通过平时教学过程中学生的学习态度、参与教学活动的积极性、职场安全意识及终结性鉴定结果等确定其最后的鉴定结果，每个学生最多可以鉴定三次，鉴定教师需将鉴定结果填在表 2-31 中。

表 2-31　2.8 节鉴定表

学 习 目 标	鉴定 1	鉴定 2	鉴定 3	鉴定结论	鉴定教师签字
能够识别发动机点火系统				□通过 □不通过	

2.8.1　普通电子点火系统

普通电子点火系统以蓄电池和发电机为电源，借点火线圈和由半导体器件(晶体三极管)组成的点火控制器将电源提供的低压电转变为高压电，再通过分电器分配到各缸火花塞，使火花塞两电极之间产生电火花，点燃可燃混合气。

普通电子点火系统主要由电源(蓄电池和发电机)、点火线圈、分电器(信号发生器)、点火控制器、火花塞、点火开关、高压阻尼线等组成，如图 2-83 所示。

1. 点火线圈(ignition coil)

点火线圈将 12V 的低压电变成 15～20kV 的高压电。用点火控制初级电路的通断，使点火线圈的初级电流可以增大，所以普通电子点火系采用的点火线圈的电感和电阻一般较小，采用闭磁路点火线圈较多。

2. 分电器(distributor)

分电器和传统点火系统相比，主要变化在于去掉了断电器(触点和凸轮)和电容器，增加了点火信号发生器(信号转子和传感器部分)；有的点火控制器能够随着发动机转速变化自动调整点火提前角，所以配用的分电器可以去掉离心提前机构。配电器部分的结构则没

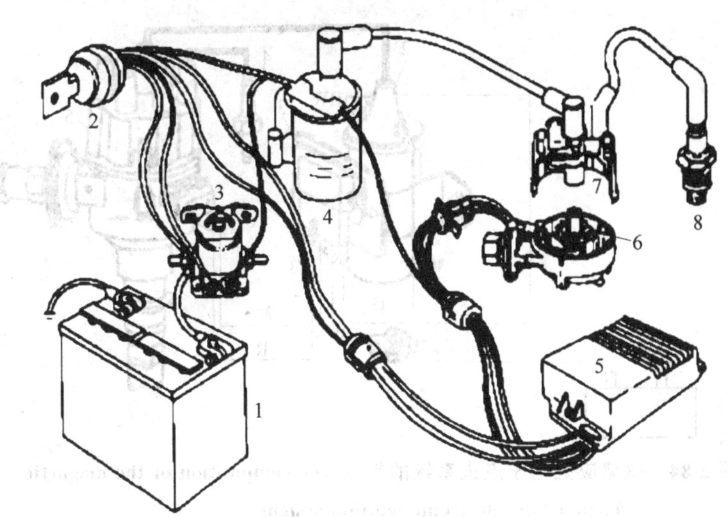

图 2-83 普通电子点火系统的组成(the composition of common electronic ignition system)

1—蓄电池(storage battery);2—点火开关(ignition switch);3—启动继电器(starting relay);4—点火线圈(ignition coil);5—点火控制器(ignition controller);6—信号发生器(signal generator);7—配电器(distributor);8—火花塞(sparking plug)

有变化。

3. 点火控制器(ignition controller)

点火控制器的基本作用是将信号发生器产生的信号放大,最后控制大功率三极管的导通与截止,达到控制点火线圈初级电流通断的目的。此外,还具有最大电流限制功能和闭合角控制功能等。

4. 火花塞(spark plug)

由于电子点火系统的点火能量提高,火花塞电极间隙一般为 0.8～1.0mm,为了适应稀薄混合气的燃烧,有的甚至达到 1.0～1.2mm,比传统点火系统的火花塞电极间隙大。

5. 高压阻尼线(high resistance cable)

为了减轻无线电干扰,电子点火系统采用的高压导线为有一定电阻的高压阻尼线,阻值一般在几千欧至几十千欧不等,火花塞的插头和分火头也都有一定的电阻,一般为几千欧。

 2.8.2 磁感应式电子点火系统

磁感应式电子点火系统利用电磁感应原理,信号转子转动时,信号转子的凸齿与铁心的空气隙发生变化,使通过传感线圈的磁通发生变化,因此传感线圈中便产生感应的交变电动势,该交变电动势输入点火控制器,以控制点火系统工作。

磁感应式电子点火系统,由磁感应式分电器(内装磁感应式点火信号发生器)、点火控制器、专用点火线圈、火花塞等部件组成,如图 2-84 所示。

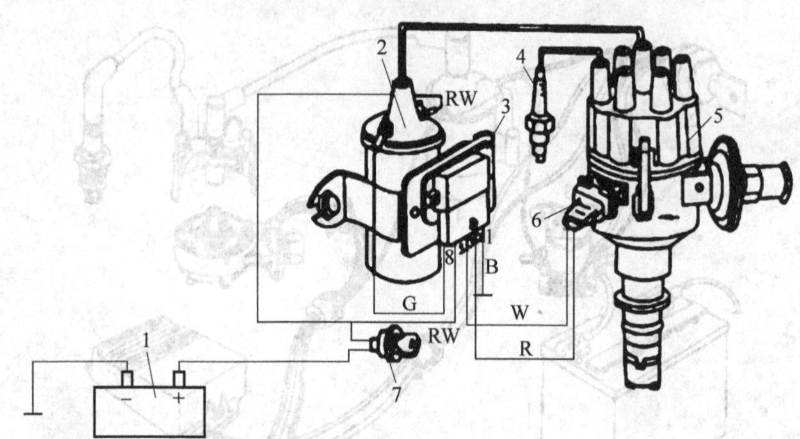

图 2-84　磁感应式电子点火系统的组成(the composition of the magnetic induction type electronic ignition system)

1—蓄电池(storage battery);2—点火线圈(ignition coil);3—点火控制器(ignition controller);4—火花塞(spark plug);5—分电器(distributor);6—信号发生器(signal generator);7—点火开关(ignition switch)

1. 磁感应式分电器结构

分电器的主要功用是将点火线圈中产生的高压电,按照发动机的工作顺序依次分配到各气缸的火花塞上。其主要组成如图 2-85 所示。

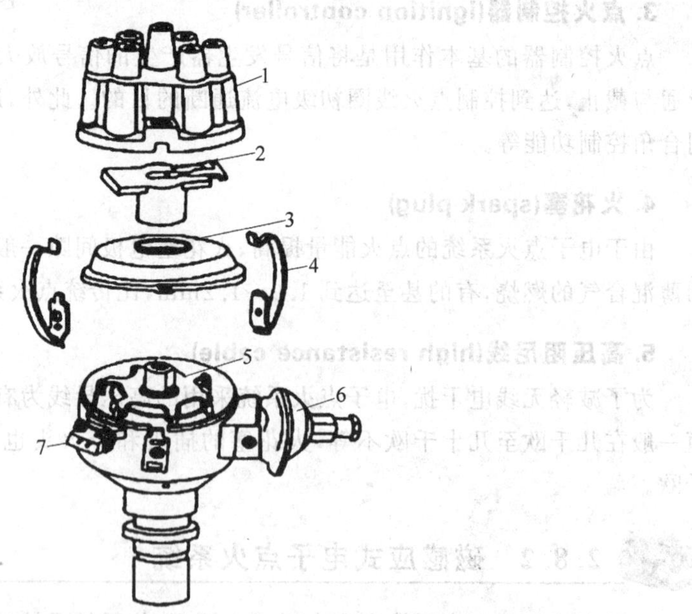

图 2-85　磁感应式分电器结构(magnetic induction type distributor)

1—分电器盖(distributor cap);2—分火头(rotor arm);3—防护罩(protective cover);4—固定夹(fixation clamp);5—信号发生器(signal generator);6—真空调节器(vacuum regulator);7—信号发生器端子(signal generator terminal)

2. 点火控制器结构

点火控制器的作用是接收处理传感器的信号，转变为点火控制信号，通过控制内部三极管的导通与截止，从而控制初级线圈一次绕组电路的通断，在二次绕组中产生高压电。其外形如图 2-86 所示。

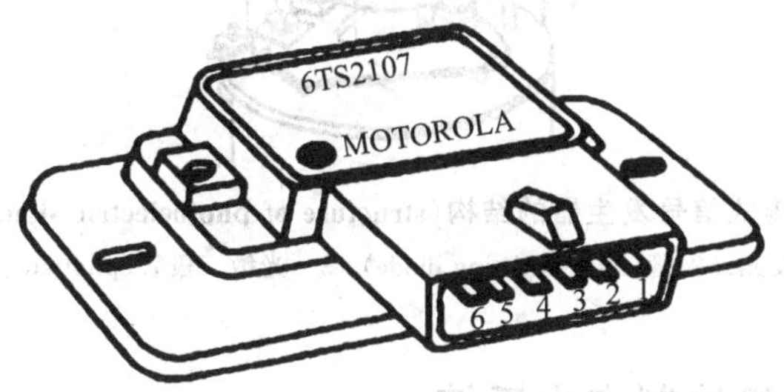

图 2-86　点火控制器结构

2.8.3　光电式电子点火系统

光电式电子点火系统是应用光电效应的原理，以发光元件、光敏元件和遮光盘组成光电脉冲信号发生器来产生脉冲信号电压，并经放大电路放大后，推动大功率管工作，控制点火线圈一次绕组电路的通断，使二次绕组产生高压电，实现点火的如图 2-87 所示。

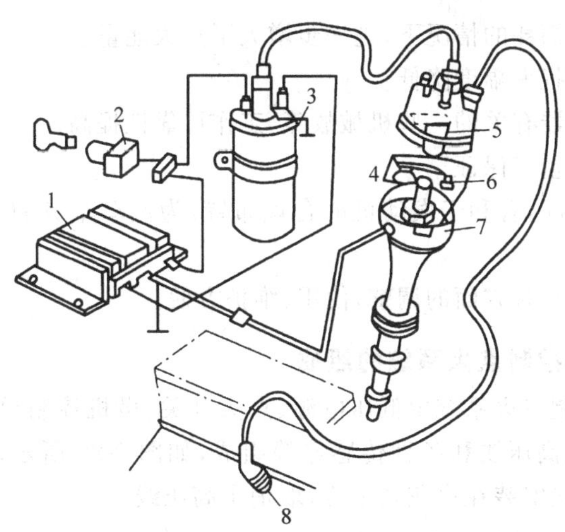

图 2-87　英国鲁明兴公司光电效应式电子点火系统(photoelectric effect type electronic ignition system)

1—点火控制器(ignition controller)；2—点火开关(ignition switch)；3—点火线圈(ignition coil)；4—信号发生器(signal generator)；5—分火头(rotor arm)；6—信号转子(遮光盘)(signal rotor)；7—分电器(distributor)；8—火花塞(spark plug)

光电式信号发生器固装在分电器壳体上，主要由光源(发光二极管)、光接收器(光敏二极管或光敏三极管)和遮光器(信号转子)组成。遮光盘安装在分电器轴上，遮光盘的外缘介于光源和光接收器之间，遮光盘的外缘上有缺口，缺口数等于发动机气缸数，如图 2-88 所示。

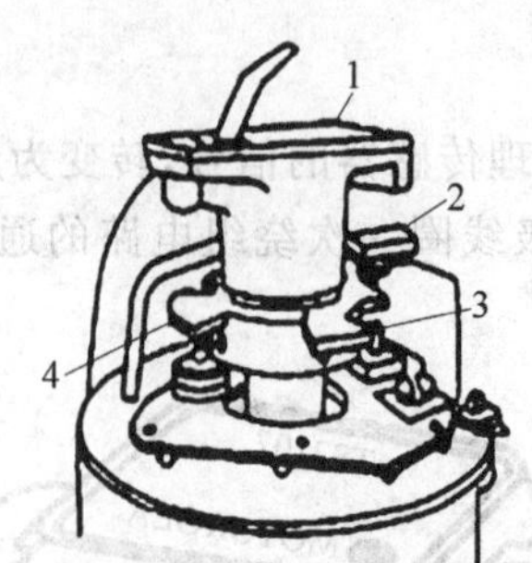

图 2-88　光电式信号发生器的结构(structure of photoelectric signal generator)

1—分火头(rotor arm)；2—发光二极管(light-emitting diode)；3—光敏三极管(photistor)；4—遮光盘(blanking disc)

2.8.4　微机控制点火系统

无分电器点火系统自 20 世纪 80 年代问世以来，在美、日以及欧洲发达国家得到迅速发展和广泛应用，带来了点火系统发展的又一次飞跃。进入 20 世纪 90 年代后，无分电器点火系统在发达国家的应用已经比较普遍，我国一汽大众生产的部分奥迪轿车和捷达轿车、上海大众汽车公司生产的部分桑塔纳 2000 型轿车等也相继采用了无分电器点火系统。无分电器点火系统正逐步成为点火系统的主流。其中，无分电器微机控制点火系统的优点如下。

- 在不增加电能消耗的情况下，进一步增大了点火能量。
- 对无线电的干扰大幅度降低。
- 避免了与分电器有关的一些机械故障，工作可靠性提高。
- 高速时点火能量有保证。
- 节省了安装空间，有利于发动机的合理布置，为汽车车身的流线型设计提供了有利条件。
- 无须进行点火正时方面的调整，使用、维护方便。

1. 无分电器微机控制点火系统的组成

无分电器微机控制点火系统由低压电源、点火开关、微机控制单元(ECU)、点火控制器、点火线圈、火花塞、高压线和各种传感器等组成，如图 2-89 所示。有的无分电器点火系统还将点火线圈直接安装在火花塞上方，取消了高压线。

2. 无分电器微机控制点火系统的工作原理

无分电器微机控制点火系统根据高压配电方式的不同，分为独立点火方式和同时点火方式两种，其工作原理也各不相同。

如图 2-90 所示，为奥迪 200 轿车无分电器微机控制点火系统零部件组成示意图，点火线圈 8 的输出端连接在火花塞 9 上，两个气缸共用一个点火线圈。

发动机工作时，电控单元接收各传感器输送的发动机运转的相关信号，并精确计算、确定点火正时和点火线圈通电时间，再给点火系统发出指令进行点火。点火线圈次级绕组输出高压电至各缸火花塞，火花塞跳火，点燃气缸内的可燃混合气。

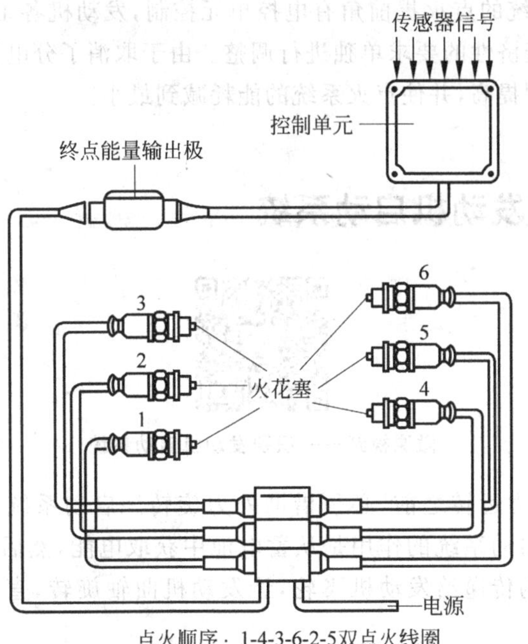

点火顺序：1-4-3-6-2-5双点火线圈

图 2-89　无分电器微机控制点火系统组成

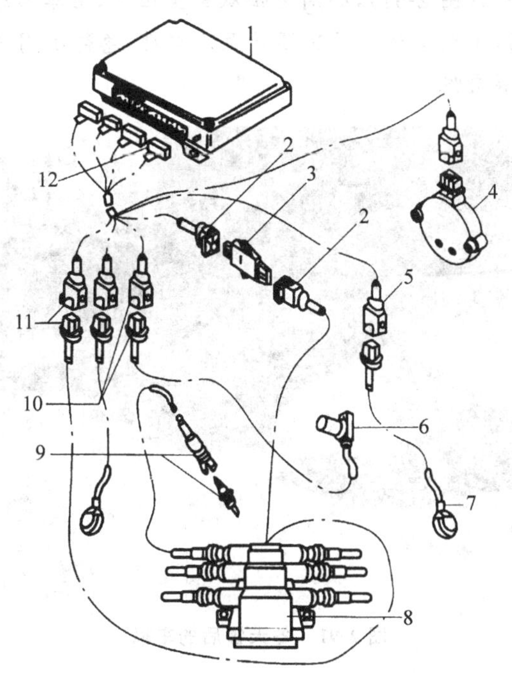

图 2-90　奥迪 200 轿车点火系统零部件组成示意图

1—电控单元(ECU)；2—点火控制器线束接头；3—点火组件；4—凸轮轴位置传感器；5—爆震传感器线束接头；6—点火正时传感器；7—爆震传感器；8—点火线圈；9—火花塞；10—点火正时传感器线束接头；11—点火线圈线束接头；12—电控单元线束接头

无分电器点火系统的点火提前角有电控单元控制，发动机各工况的点火提前角可以按各工况对动力性、经济性的要求单独进行调整。由于取消了分电器，提高了点火时刻的精确度，点火能量得到提高，并使点火系统的能耗减到最小。

2.9 识别发动机启动系统

微课视频——识别发动机启动系统

发动机以自身动力运转之前，必须借助外力旋转。启动系统是协同启动发动机的机、电部分的结合。启动系统的作用是从蓄电池中获取电能，然后把所获能量转化为机械能，并通过驱动机构传递给发动机飞轮，让发动机曲轴旋转，直到发动机工作循环自动进行。

◎ 客户委托2-9

冬天雪后的一个早上(图 2-91)，小周匆忙从家里出来，上车后就想马上开车上路。可是汽车怎么也无法启动，小周尝试了多次还是无法启动，急得小周头上直冒汗。如果你遇到这种情况，你会怎么解决呢？

图 2-91　冬天雪后的车辆

◎ 学习目标

能够识别发动机启动系统。

◎知识点与技能点清单

学习目标	知识点	技能点
识别发动机启动系统	(1) 发动机启动系统的组成； (2) 发动机启动系统的类型	(1) 识别发动机启动系统的每个零部件名称； (2) 能够根据发动机启动系统的零部件名称在发动机启动系统上指出其安装位置； (3) 能够快速地从不同系统的备件中找出所需的发动机启动系统零件

◎学习指南

(1) 明确学习目标和知识与技能点清单。

(2) 在课前完成学习任务中的知识类内容。在完成知识类学习任务时,可以参考本单元提供的学习信息,利用网络、厂家提供的维修手册和各类教学资源库等学习资源,也可以在课前或上课时向任课教师寻求帮助。任课教师可在正式上课时展示或共享大家对于知识类学习任务的完成情况,实现学习交流。

(3) 学习任务中的实操类内容,可以在正式上课前自行完成,也可以由任课教师在课堂上安排完成。

(4) 完成学习任务后,自行根据本书的鉴定表进行自查,并根据自己的不足进行知识与技能的补充学习。

(5) 任课教师按照鉴定表进行知识与技能鉴定。请注意,鉴定包括过程鉴定与终结性鉴定。学生平时的学习过程也将作为鉴定的依据,例如学习态度、学习过程中的技能展示、职场安全意识等。

◎学习任务

(1) 请指出图2-92所示的发动机启动系统的组成部件名称序号。

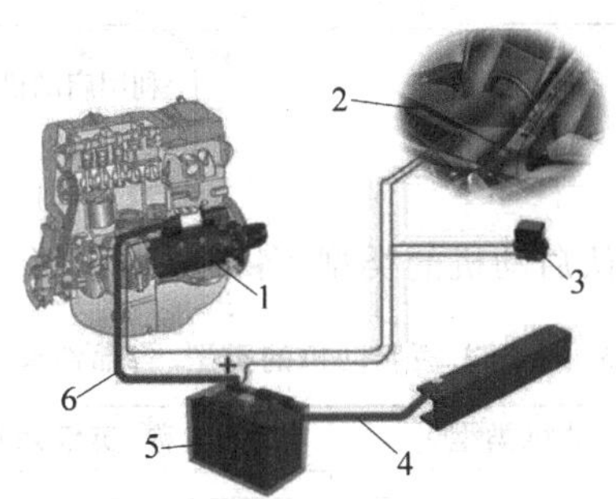

图2-92 发动机启动系统的组成部件

( )启动开关(starting switch);( )启动机电缆(starter cable);( )蓄电池(storage battery);( )启动继电器(starting relay);( )搭铁电缆(ground cable);( )启动机(starter)。

(2) 判断：启动系统的作用是把机械能转化为电能。(　　)

(3) 到汽车实训场所，确认车辆发动机启动系统各部件和作用，完成表 2-32。

表 2-32　实训车辆的发动机启动系统各部件和作用

车辆型号：　　　　　　　　　　　　　　发动机型号：

序　　号	部件名称(英汉双语)	安装位置	主要作用

(4) 将启动机类型的名称与作用进行连线。

直接启动式启动机

齿轮减速式启动机

强制啮合式启动机

永磁式启动机

在电枢和启动小齿轮之间装有减速齿轮

由电磁开关开动

以永磁材料作为磁极，取消了传统启动机的励磁绕组和磁极铁心，简化启动机的结构

利用启动机的分路磁场绕组来开动启动机机构

(5) 到汽车实训场所，确认启动机的类型、各部件和作用，完成表 2-33。

表 2-33　实训车辆启动机的类型、各部件和作用

序　　号	启动机类型	部件名称(英汉双语)	主要作用

鉴定

任课教师可以通过平时教学过程中学生的学习态度、参与教学活动的积极性、职场安全意识及终结性鉴定结果等确定其最后的鉴定结果，每个学生最多可以鉴定三次，鉴定教师需将鉴定结果填在表 2-34 中。

表 2-34 2.9 节鉴定表

学 习 目 标	鉴定 1	鉴定 2	鉴定 3	鉴定结论	鉴定教师签字
能够识别发动机启动系统				□通过 □不通过	

2.9.1 启动机的类型

启动机一共包括如下 4 种类型。

1. 直接启动式启动机(普通式启动机)

直接启动式启动机是最常用的启动机，是由电磁开关开动的，虽然在应用方面有不同的结构，但工作原理是相同的，如图 2-93 所示。

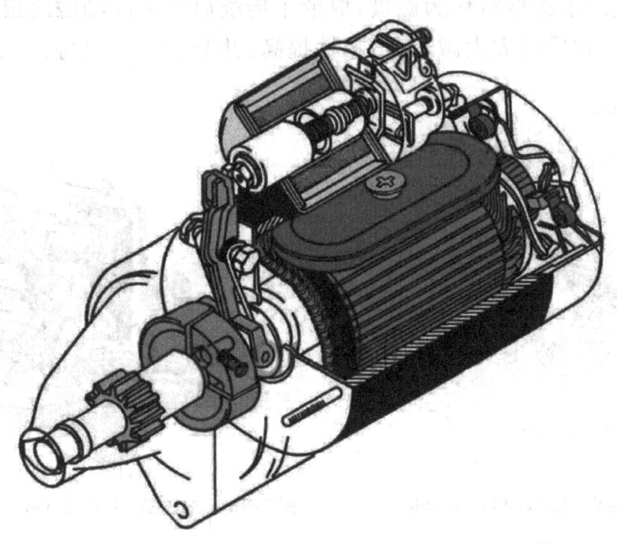

图 2-93 电磁开关开动的启动机(solenoid switch starter)

2. 齿轮减速式启动机

齿轮减速式启动机的特点是电枢不直接带动启动小齿轮，而在电枢和启动小齿轮之间装有减速齿轮，如图 2-94 所示。使用齿轮减速式启动机，缩小了启动机的体积，便于安装；提高了启动机的启动转矩，有利于发动机的启动；结构简单、效率高、便于拆装和检修。

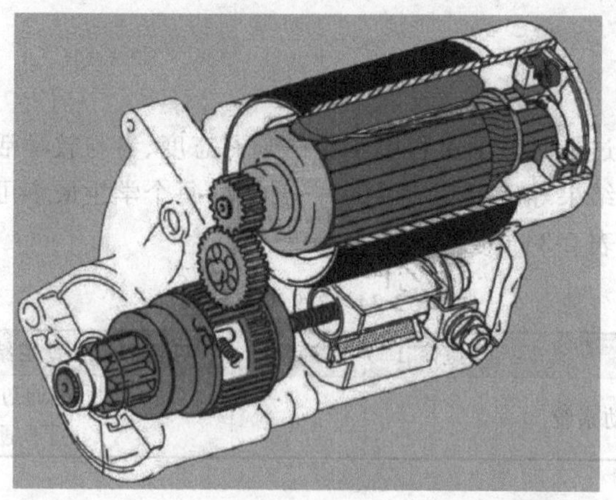

图 2-94　齿轮减速式启动机(gear reducer starter)

3. 强制啮合式启动机(可动铁心式启动机)

强制啮合式启动机是利用启动机的分路磁场绕组来开动启动机构。它靠电磁力拉动拔叉,强制地使驱动齿轮啮入飞轮齿圈,如图 2-95 所示。

4. 永磁式启动机

永磁式启动机以永磁材料作为磁极,取消了传统启动机的励磁绕组和磁极铁心,简化启动机的结构,体积和质量大大减小,可靠性提高,并节省了金属材料,如图 2-96 所示。

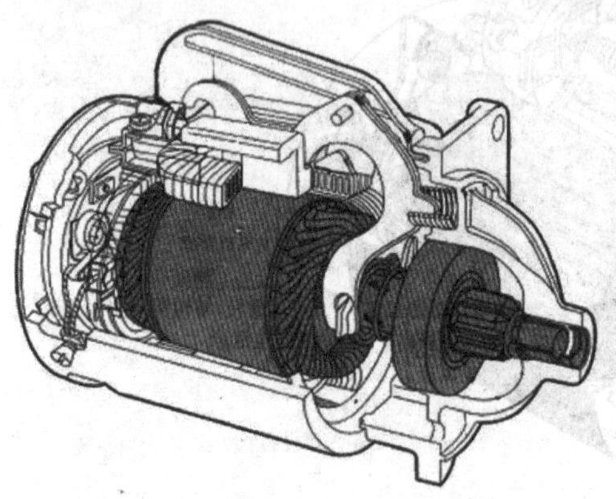

图 2-95　强制啮合式启动机(forcible engagement starter)

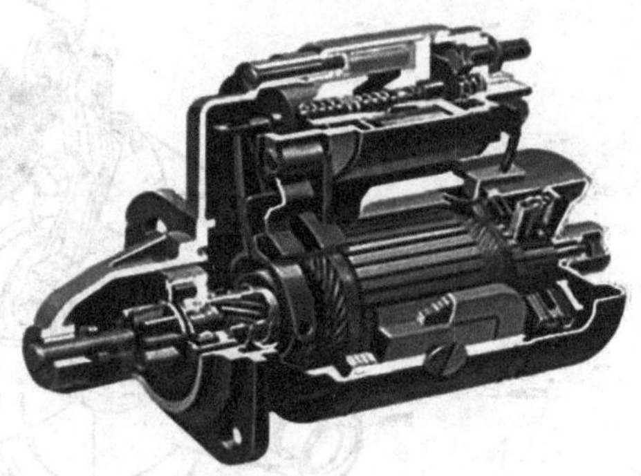

图 2-96　永磁式启动机(permanent magnet starter)

2.9.2　启动系统的组成

启动系统主要包括启动机、点火开关、蓄电池、启动机电磁开关(或继电器)、启动机的启动机构、飞轮齿圈和电缆及导线,如图 2-97 所示。

启动机俗称马达,由直流电动机、传动机构和控制机构三大部分组成。

直流电动机的作用是将电能转换成机械能,产生电磁力矩。

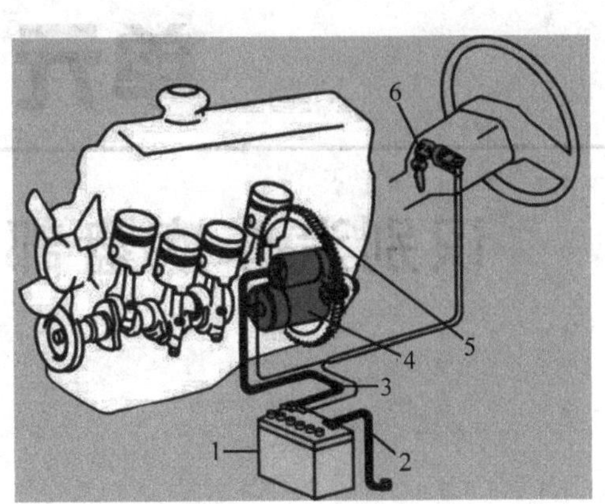

图 2-97 启动系统的组成(composition of starting system)

1—蓄电池(storage battery); 2—搭铁电缆(ground cable); 3—启动机电缆(starter cable);
4—启动机(starter); 5—飞轮(flywheel); 6—点火开关(ignition switch)

传动机构的作用是将驱动齿轮啮入发动机飞轮齿圈,将直流电动机的电磁力矩传递给曲轴,并及时切断曲轴与直流电动机间的动力传递,防止曲轴反拖。

控制机构的作用是接通或切断启动机与蓄电池之间的主电路,并使驱动小齿轮进入或退出啮合,有些启动控制机构还有副开关,能在启动时将点火开关短路,以增大启动时的点火能量。

典型的启动机类型主要有直接启动式启动机、齿轮减速式启动机、强制啮合式启动机和永磁式启动机等。

单元 3

识别汽车底盘部件

3.1 识别汽车传动系统

微课视频——识别汽车传动系统

汽车发动机与驱动轮之间的动力传递装置称为汽车的传动系统。它应保证汽车具有在各种行驶条件下所必需的牵引力、车速，以及保证牵引力与车速之间协调变化等功能，使汽车具有良好的动力性和燃油经济性；还应保证汽车能倒车，以及左、右驱动轮能适应差速要求，并使动力传递能根据需要而平稳地结合或彻底、迅速地分离。

◎ 客户委托3-1

有一辆某品牌手动挡汽车，该车总行驶里程数近15万公里。某天车主发现该车起步困难，行驶无力，加速时发动机转速升高但是车速提升慢，严重时会散发出焦味或冒黑烟。经修理厂检查，发现该车从动盘摩擦衬片磨损严重，确诊为离合器打滑，需要检修更换摩擦衬片。

◎ 学习目标

能够识别汽车传动系统。

◎知识点与技能点清单

学习目标	知识点	技能点
识别汽车传动系统	(1) 汽车传动系统的功用及总体构造； (2) 离合器； (3) 变速器； (4) 分动器； (5) 万向传动装置； (6) 驱动桥	(1) 能够在实车上指出传动系统任意部件的名称； (2) 能够正确指出传动系统中任意元件的安装位置； (3) 能够根据零部件的形状说出该元件的所属的系统以及名称

◎学习指南

(1) 明确学习目标和知识与技能点清单。

(2) 在课前完成学习任务中的知识类内容。在完成知识类学习任务时，可以参考本单元提供的学习信息，利用网络、厂家提供的维修手册和各类教学资源库等学习资源，也可以在课前或上课时向任课教师寻求帮助。任课教师可在正式上课时展示或共享大家对于知识类学习任务的完成情况，实现学习交流。

(3) 学习任务中的实操类内容，可以在正式上课前自行完成，也可以由任课教师在课堂上安排完成。

(4) 完成学习任务后，自行根据本书的鉴定表进行自查，并根据自己的不足进行知识与技能的补充学习。

(5) 任课教师按照鉴定表进行知识与技能鉴定。请注意，鉴定包括过程鉴定与终结性鉴定。学生平时的学习过程也将作为鉴定的依据，例如学习态度、学习过程中的技能展示、职场安全意识等。

◎学习任务

(1) 传动系统布置形式 FF、FR、RR、MR、4WD 是什么形式？填写图 3-1 中的布置形式名称。

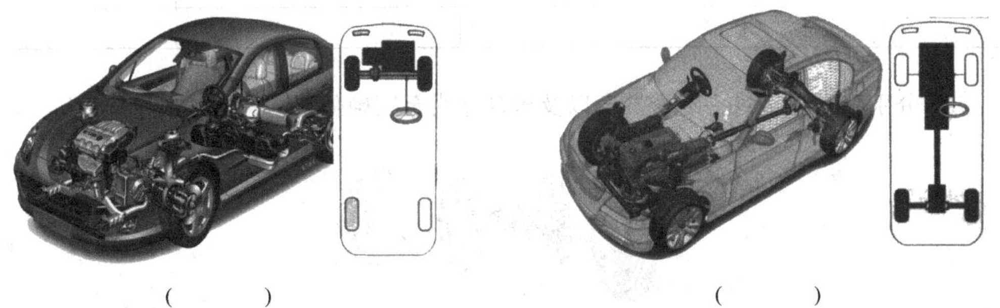

(　　　)　　　　　　　　(　　　)

图 3-1　传动系统布置形式确定

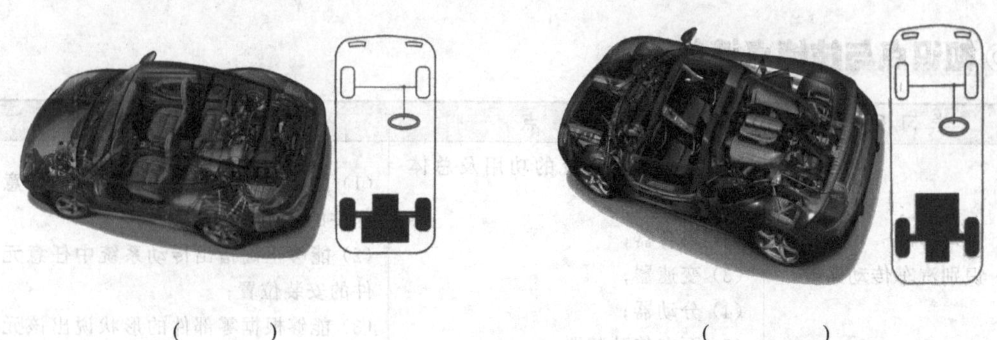

（ ） （ ）

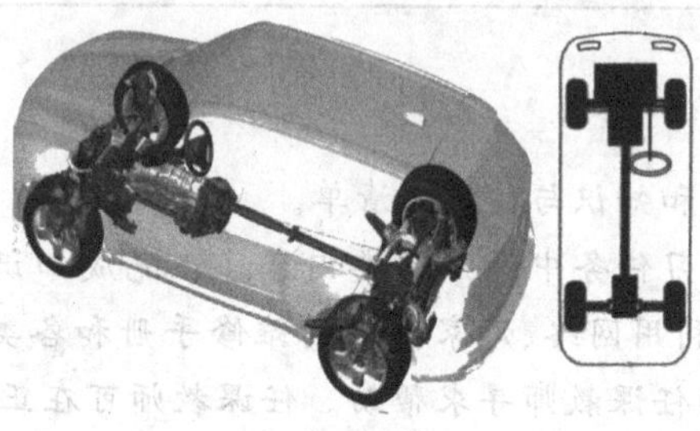

（ ）

图 3-1（续）

（2）在汽车检修厂，识别各种车辆，观察不同汽车传动系统的布置形式以及发动机的放置位置，完成表 3-1。

表 3-1 观察不同汽车传动系统的布置形式

序 号	车辆型号	发动机在汽车中的位置	传动系统的布置形式	备 注

（3）分别将动盘、飞轮、离合器壳以及压盘连线至正确位置。

从动盘 (driven plate) 飞轮 (flywheel) 离合器壳 (clutch housing) 压盘 (platen)

（4）离合器的工作原理是什么？

____

____

____

（5）到汽车实训场所，观察汽车离合器的结构与组成，填写表3-2。

表3-2　实训车辆汽车离合器的结构与组成

车辆型号：　　　　　　　　　　发动机型号：

序　　号	部件名称	主要作用

（6）在图3-2中找出变速器的位置。

图3-2　找出变速器的位置

（7）正确连接变速器的分类。

手动变速器　　　　自动变速器

无极变速器　　双离合变速器　　自动离合变速器　　手动变速器

（8）到汽车实训场所，观察不同汽车的变速器类型，填写表 3-3。

表 3-3　实训车辆的变速器类型

序　　号	车 辆 型 号	变速器类型	变速器型号

（9）判断：自动变速器是根据汽车道路行驶条件和载荷情况，即根据发动机功率大小及车速，在最适宜时间，自动换挡至最适宜的挡位。（　　）

（10）在图 3-3 中准确标出无级变速器的零部件名称。

图 3-3　无级变速器的零部件

（11）到汽车实训场所，观察不同自动挡汽车的变速器类型，填写表 3-4。

表 3-4　不同实训车辆自动挡汽车的变速器类型

序　　号	车 辆 型 号	变速器类型	变速器型号

续表

序　　号	车 辆 型 号	变速器类型	变速器型号

(12) 在括号中分别指出图 3-4 所示分动器中的部件名称序号。

图 3-4　分动器

(　　)电控机构(electric control agencies)；(　　)发动机动力输入轴(engine power input shaft)；(　　)多片离合器(multiple disk clutch)；(　　)传动轴至前桥(drive shaft to front bridge)；(　　)传动轴至后桥(drive shaft to rear bridge)；(　　)传递钢链(pass the steel chain)。

(13) 正确填写图 3-5 所示分动器操纵机构的零部件名称序号。

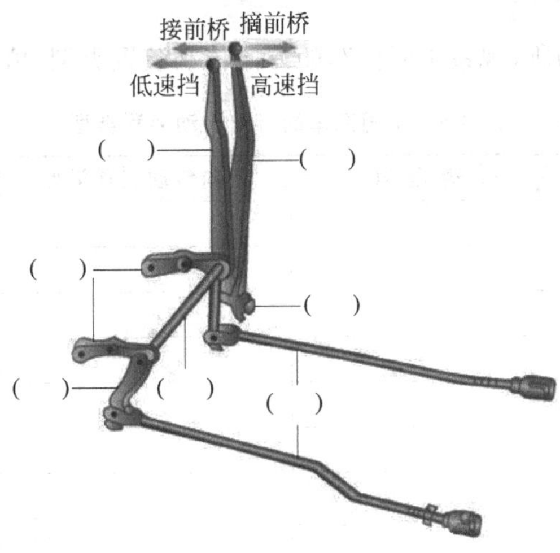

图 3-5　分动器操纵机构

1—换挡操纵杆(shift control lever)；2—前桥操纵杆(front axle control lever)；3—螺钉(screw)；4—传动杆(drive link)；5—摇臂(swinging arm)；6—轴(shaft)；7—支承臂(supporting arm)

（14）到汽车实训场所，观察汽车分动器的部件组成及作用，填写表 3-5。

表 3-5　实训车辆分动器的部件组成及作用

车辆型号：　　　　　　　　　发动机型号：

序　　号	部 件 名 称	主 要 作 用

（15）将零件与对应的名称进行连线。

十字轴式刚性万向节
(cross-and-yoke universal joint)

三销轴式万向节
(tripod universal joint)

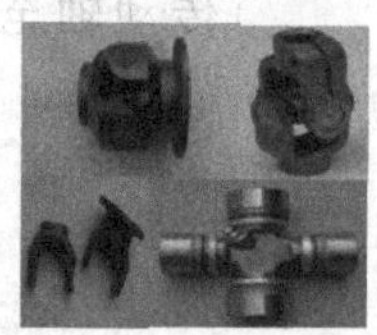

球笼式等速万向节
(birfield ball-joint)

（16）到汽车实训场所，观察不同汽车的万向传动装置类型，填写表 3-6。

表 3-6　不同汽车的万向传动装置类型

序　　号	车 辆 型 号	万向传动装置类型	万向传动装置特点

(17) 请指出图 3-6 所示主减速器的结构组件名称序号。

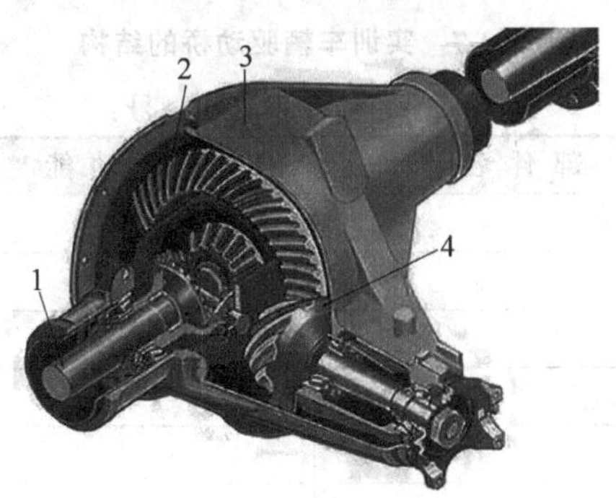

图 3-6 主减速器的结构组件

( )主减速器壳体(final drive casing);( )主减速器从动齿轮(main reducer driven gear);( )主减速器主动齿轮(main reducer drive gear);( )半轴(half shaft)。

(18) 请指出图 3-7 所示差速器的结构组件名称序号。

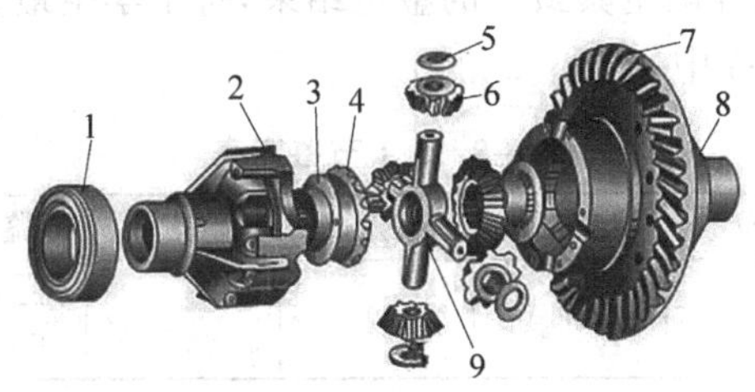

图 3-7 差速器的结构组件

( )行星齿轮(planetary gear);( )差速器壳体(differential shell);( )调整垫片(adjusting shim);( )行星齿轮轴(planet pin);( )半轴齿轮(axle shaft gear);( )差速器壳轴承(differential side bearing);( )主减速器从动锥齿轮(main reducer driven bevel gear)。

(19) 指出图 3-8 中离合器、差速器、变速器、半轴的位置。

图 3-8 指出部件位置

（20）到汽车实训场所，观察汽车驱动桥的结构，填写表 3-7。

表 3-7　实训车辆驱动桥的结构

车辆型号：　　　　　　　　　　　　　　　　发动机型号：

序　　号	部件名称	主要功能	安装位置

鉴定

任课教师可以通过平时教学过程中学生的学习态度、参与教学活动的积极性、职场安全意识及终结性鉴定结果等确定其最后的鉴定结果，每个学生最多可以鉴定三次，鉴定教师需将鉴定结果填在表 3-8 中。

表 3-8　3.1 节鉴定表

学习目标	鉴定 1	鉴定 2	鉴定 3	鉴定结论	鉴定教师签字
识别汽车传动系统				□通过 □不通过	

3.1.1　汽车传动系统的功用及总体构造

汽车传动系统的基本功用是将发动机发出的动力传给驱动车轮。传动系统的组成与其类型、布置形式及驱动形式等许多因素有关。如图 3-9 所示为汽车动力传递流程示意图，其主要由离合器、变速器、传动轴、万向节、驱动桥壳、主减速器、差速器、半轴等组成。汽车传动系统的布置形式与发动机的位置及驱动形式有关，一般可分为前置前驱、前置后驱、后置后驱、中置后驱、四轮驱动形式。

1. 前置前驱(FF)

前置前驱是指发动机放置在车的前部，并采用前轮作为驱动轮。现在大部分轿车都采取这种布置方式。由于发动机布置在车的前部，所以整车的重心集中在车身前段，会有点“头重尾轻”。但由于车体会被前轮拉着走的，所以前置前驱汽车的直线行驶稳定性非常好，如图 3-10 所示。

另外，由于发动机动力经过差速器后用半轴直接驱动前轮，不需要经过传动轴，动力损耗较小，适合小型车。不过由于前轮同时负责驱动和转向，所以转向半径相对较大，容易出现转向不足的现象。现在市场上大多数小轿车和 SUV 都采用前置前驱的布置形式。

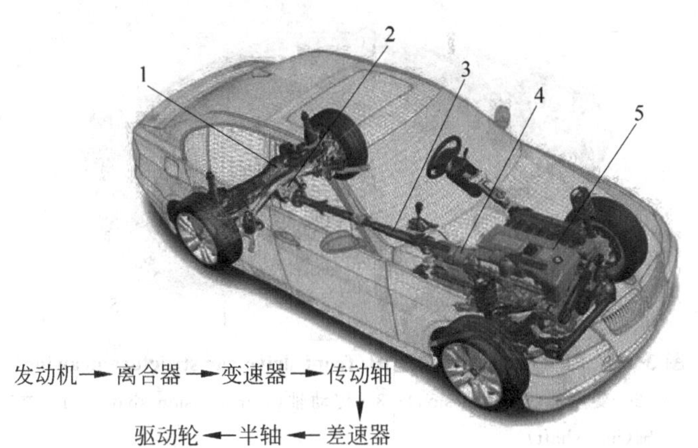

图 3-9 汽车动力传递流程示意图(schematic diagram of automobile power transmission process)

1—驱动桥(drive axle);2—差速器(differential);3—传动轴(drive shaft);4—变速器(transmission);5—发动机(engine)

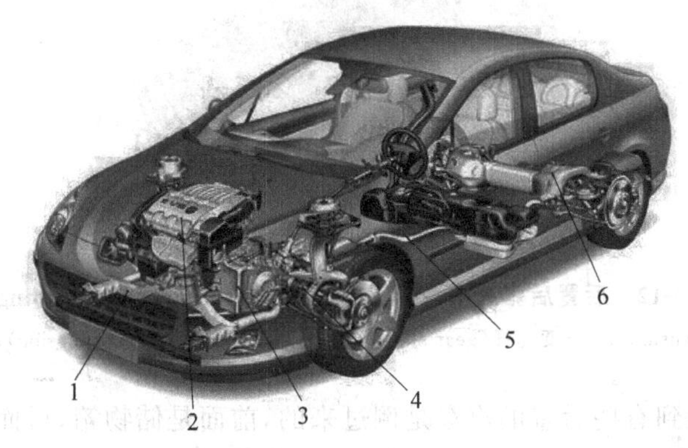

图 3-10 前置前驱汽车构造图(front front car construction drawing)

1—前横梁(front cross member);2—发动机(engine);3—变速器(transmission);4—半轴(half shaft);5—排气管(exhaust pipe);6—后桥(rear axle)

2. 前置后驱(FR)

前置后驱是指发动机放置在车前部,并采用后轮作为驱动轮。FR 整车的前后重量比较均衡,拥有较好的操控性能和行驶稳定性。不过传动部件多、传动系统质量大,贯穿乘坐舱的传动轴占据了舱内的地台空间,其构造图如图 3-11 所示。

前置后驱汽车拥有较好的操控性、稳定性、制动性,现在的高性能汽车依然喜欢采用这种布置行形式。如奔驰的 C 级、E 级、S 级,宝马的 3 系、5 系、7 系等。在众多的普通 B 级车里面仅丰田锐志是一款前置后驱车型。

3. 后置后驱(RR)

后置后驱是指发动机布置在汽车后部,与差速器和手动变速器连成一体,后轮为驱动轮,发动机布置在后桥后方,如图 3-12 所示。相比其他驱动形式,后置后驱省去了驱动轴,所以传动效率更大,经济性也好,相对于中置发动机来说,它的车厢的空间更大,但是这种车往往转向不稳,不易超控,不易散热,而且需要远程布置,所以对于前面的远程布置

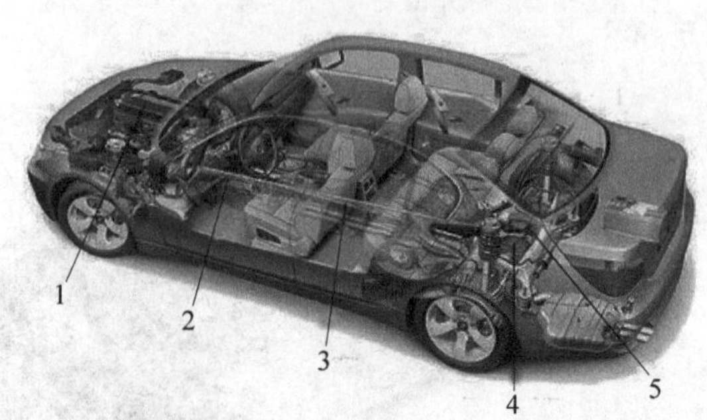

图 3-11　前置后驱汽车构造图(front drive car structure drawing)

1—发动机(engine)；2—变速器(transmission)；3—传动轴(transmission shaft)；4—差速器(differential mechanism)；5—半轴(half shaft)

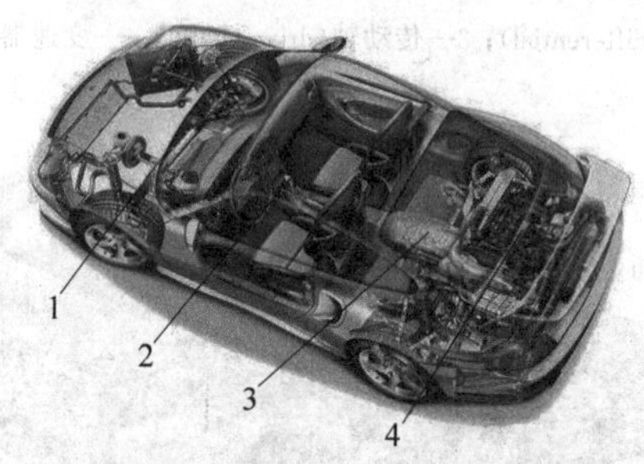

图 3-12　后置后驱汽车构造图(rear drive car structure drawing)

1—前悬架(front suspension)；2—变速杆(gear shifting lever)；3—变速器(transmission)；4—发动机(engine)

比较难,所以我们看到有些后置的汽车是倒过来的,前面是储物箱,后面是发动机,如被奔驰收购了的SMART就有很多车是采用这种布置,保时捷的911也是这种布置。另外,很多大巴车也采用发动机后置后驱。

4. 中置后驱(MR)

中置后驱是指将发动机放置在驾乘室与后轴之间,并采用后轮作为驱动轮,如图3-13所示。中置后驱型汽车的轴荷分配是最佳的,所以操控起来非常平稳。同时,这种车型的汽车无须传动轴,所以车重降低,传动效率上升,经济性提高了;另外,由于转向轮和驱动轮分开,且质量分配比较合理,所以这种车型的汽车的转向非常灵敏,操控极佳。但是因为发动机是中置的,所以占了乘坐空间,而且隔热性、隔音性不好,对舒适性影响很大,基本上只能布置两个座位,因此正常的家用轿车基本上都不采用这种驱动,但也有些厂家为了追求超控也会使用,例如路特斯的Elise,法拉利的F458,帕加尼全系,兰博基尼的LP550-2,都是采用这种布置的。

5. 四轮驱动系统(four wheel drive system)

由于四驱汽车的四个轮子都可以驱动汽车,如果在一些复杂路段出现前轮或后轮打滑时,另外两个轮子还可以继续驱动汽车行驶,不至于无法动弹。特别是在冰雪或湿滑路面行驶时,四驱汽车更不容易出现打滑现象,比一般的两驱车更稳定。四轮驱动系统又可

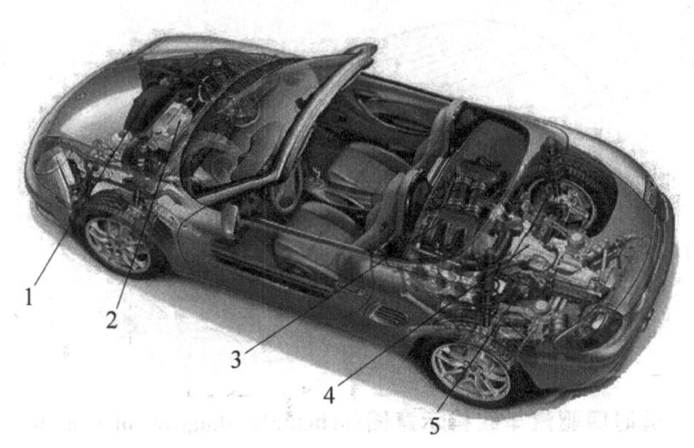

图 3-13 中置后驱汽车构造图(mid drive car structure drawing)

1—备胎(spare tire); 2—蓄电池(storage battery); 3—发动机(engine); 4—变速器(transmission); 5—半轴(half shaft)

分为分时四驱、适时驱动(4WD)和全时四驱。

分时四驱可以简单理解为根据不同路况驾驶员可以手动切换两驱或四驱模式。如在湿滑草地、泥泞、沙漠等复杂路况行驶,可切换至四驱模式,提高车辆通过性;如在公路上行驶,可切换至两驱模式,避免转向时车辆发生干涉现象,降低油耗等,如图 3-14 所示。

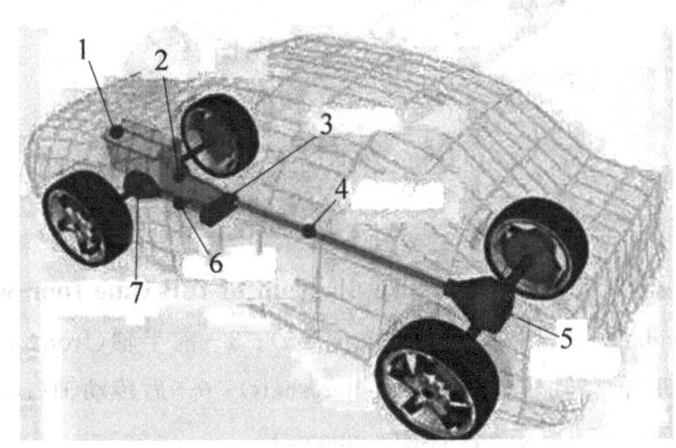

图 3-14 分时四驱汽车结构示意图(four-wheel drive car structure diagram)

1—发动机(engine); 2—变速器(transmission); 3—分动器(divider); 4—后传动轴(rear axle); 5—后差速器(rear differential); 6—前传动轴(front axle); 7—前差速器(front differential)

适时四驱就是根据车辆的行驶路况,系统会自动切换为两驱或四驱模式,是不需要人为控制的。适时四驱汽车其实与驾驶两驱汽车没太大的区别,操控简便,但油耗相对较低,广泛应用于一些城市 SUV 或轿车上。如图 3-15 所示的适时四驱车的传动系统中,只需从前驱动桥引一根传动轴,并通过一个多片耦合器连接到后桥。当主驱动轮失去抓地力(打滑)后,另外的驱动轮才会被动介入,所以它的响应速度较慢。相对来说,适时四驱车的主动安全性不如全时驱动车高。

全时四驱就是指汽车的四个车轮时时刻刻都能提供驱动力。因为是全时四驱,没有了两驱和四驱之间切换的响应时间,主动安全性更好,不过相对于适时四驱来说,油耗较高。全时四驱汽车传动系统中,设置了一个中央差速器。发动机动力先传递到中央差速器,将动力分配到前后驱动桥,如图 3-16 所示。

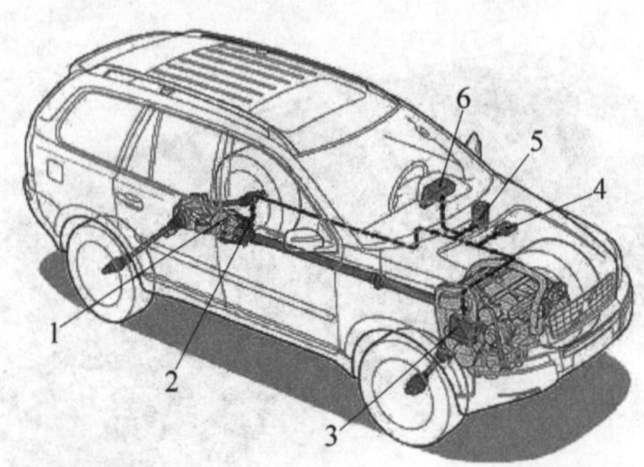

图 3-15 适时四驱汽车结构示意图(schematic diagram of vehicle in time)

1—电子控制耦合差速器(electronic control coupling differential)；2—差速器电子模块(differential electronic module)；3—发动机控制模块(ECM)；4—制动控制模块(brake control module)；5—中央电子处理模块(central electronic processing module)；6—驾驶信息模块(driving information module)

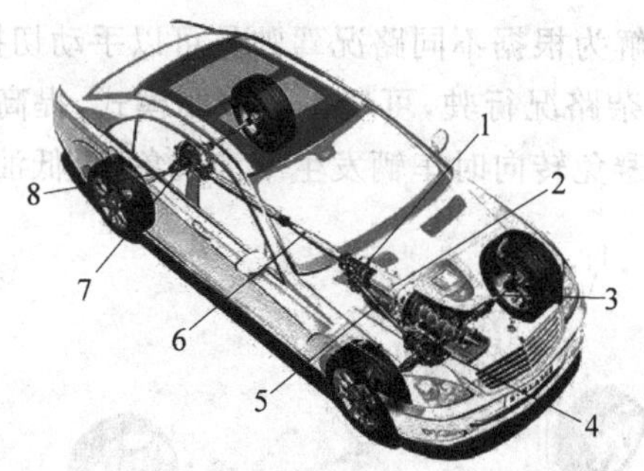

图 3-16 全时四驱汽车结构示意图(structure diagram of full time four-wheel drive automobile)

1—分动器(power divider)；2—变速器(transmission)；3—前半轴(front axle)；4—前差速器(front differential)；5—前传动轴(front propeller shaft)；6—后传动轴(rear propeller shaft)；7—后差速器(rear differential)；8—后半轴(semiaxis)

3.1.2 离合器

微课视频——离合器

离合器(clutch)是一种用于连接和断开一个机械部件和另一个机械部件的装置。在装有手动变速器的汽车中，驾驶人员利用离合器使发动机与变速器连接和断开。

1. 离合器的作用(function of clutch)

(1) 汽车静止时，离合器用来断开发动机和变速器，以便选择低挡和倒挡。

(2) 当离合器结合时，允许施加到发动机上的负荷逐渐增加，以便汽车平稳起步。

(3) 当汽车向前行驶时，驾驶人员需要换挡时，可随时结合或断开离合器。

(4) 限制所传递的扭矩，防止传动系统过载。

2. 离合器类型(types of clutch)

离合器有各种类型，如锥形离合器、牙嵌式离合器、盘式离合器、湿式离合器和干式离合器。所有这些离合器都以某种形式应用在汽车中。但单盘式离合器是最常用的。单盘式离合器的主要部件如图 3-17 所示。

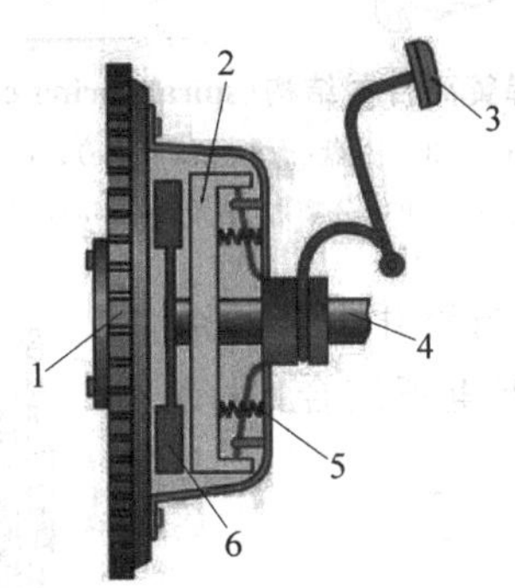

图 3-17 单盘式离合器主要部件

1—飞轮(flywheel)；2—压盘(platen)；3—离合器踏板(clutch pedal)；4—变速器输入轴(transmission input shaft)；5—压紧弹簧(compression spring)；6—摩擦片(friction plate)

(1) 膜片弹簧离合器(diaphragm spring clutch)。膜片压盘总成与其从动盘如图 3-18 所示。由钢制离合器盖、膜片弹簧及三个分离钩或叫分离弹簧。这种类型的压盘一般不拆开，而是作为一个整体来使用。

图 3-18 膜片弹簧离合器主要部件

1—飞轮齿圈(flywheel ring gear)；2—飞轮(flywheel)；3—摩擦片(friction plate)；4—减振弹簧(torsional spring)；5—压盘(platen)；6—离合器壳(clutch housing)；7—膜片弹簧(diaphragn spring)

(2) 螺旋弹簧离合器(coil spring clutch)。螺旋弹簧离合器在压盘和压盘盖之间使用若干个螺旋弹簧将压盘压靠在从动盘上，如图 3-19 所示。

3. 离合器的工作原理(the working principle of the clutch)

在没踩下离合器踏板前，摩擦片是紧压在飞轮端面上的，发动机的动力可以传递到变速箱。当踩下离合器踏板后，通过操作机构，将力传递到分离叉和分离轴承，分离轴承前移将膜片弹簧往飞轮端压紧，膜片弹簧以支承圈为支点向相反的方向移动，压盘离开摩擦

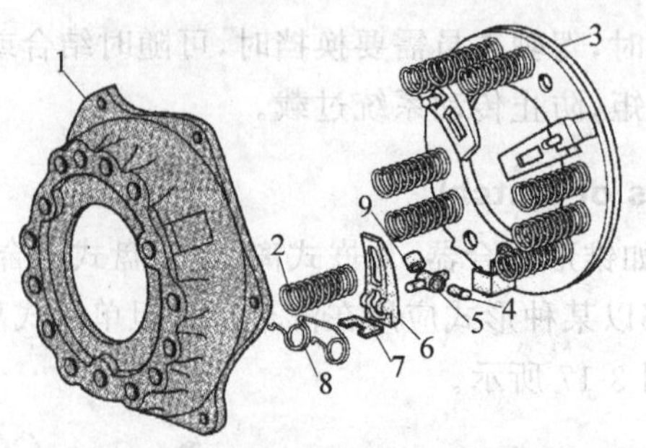

图 3-19 螺旋弹簧离合器结构(spiral spring clutch structure)

1—盖(cover); 2—压力弹簧(pressure spring); 3—压盘(pressure plate); 4—销(ball stud); 5—活节螺栓(sling bolt); 6—分离杠杆(release lever); 7—支承(support); 8—分离杠杆弹簧(release lever spring); 9—滚子(roller bearing)

片,这时发动机动力传输中断;当松开离合器踏板后,膜片弹簧重新回位,离合器重新结合,发动机动力继续传递,如图 3-20 所示。

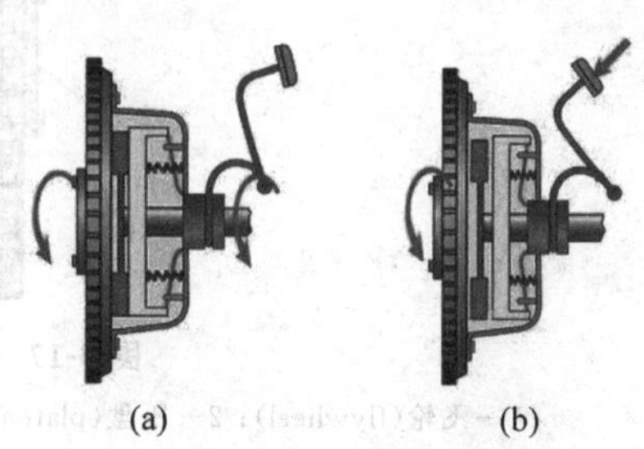

图 3-20 离合器工作原理示意图

(a) 踩下离合踏板前,摩擦片(红色)在压盘(黄色)的作用下,迫使摩擦盘与飞轮一起传动,传递动力; (b) 踩下离合踏板后,在分离器的作用下,压盘向右移动,摩擦盘与飞轮分离,中断动力传递

4. 离合器操纵机构

(1) 机械式操纵机构。离合器由驾驶员的离合器踏板通过拉索或连杆控制。无论哪种,其用途都是从离合器踏板传递运动到离合器分离叉。当驾驶员踩踏离合器踏板时,施加在压盘上的弹簧力消除,离合器分离。当离合器踏板回到原位时,弹簧力重新施加到压盘上,离合器重新结合。图 3-21 所示为机械拉索式操纵机构。

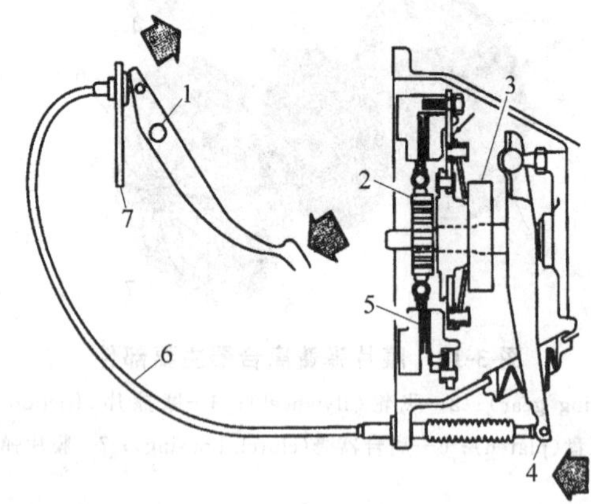

图 3-21 机械拉索式操纵机构(mechanical cable type control mechanism)

1—踏板轴(pedal shaft); 2—花键毂(splined hub); 3—分离轴承(release bearing); 4—分离叉(release yoke); 5—离合器从动盘(clutch disc); 6—挠性拉索(flexible cable); 7—前围板(fire wall)

(2) 液压式操纵机构。液压操纵式离合器机构如图 3-22 所示。它有一个离合器踏板操作的主油缸,通过液压管路连接到离合器壳体上的工作油缸。离合器分离叉由工作油缸操纵。

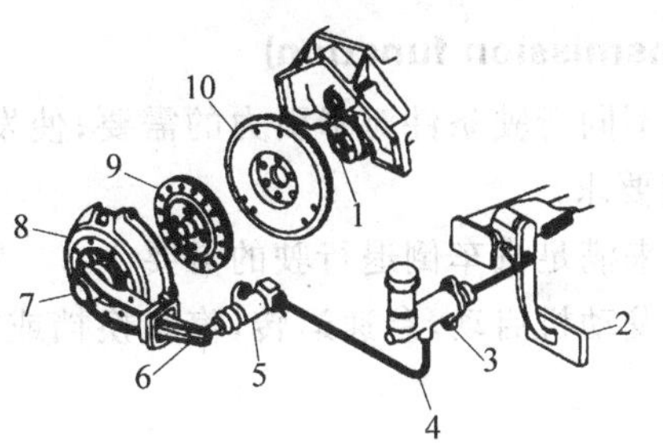

图 3-22　液压式操纵机构(hydraulic control mechanism)

1—导向轴承(pinot bearing)；2—踏板(foot pedal)；3—离合器主缸(clutch master cylinder)；4—液压管路(fluid pressure line)；5—离合器工作缸(clutch working cylinder)；6—分离叉(release yoke)；7—分离轴承(release bearing)；8—压盘和盖总成(the pressure plate and cover assembly)；9—摩擦盘(clutch disc)；10—飞轮(flywheel)

5. 自动变速器的离合器

汽车上除了起到动力连接和断开作用的离合器外，自动变速器里面也运用了多片湿式离合器，自动变速器里面的离合器的作用是将行星齿轮机构任意两元件连锁为一体使他们具有相同的转速。其结构如图 3-23 所示。

图 3-23　自动变速器离合器的示意图

3.1.3　变速器

微课视频——手动变速器

1. 变速器的功用(transmission function)

(1) 改变传动比,满足不同行驶条件对牵引力的需要,使发动机尽量工作在有利的情况下,满足可能的行驶速度要求。

(2) 实现倒车行驶,用来满足汽车倒退行驶的需要。

(3) 中断动力传递,在发动机启动,怠速运转,汽车换挡或需要停车进行动力输出时,中断向驱动轮的动力传递。

2. 变速器的分类(classification of transmission)

(1) 按传动比的变化方式划分,变速器可分为有级式、无级式和综合式三种。

① 有级式变速器。有几个可选择的固定传动比,采用齿轮传动。有级式变速器又可分为:齿轮轴线固定的普通齿轮变速器和部分齿轮(行星齿轮)轴线旋转的行星齿轮变速器两种。

② 无级式变速器。传动比可在一定范围内连续变化,常见的有液力式,机械式和电力式等。

③ 综合式变速器。由有级式变速器和无级式变速器共同组成的,其传动比可以在最大值与最小值之间几个分段的范围内作无级变化。

(2) 按操纵方式划分,变速器可以分为强制操纵式、自动操纵式和半自动操纵式。自动操纵式常见的自动变速器主要有三种,分别是液力自动变速器(AT)、机械无级自动变速器(CVT)、双离合器变速器(DSG)。变速器总体分类如图 3-24 所示。

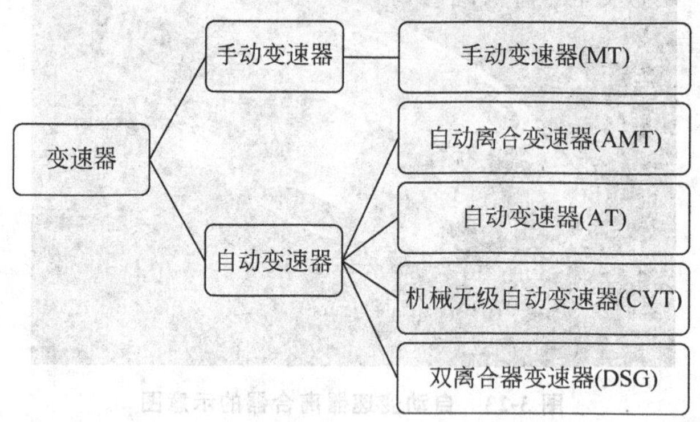

图 3-24 变速器分类图

3. 普通三轴式变速器(ordinary three shaft transmission)

普通三轴式变速器主要由壳体、第一轴(输入轴)、中间轴、第二轴(输出轴)、倒挡轴、各轴上齿轮、操纵机构等几部分组成,如图 3-25 所示。

4. 普通二轴式变速器(ordinary two shaft transmission)

普通二轴式变速器结构如图 3-26 所示。与传统的三轴式变速器相比,由于省去了中间轴,所以一般挡位传动效率要高一些;但是任何一挡的传动效率又都不如三轴式变速器直接挡的传动效率高。

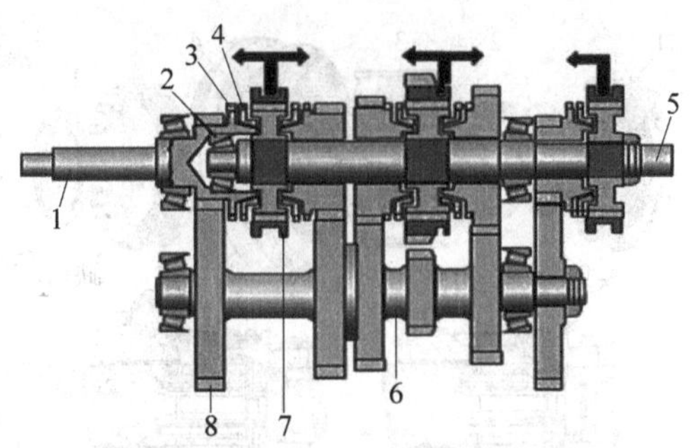

图 3-25 普通三轴式变速器结构(general three axis transmission structure)

1—输入轴(input shaft); 2—轴承(roller bearing); 3—接合齿圈(synchronizing sleeve); 4—同步环(synchronous ring); 5—输出轴(output shaft); 6—中间轴(counter shaft); 7—接合套(shift collar); 8—中间轴常啮合齿轮(courter shaft drive gear)

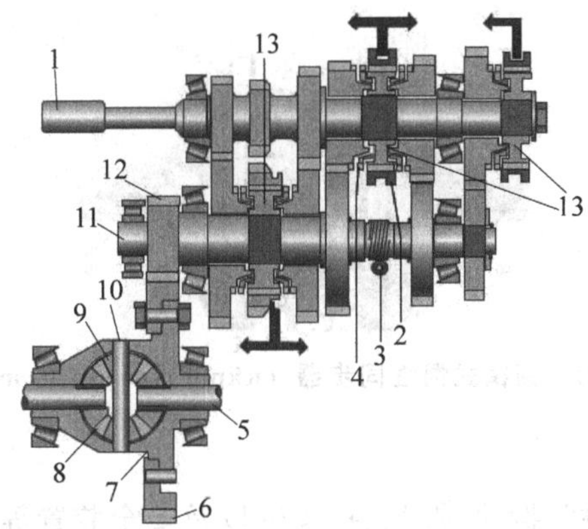

图 3-26 普通二轴式变速器结构(ordinary two shaft transmission structure)

1—输入轴(input shaft); 2—接合套(shift collar); 3—里程表齿轮(odometer gear); 4—同步环(synchronous ring); 5—半轴(half axis); 6—主减速器被动齿轮(driven gear of the final drive); 7—差速器壳(differential carrier); 8—半轴齿轮(half axle gear); 9—行星齿轮(planet gear); 10、11—输出轴(output shaft); 12—主减速器(final drive); 13—花键毂(splined hub)

5. 同步器(synchronizer)

变速器的换挡操作,尤其是从高挡向低挡的换挡操作比较复杂,而且很容易产生轮齿或花键齿间的冲击。为了简化操作,并避免齿间冲击,因此需在换挡装置中设置同步器。

同步器有常压式、惯性式和自行增力式等种类。目前广泛采用的惯性式同步器。

锁环式惯性同步器主要用于轿车及轻型货车或小客车手动变速器,如图 3-27 所示。

锁销式惯性同步器主要用于中型及大型载货汽车手动变速器,如图 3-28 所示。

6. 变速器的操纵机构(transmission control mechanism)

变速器操纵机构应保证驾驶员能准确可靠地使变速器挂入所需要的任一挡位工作,并可随时使之退到空挡。

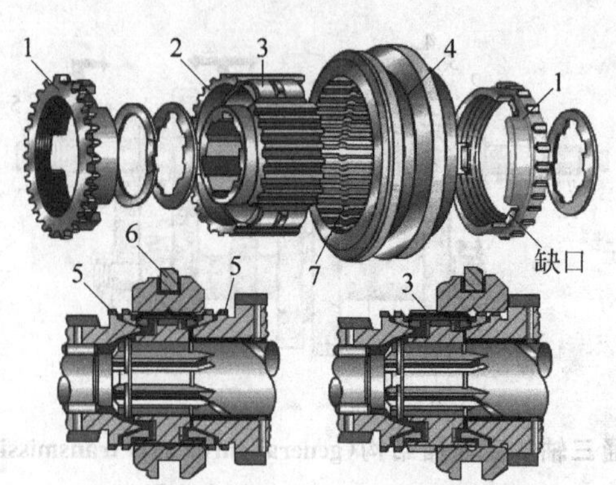

图 3-27　锁环式惯性同步器示意图(schematic diagram of ring type inertial synchronizer)

1—锁环(lock ring)；2—花键毂(splined hub)；3—定位滑块(positioning slide block)；4—接合套(sleeve)；5—齿圈(ring gear)；6—拨叉(fork)；7—定位凹槽(locating groove)

图 3-28　锁销式惯性同步器(lockpin type synchronizer)

1）操纵机构的组成

操纵机构一般由变速杆、拨块、拨叉、拨叉轴以及安全装置等组成，多集装于上盖或侧盖内，结构简单，操纵方便。

2）操纵机构的形式及布置

(1）前置发动机后轮驱动汽车变速器的操纵机构。一般前置发动机后轮驱动汽车的变速器距离驾驶员座位较近，换挡杆等操纵机构多集中安装在变速器箱盖上，结构简单、操纵容易并且准确，如图 3-29 所示。

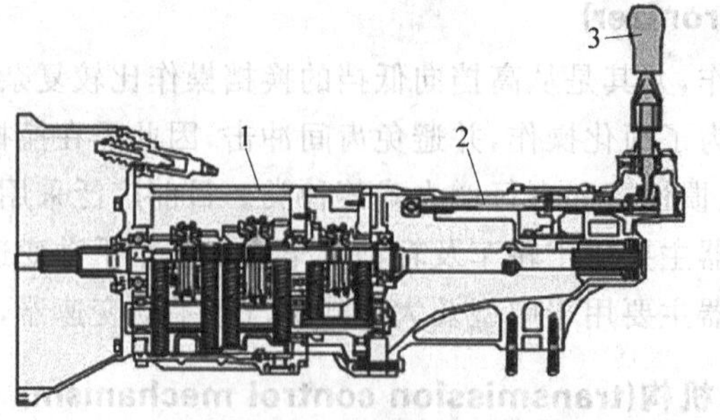

图 3-29　前置发动机后轮驱动汽车变速器的操纵机构(outer control mechanism of front engine rear wheel drive automobile transmission)

1—变速器壳体(transmission housing)；2—变速连动杆(transmission linkage)；3—变速杆(gear shifting lever)

(2) 变速器远距离操纵机构。在发动机后置或前轮驱动的汽车上,通常汽车变速器距离驾驶员座位较远,变速杆和变速器之间通常需要用连杆机构连接,进行远距离操纵,如图 3-30 所示。

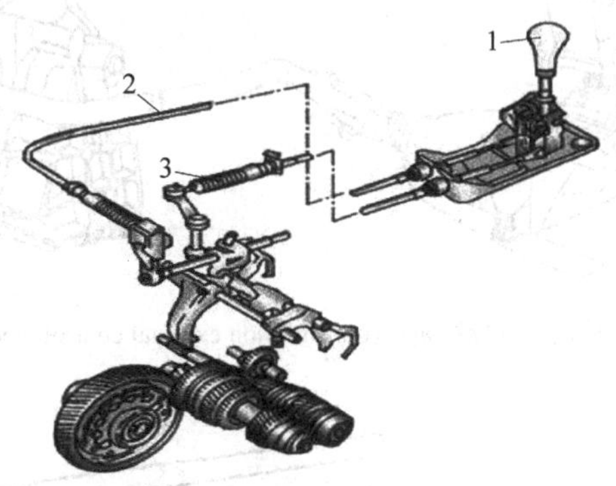

图 3-30　变速器远距离操纵机构(transmission remote external control mechanism)

1—变速杆(gear shifting lever);2—纵向拉线(longitudinal cable);3—横向拉线(horizontal cable)

(3) 直接操纵式变速器操纵机构。图 3-31 所示为 CA1091 型汽车六挡变速器操纵机构的组成与布置示意图。

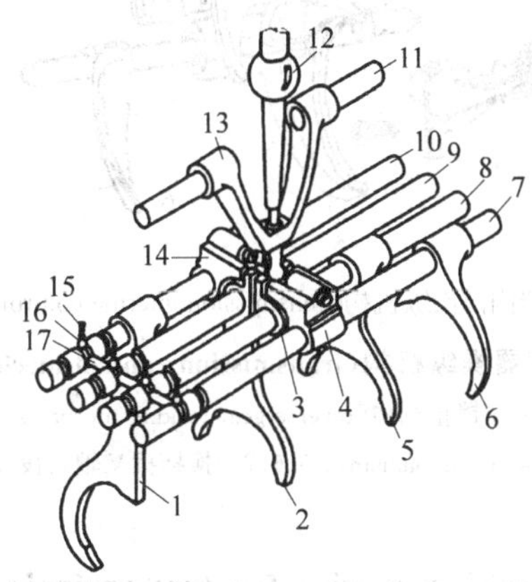

图 3-31　六挡变速器操纵机构示意图(schematic diagram of the six gear transmission control mechanism)

1—五、六挡拨叉(sixth, fifth shift fork);2—三、四挡拨叉(third,fourth shift fork);3—一、二挡拨块(first,second shift block);4—倒挡拨块(reverse gear shift block);5—一、二挡拨叉(first,second shift fork);6—倒挡拨叉(reverse gear shift fork);7—倒挡拨叉轴(reverse gear shift fork shaft);8—一、二挡拨叉轴(first,second shift fork shaft);9—三、四挡拨叉轴(third ,fourth shift fork shaft);10—五、六挡拨叉轴(fifth,sixth shift fork shaft);11—换挡轴(shift shaft);12—变速杆(gear shifting lever);13—叉形拨杆(fork shift lever);14—五、六挡拨块(fifth,sixth shift block);15—自锁弹簧(self locking spring);16—自锁钢球(self locking steel ball);17—互锁销(interlock pin)

(4) 间接操纵式变速器操纵机构。图 3-32 所示为一汽大众奥迪 100 型轿车变速器的操纵机构。由于其变速器安装在前驱动桥处,不在驾驶员的座位附近,变速器不能直接操纵,因此它是间接操纵式变速器操纵机构。

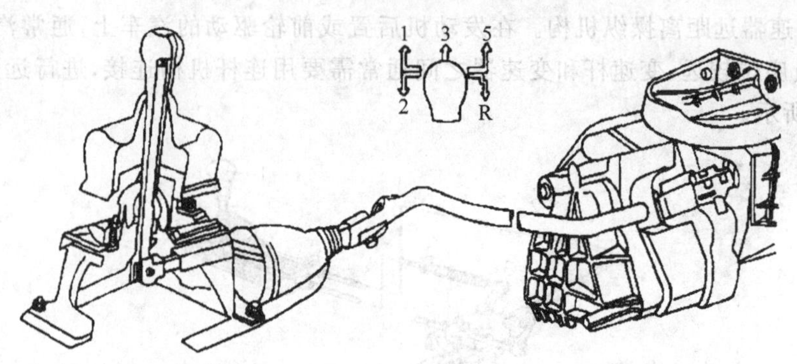

(a) 变速器外部操纵机构(transmission external control mechanism)

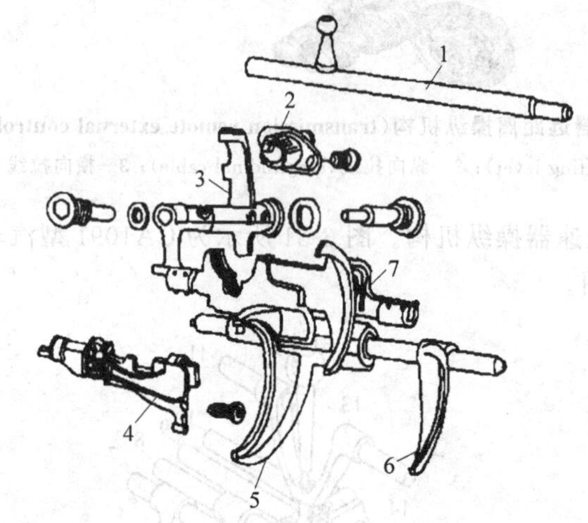

(b) 变速器内部操纵机构(transmission internal control mechanism)

图 3-32 奥迪 100 型轿车变速器操纵机构(transmission control mechanism for Audi type 100 car)

1—内换挡轴(internal shift shaft)；2—倒挡锁止机构(reverse gear locking mechanism)；3—选换挡横轴(gear selecting and shift shaft)；4—挡位锁止机构(gear locking mechanism)；5、6、7—换挡拨叉轴及拨叉(shift fork shaft and shift fork)

7. 变速器的锁止装置(locking device for transmission)

为了保证变速器能够准确、安全、可靠地工作，变速器操纵机构必须具有自锁、互锁和倒挡锁装置。

(1) 自锁装置。保证变速器不自行脱挡或挂挡，在操纵机构中应设有自锁装置。自锁装置内由自锁钢球 1 和自锁弹簧 2 组成。每根拨叉轴的上表面沿轴向分布三个凹槽。当任一根拨叉轴连同拨叉轴向移动到空挡或某一工作位置时，必有一个凹槽正好对准自锁钢球 1，如图 3-33 所示。

(2) 互锁装置。若变速杆能同时推动两个拨叉，即同时挂入两个挡位，则必将造成齿轮间的机械干涉，变速器将无法工作甚至损坏。为此，应设置互锁装置。如图 3-34 所示的互锁装置是由互锁钢球 4 和互锁销 5 组成的。每根拨叉轴的朝向互锁钢球的侧表面上均制出一个深度相等的凹槽，任一拨叉轴处于空挡位置时，其侧面凹槽都正好对准互锁钢球 4。

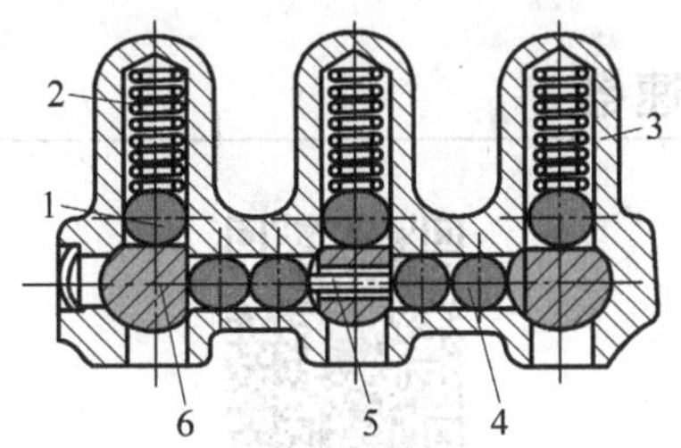

图 3-33 东风 EQ1090E 型汽车变速器自锁和互锁装置(transmission self locking and interlocking device)

1—自锁钢球(self locking steel ball);2—自锁弹簧(self locking spring);3—变速器盖(transmission cover);4—互锁钢球(interlocking steel ball);5—互锁销(interlock pin);6—拨叉轴(shift rail)

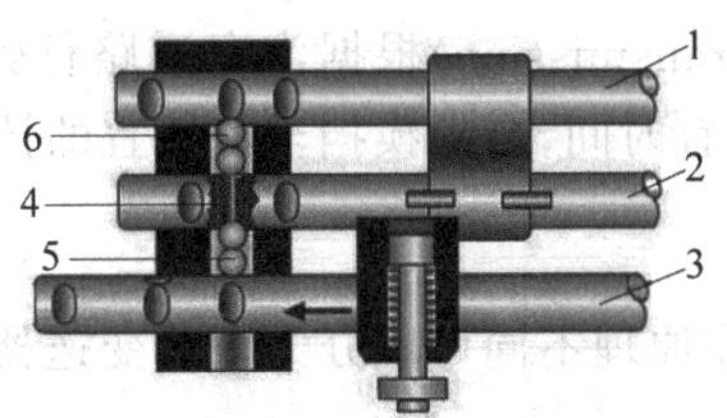

图 3-34 互锁装置

1、3—外侧拨叉轴(outside fork shaft);2—中间拨叉轴(intermediate fork shaft);4—互锁销(interlock pin);5、6—互锁钢球(interlock steel ball)

(3) 倒挡锁。汽车行进中若误挂倒挡,变速器轮齿间将发生极大冲击,导致零件损坏。汽车起步时若误挂倒挡,则容易出现安全事故。为此,应设有倒挡锁,如图 3-35 所示。它是由倒挡拨块中的倒挡锁销 1 及倒挡锁弹簧 2 组成。因此,驾驶员要挂一挡或倒挡时,必须用较大的力使变速杆 4 的下端压缩倒挡锁弹簧 2,将锁销 1 推向右方后,才能使变速杆下端进入倒挡拨块 3 的凹槽内,以拨动倒挡拨叉轴而挂入一挡或倒挡。

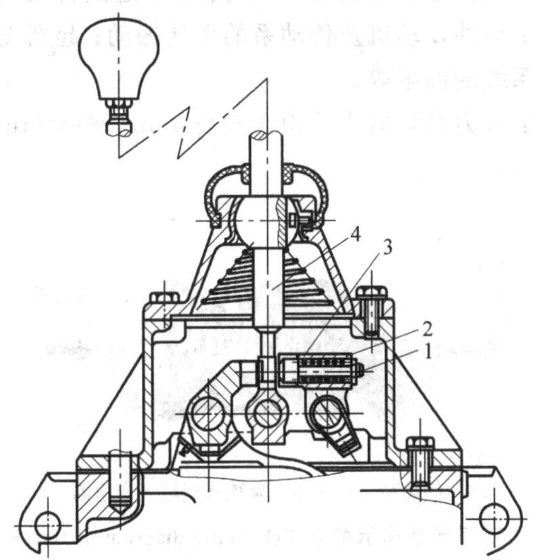

图 3-35 东风 EQ1090E 五挡变速器倒挡锁装置(reverse gear lock device)

1—倒挡锁销(reverse lock pin);2—倒挡锁弹簧(reverse lock spring);3—倒挡拨块(reverse shift block);4—变速杆(gear shifting lever)

3.1.4 自动变速器

微课视频——自动变速器

1. 自动变速器的功用

自动变速器(automatic transmission)根据汽车道路行驶条件和载荷情况,即根据发动机功率大小及车速,在最适宜时间,自动换挡至最适宜的挡位。

2. 自动变速器的分类

汽车自动变速器按其工作原理不同可以分为自动变速器 AT、无级变速器 CVT 和双离合变速器 DSG。

3. 液力自动变速器(automatic transmission)

自动变速器(AT)特指液力自动变速器,由液力变扭器、行星齿轮和液压操纵系统组成,通过液力传递和齿轮组合的方式来达到变速变矩,这样就造成传动效率低,动力损耗大,所以这种自动变速器比较费油。但由于这种变速器是通过液力传递扭矩,估传递过程中冲击较小,传递平稳。自动变速器主要由液力变矩器、行星齿轮变速器及控制系统三大部分组成。

1) 液力变矩器(torque-converter)

液力变矩器的作用:成倍增长发动机产生的转矩;起到自动离合器的作用,传送或断开发动机转矩至变速器;缓冲发动机及传动系的扭转振动;起到飞轮的作用,使发动机平稳转动;驱动液压控制系统的油泵等。

液力变矩器的组成:液力变矩器主要由泵轮(pump)、涡轮(turbine)、导轮(stator)三部分组成,如图 3-36 所示。

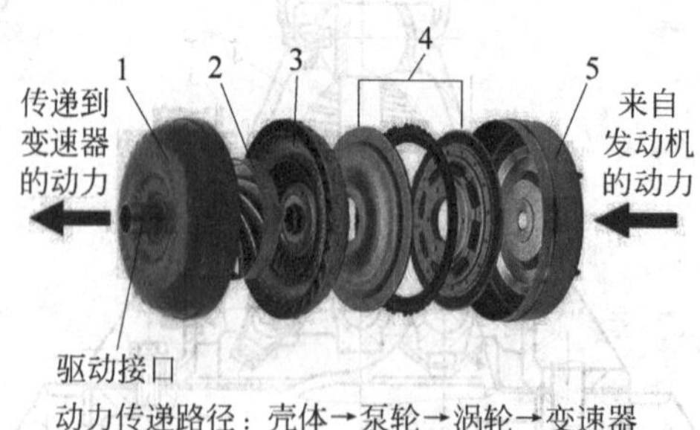

图 3-36 液力变矩器结构示意图(Schematic diagram of torque converter)

1—泵轮(pump wheel);2—导轮(guide);3—涡轮(turbine);4—锁止离合器(lock clutch);5—壳体(housing)

2）行星齿轮传动机构（planetary gear mechanism）

行星齿轮传动机构的作用为提供几种传动比，以获得适当的转矩及转动速度，满足行车条件及驾驶员的愿望，提供倒挡齿轮实现倒车，以及提供停车的空按齿轮，实现发动机怠速运转。

行星齿轮传动机构的组成：行星齿轮机构安装于铝合金制成的变速器壳体内，由行星齿轮组（planetary gear set）、离合器（clutch）、制动器（brake）、轴（shaft）与轴承（bearing）等组成，如图 3-37 所示。

图 3-37　自动变速器行星齿轮传动机构

（1）单排行星齿轮组结构（single row planetary gear set structure）。主要由太阳轮（sun gear）、行星齿轮（planet gear）、行星齿轮架（planet carrier）、内齿圈（annular gear）组成，如图 3-38 所示。

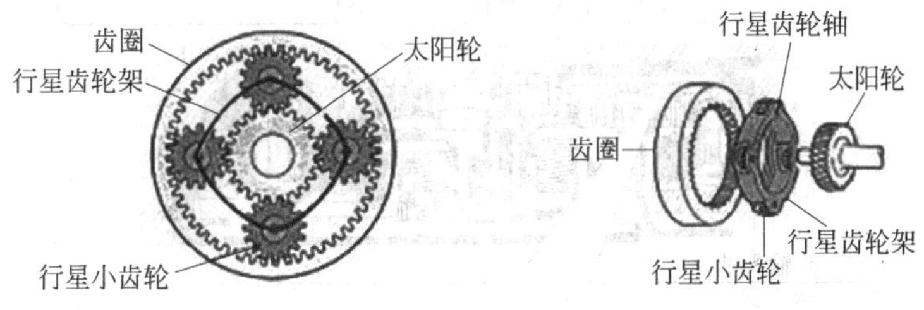

图 3-38　单排行星齿轮组结构

（2）离合器结构（clutch structure）。离合器的作用是将液力变矩器与行星齿轮组中各个齿轮接连起来，从而将发动机的转矩传送给中间轴，也可以使液力变矩器与行星齿轮组脱开，以切断转矩传送，其结构如图 3-39 所示。

（3）制动器结构（brake structure）。制动器的作用是锁定行星齿轮中的一个旋转部件，使其不能运动，以获得必要的传动比，其结构如图 3-40 所示。

3）油泵（oil pump）

油泵的作用是将液压油送至液力变矩器，润滑行星齿轮机构，并为液压控制系统提供运作压力，其结构如图 3-41 所示。

4）自动变速器的控制系统（control system of automatic transmission）

自动变速器电子控制系统是一个计算机化的系统，因此，在这个控制系统中通常包括

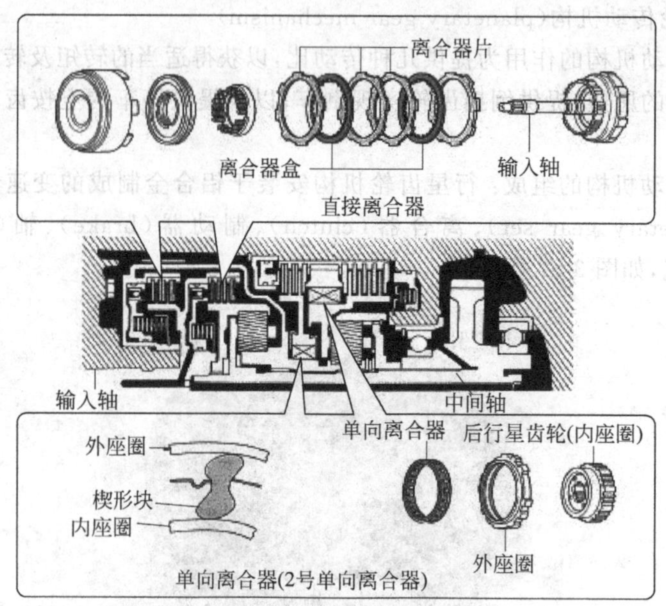

图 3-39 离合器结构

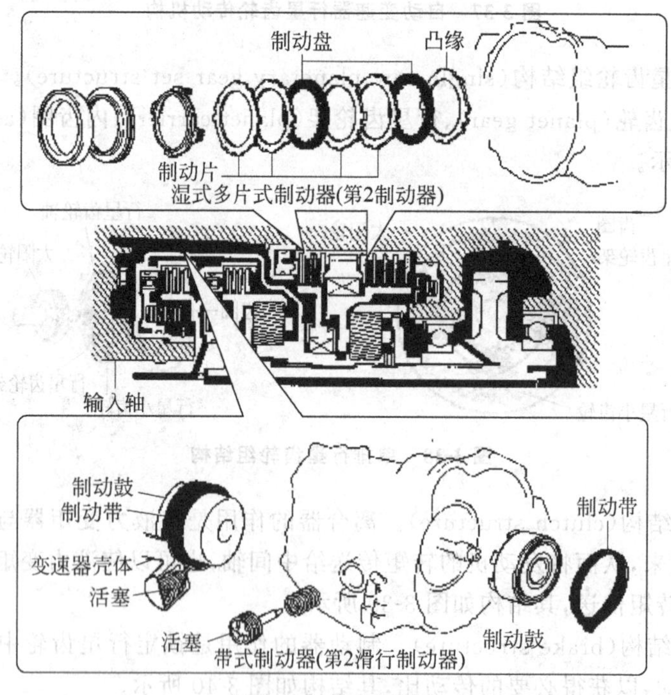

图 3-40 制动器结构

输入元件、电子控制单元输出元件。其结构如图 3-42 所示。

4. 无级变速器(continuously variable transmission,CVT)

CVT 无级变速箱的主要部件是两个滑轮和一条金属带,金属带套在两个滑轮上。滑

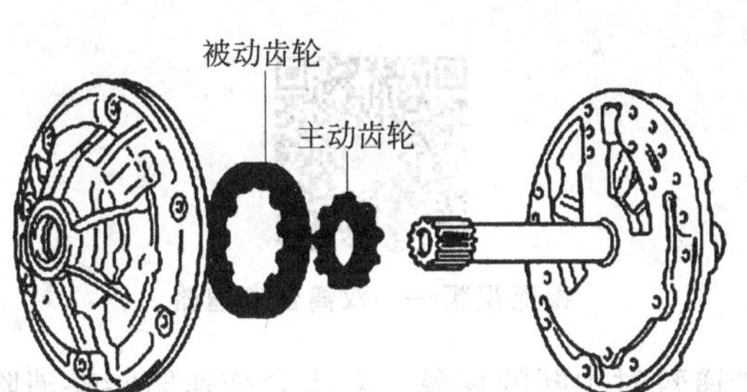

图 3-41　油泵结构

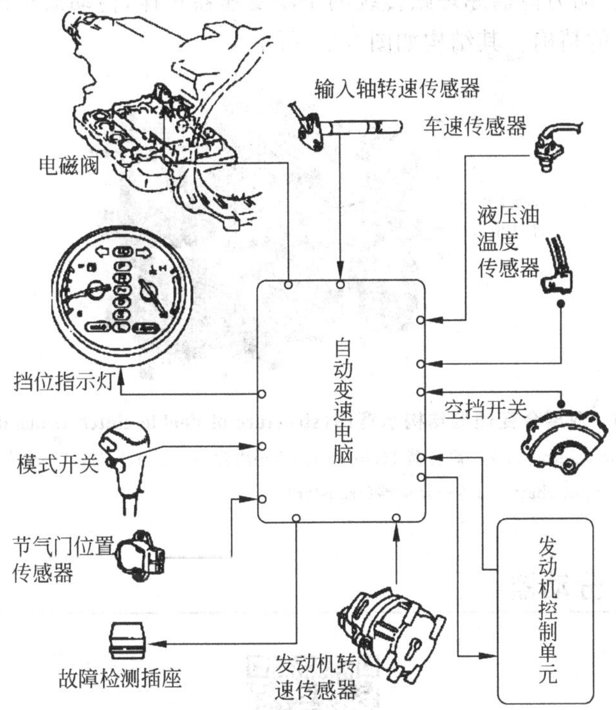

图 3-42　自动变速器电子控制系统

轮由两块轮盘组成，这两片轮盘中间的凹槽形成一个 V 形，其中一边的轮盘由液压控制机构控制，可以视不同的发动机转速，进行分开与拉近的动作，V 形凹槽也随之变宽或变窄，将金属带升高或降低，从而改变金属带与滑轮接触的直径，相当于齿轮变速中切换不同直径的齿轮。两个滑轮呈反向调节，即其中一个带轮凹槽逐渐变宽时，另一个带轮凹槽就会逐渐变窄，从而迅速加大传动比的变化，如图 3-43 所示。

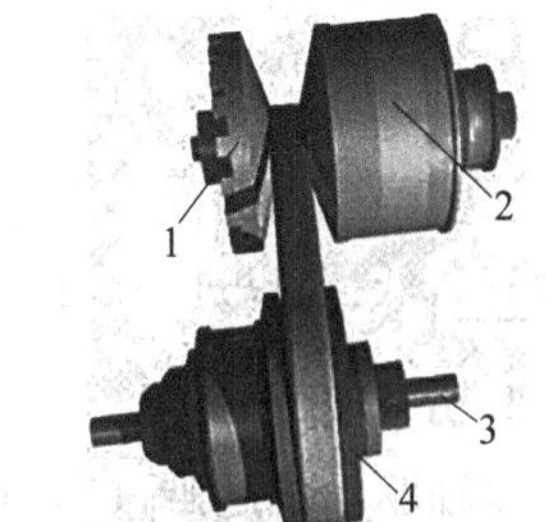

图 3-43　无级变速器结构(stepless transmission structure)

1—主动盘(driving disc)；2—液压驱动机构(hydraulic drive mechanism)；3—输出轴(output shaft)；4—从动盘(driven plate)

5. 双离合变速器(direct shift transmission,DSG)

双离合变速器 DSG 又称直接换挡变速器，它是基于手动变速器设计的，手动挡汽车在换挡时，离合器在分离

微课视频——双离合变速器

和接合之间存在动力传递暂时中断的现象。双离合变速箱能够消除换挡时动力传递的中断现象，缩短换挡时间，同时换挡更加平顺。双离合的自动变速器通过轴传动，变速部分通过行星齿轮变速，动力传输原理跟传统的手动变速器一样，传动效率高，机械损失小，只是变速控制比手动的精确。其结构如图 3-44 所示。

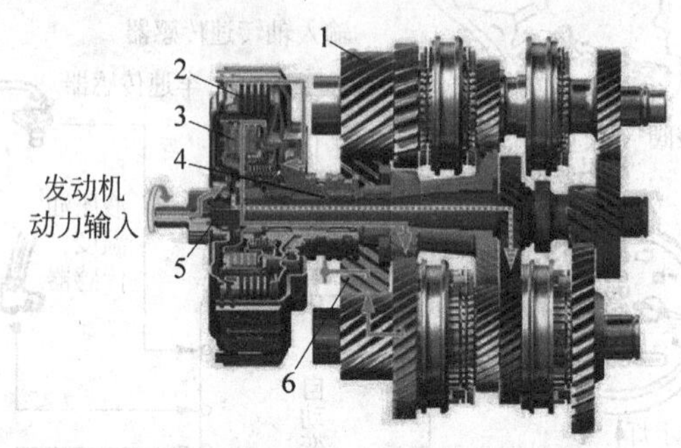

图 3-44　双离合变速器结构示意图(structure of double clutch transmission)

1—动力输出(power output)；2—离合器 1(clutch 1)；3—离合器 2(clutch 2)；4—输入轴 2(input shaft 2)；5—输入轴 1(input shaft 1)；6—分动器(transfer)

3.1.5　分动器

微课视频——分动器

在多轴驱动的汽车上，为了将输出的动力分配给各驱动桥设有分动器。分动器一般都设有高低挡，以进一步扩大在困难地区行驶时的传动比及排挡数目。

1. 分动器的功用

多轴驱动的越野汽车，其传动系中均装有分动器。分动器的功用就是将变速器输出的动力分配到各驱动桥，并且进一步增大扭矩。另外，由于大多数分动器都有两个挡位，所以它还兼起副变速器的作用。

2. 分动器的结构

分动器也是一个齿轮传动系统，它单独固定在车架上，其输入轴与变速器的输出轴用万向传动装置连接，分动器的输出轴有若干根，分别经万向传动装置与各驱动桥相连。大多数分动器由于要起到降速增矩的作用而比变速箱的负荷大，所以分动器中的常啮齿轮均为斜齿轮，轴承也采用圆锥滚子轴承支承。如图 3-45 所示为齿轮传动式分动器工作原理图。

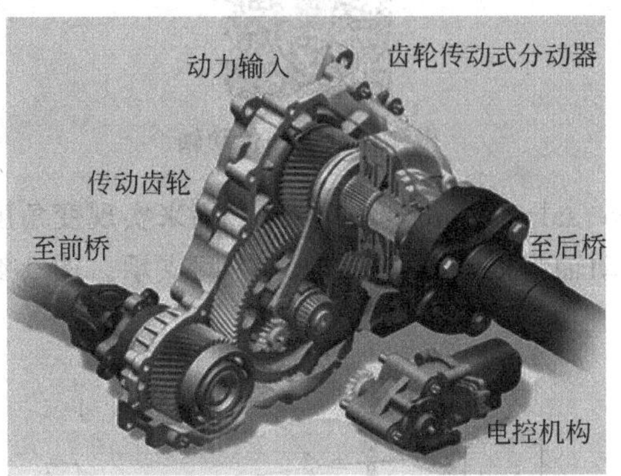

图 3-45 齿轮传动式分动器(pinion transfer)

3. 分动器的操纵机构

一种简单的越野汽车分动器的操纵机构如图 3-46 所示。前桥操纵杆 2 的下端装有螺钉 3，其头部可以顶靠着换挡操纵杆 1 的下部。轴 6 借两个支承管固定在变速器的盖上。分动器的换挡操纵杆 1 和前桥操纵杆 2 位于变速器的变速杆的右侧。此外，分动器操纵杆机构中也有自锁装置，结构原理与变速器的自锁装置相同。

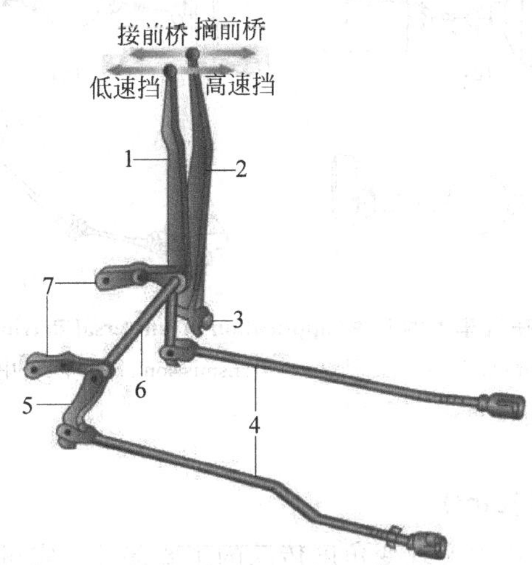

图 3-46 分动器操纵机构(power divider control mechanism)

1—换挡操纵杆(shift control lever)；2—前桥操纵杆(front axle control lever)；3—螺钉(screw)；4—传动杆(drive link)；5—摇臂(swinging arm)；6—轴(shaft)；7—支承臂(supporting arm)

3.1.6 万向传动装置

微课视频——传动轴

万向传动装置(universal transmission device)用来实现变角度的动力传递,万向传动装置一般由万向节和传动轴组成,有时还要加装中间支承。图 3-47 所示为万向传动装置在汽车上的应用。

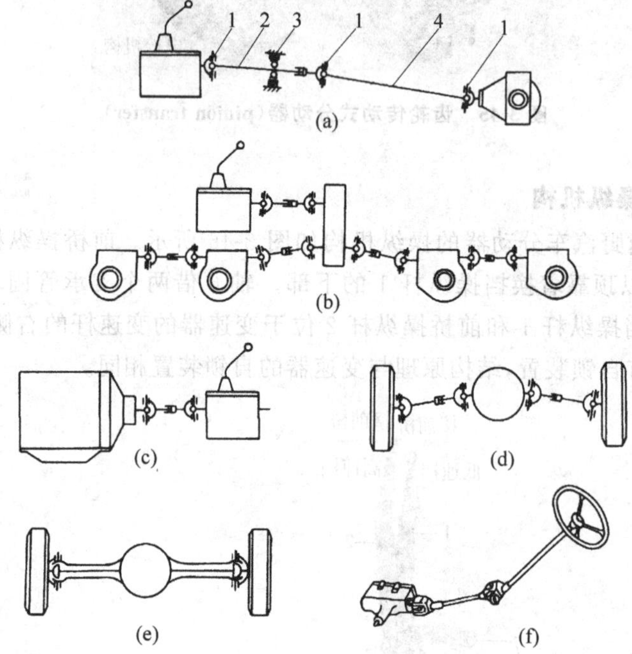

图 3-47 万向传动装置在汽车上的应用(application of universal driving device in automobile)

1—万向节(universal joint);2—前传动轴(front transmission shaft);3—中间支承(intermediate support);4—传动轴(transmission shaft)

1. 万向节(universal joint)

万向节是万向传动装置中实现变角度传动的主要部件。它可以分为刚性万向节和挠性万向节。刚性万向节又可分为不等速万向节(十字轴式)、准等速万向节(双联式、三销轴式等)和等速万向节(球笼式、球叉式等)。

1) 十字轴式刚性万向节

十字轴式刚性万向节在汽车传动系中应用最为广泛,它允许相邻两轴的最大交角为 15°~20°。它一般由一个十字轴、两个万向节叉和四个滚针轴承等机件组成,如图 3-48 所示。

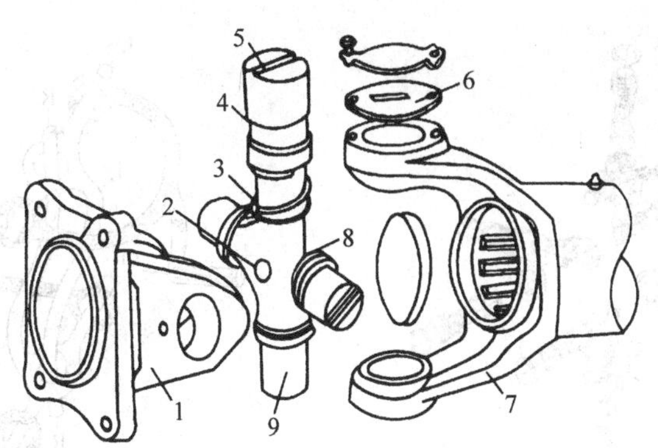

图 3-48 十字轴式刚性万向节(cross-and-yoke universal joint)

1、7—万向节叉(universal joint yoke);2—安全阀(relief valve);3—油封(grease seal);4—滚针(roller pin);5—套筒(cup);6—轴承盖(bearing cap);8—油嘴(grease nipple);9—十字轴(cross)

2) 准等速万向节

准等速万向节是根据双万向节等速传动的原理而设计的,常见的有双联式和三销轴式。如图3-49所示,为双联式准等速万向节示意图。

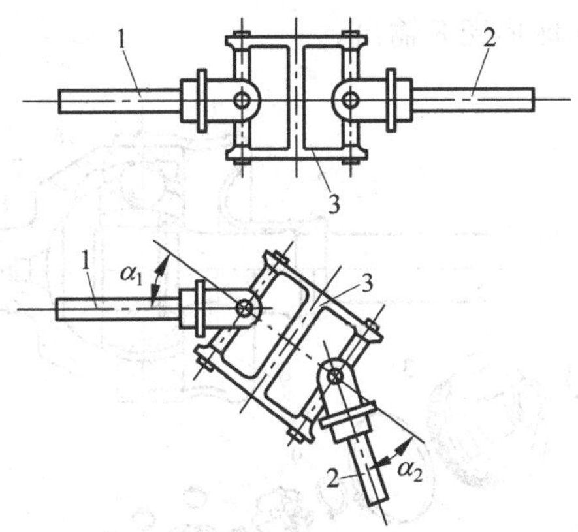

图 3-49 双联式万向节示意图(schematic diagram of the double joint universal joint)

1、2—轴(shafts);3—双连叉(double fork)

三销轴式万向节是由双联式万向节演变出来的一种准等速万向节。图3-50所示为东风EQ2080型汽车转向驱动桥中的三销轴式万向节。它主要由主动偏心轴叉2、从动偏心轴叉4和两个三销轴1、3组成。主动偏心轴叉2和从动偏心轴叉4分别与转向驱动桥的内、外半轴制成一体。

3) 等速万向节

等速万向节的基本原理是从结构上保证万向节在工作中,其传力点始终位于两轴交角的平分面上。目前在汽车上应用较广泛的等速万向节有球笼式、球叉式及组合式等速万向节。

(1) 球笼式等速万向节。球笼式等速万向节如图3-51所示。它主要由6个钢球6、星形套7和球形壳8和保持架4组成。星形套7以其内花键与主动轴1连接,传力钢球6

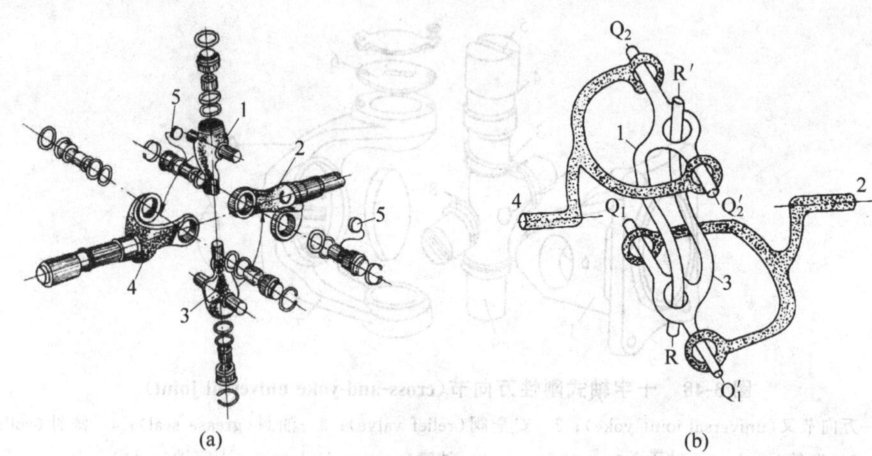

图 3-50　三销轴式万向节(tripod universal joint)

1、3—三销轴(three pin shaft)；2—主动偏心轴叉(driving eccentric shaft fork)；4—从动偏心轴叉(driven eccentric shaft fork)；5—推力垫片(thrust washer)

分别位于 6 条由星形套 7 和球形壳 8 形成的凹槽内，由保持架保持在同一平面内。动力由主动轴输入，经钢球 6 和球形壳 8 输出。

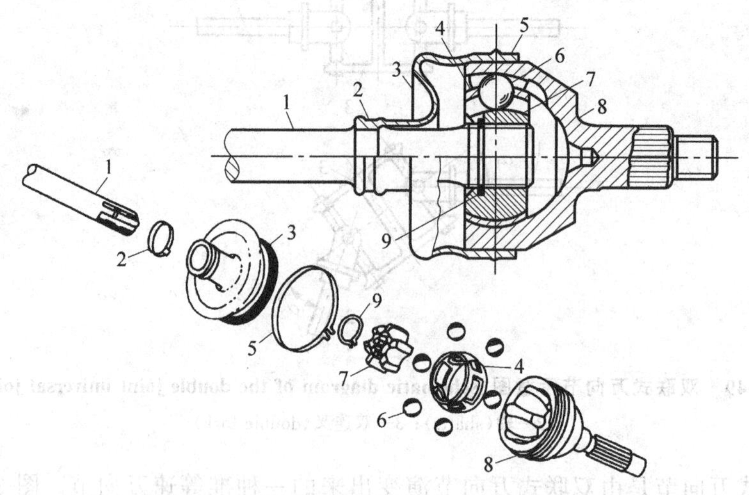

图 3-51　球笼式等速万向节(birfield ball-joint)

1—主动轴(drive shaft)；2、5—钢带箍(steel band hoop)；3—外罩(boot)；4—保持架(球笼)(retainer)；6—钢球(steel ball)；7—星形套(内滚道)(inner ring)；8—球形壳(外滚道)(birfield joint)；9—卡环(snap ring)

(2) 球叉式等速万向节。球叉式等速万向节如图 3-52 所示。主要由主动叉 6、从动叉 1、4 个传力钢球 5 和 1 个中心钢球 4 等机件组成。在主、从动叉上各有四个弧形凹槽，两个叉对合后形成四个钢球的滚道。4 个传力钢球 5 分别放置在此滚道中。两叉中心的凹槽中放置中心钢球 4 以定中心。

4) 挠性万向节

挠性万向节的特点是其传力元件采用夹布橡胶盘、橡胶块、橡胶环等弹性元件，如图 3-53 所示，从而保证在相交两轴间不发生机械干涉。由于弹性元件变形量有限，故挠

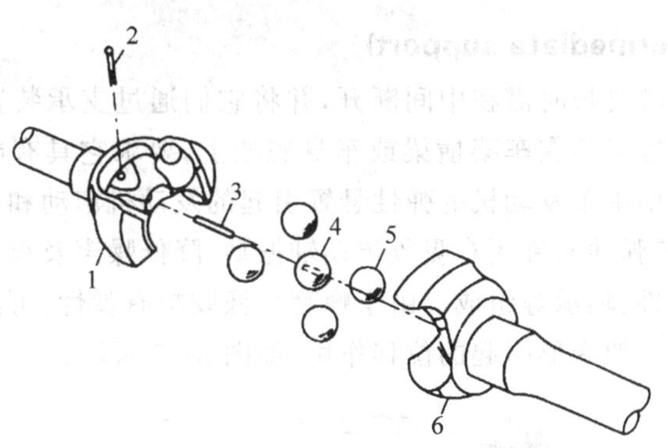

图 3-52　球叉式等速万向节(bendix weiss joint)

1—从动叉(driven fork)；2—锁止销(lock pin)；3—定位销(locating pin)；4—中心钢球(center steel ball)；5—传力钢球(force transmitting steel ball)；6—主动叉(driving fork)

性万向节一般用于夹角较小(3°～5°)的两轴间和有微量轴向位移的传动场合。

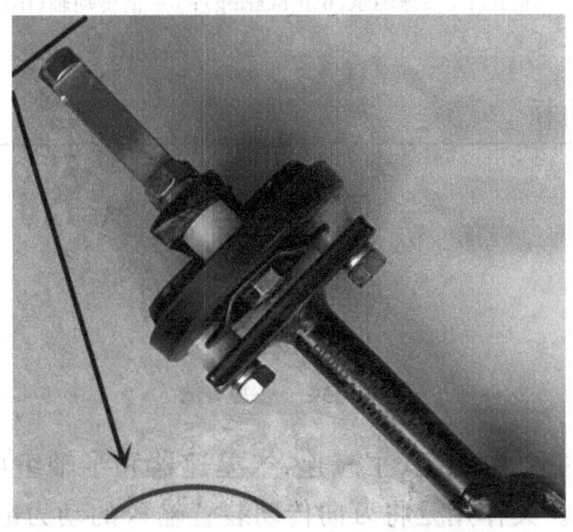

图 3-53　挠性万向节(flexible universal joint)

2. 传动轴(transmission shaft)

传动轴的作用是把变速器的转矩传递到驱动桥上。传动轴广泛采用管式结构，因为它用料少、重量轻。但在转向驱动桥、断开式驱动桥或微型汽车的万向传动装置中，常把传动轴制成实心轴。图 3-54 所示为汽车的传动轴。

图 3-54　汽车传动轴(truck drive shaft)

1—万向节(universal joint)；2—差速器(differential mechanism)；3—传动轴(transmission shaft)

3. 中间支承(intermediate support)

中间支承是传动轴过长时需在中间断开，并将它们通过支承装置支持在车架(身)上的机构。中间支承一般安装在车架横梁或车身底架上，要求它具有能补偿传动轴的安装误差功能及适应行驶中由于发动机的弹性悬置引起的发动机窜动和车架变形引起的位移功能。同时，其中橡胶弹性元件还有吸收传动轴振动、降低噪声及承受径向力的功能。中间支承由橡胶弹性元件、轴承等组成。由于蜂窝形橡胶垫有弹性，可满足补偿安装误差和行驶中发动机窜动与车架变形引起的位移作用，如图 3-55 所示。

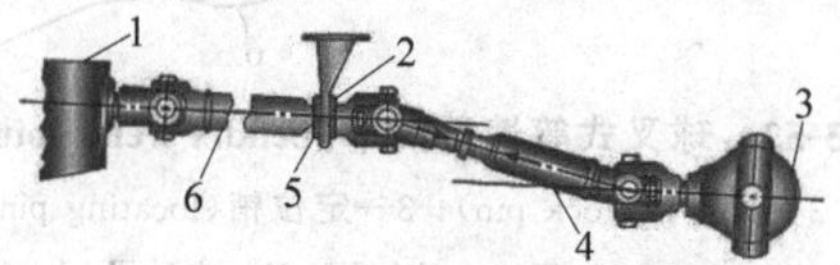

图 3-55 传动轴中间支承示意图(schematic diagram of middle support of transmission shaft)

1—变速器(transmission)；2—中间支承(intermediate support)；3—后驱动桥(rear drive axle)；4—后传动轴(rear drive shaft)；5—球轴承(ball bearing)；6—前传动轴(front drive shift)

3.1.7 驱动桥

微课视频——驱动桥

驱动桥(drive axle)主要由桥壳、主减速器、差速器和半轴组成。一般汽车的驱动桥总体构造如图 3-56 所示。其作用是将万向传动装置输入的动力减速增扭、改变动力方向之后，通过半轴将动力传递分配到左右驱动轮。根据桥壳与驱动桥的连接关系驱动桥又分为非断开式和断开式驱动桥两种。

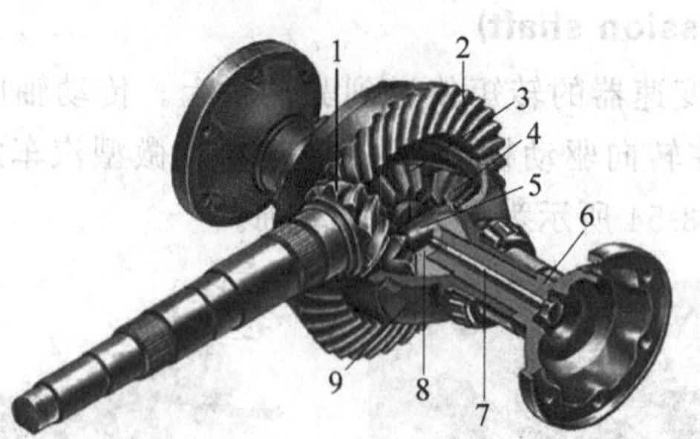

图 3-56 汽车驱动桥示意图(schematic diagram of drive axle)

1—主减速器主动锥齿轮(main reducer driving bevel gear)；2—主减速器从动锥齿轮(main reducer driven bevel gear)；3—半轴齿轮(axle shaft gear)；4—行星齿轮(planet gear)；5—行星齿轮轴(planet pin)；6—半轴及凸缘(half shaft and flange)；7—半轴螺栓(half shaft bolt)；8—防转螺母(locking nut)；9—差速器壳(differential shell)

1. 主减速器(final drive)

主减速器的功用是将输入的转矩增大并相应降低转速，以及当发动机纵置时还具有可变转矩旋转方向的作用。

(1) 单级主减速器。单级主减速器的优点是结构简单，既可满足轿车和一般轻、中型货车的动力性要求，又具有体积小、重量轻和传动效率高等优点。图 3-57 所示为一般汽车的单级主减速器结构形式。

图 3-57 单级主减速器(single stage main reducer)

(2) 双级主减速器。依据发动机特性和汽车使用条件，当汽车要求主减速器需要具有较大的传动比时，由一对锥齿轮构成的单级主减速器已不能保证足够的离地间隙，这时就需要用两对齿轮降速的双级主减速器。图 3-58 所示为解放 CA1091 型汽车双级主减速器示意图。解放 CA1091 型汽车驱动桥即为双级主减速器。它的第一级传动比由一对螺旋齿轮副所决定。第二级传动比由一对斜齿圆柱齿轮副决定。

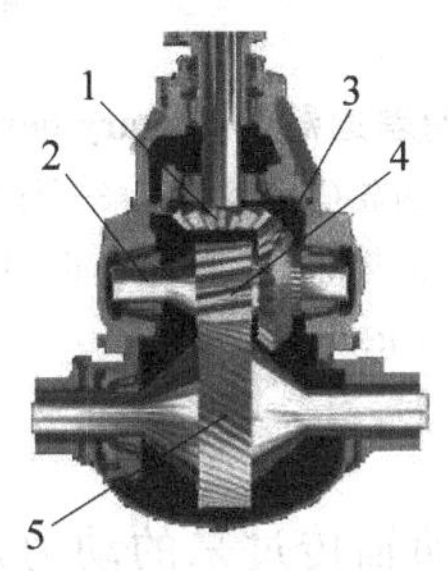

图 3-58 汽车双级主减速器示意图(double stage main reducer for automobile)

1—主动锥齿轮(driving bevel gear)；2—中间轴(intermediate shaft)；3—从动锥齿轮(driven bevel gear)；4—主动圆柱齿轮(driving cylindrical gear)；5—从动圆柱齿轮(driven cylindrical gear)

(3) 贯通式主减速器。有些多轴越野汽车，为了简化结构，部件通用性好，便于形成系列产品，常采用贯通式驱动桥。图 3-59 所示为贯通式驱动桥示意图，前面(或后面)两

驱动桥的传动轴是常串联的，传动轴从离分动器较近的驱动桥中穿过，通往另一驱动桥。传动轴必须从驱动桥中穿过的这种布置方案的驱动桥称为贯通式驱动桥。

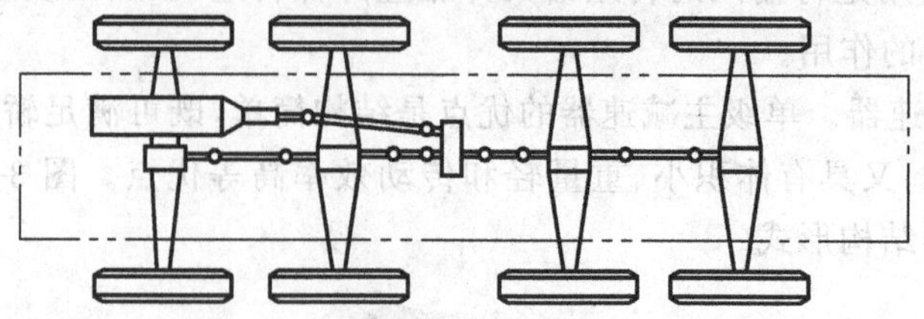

图 3-59　贯通式驱动桥示意图

2. 差速器(differential)

差速器的作用是在汽车转弯或在不平路面上行驶时，允许左、右车轮以不同的转速旋转。

1）普通齿轮差速器

普通齿轮式差速器有锥齿轮式和圆柱齿轮式两种。由于锥齿轮式差速器结构简单紧凑，工作平稳，因此目前应用最广。图 3-60 所示为行星锥齿轮差速器。

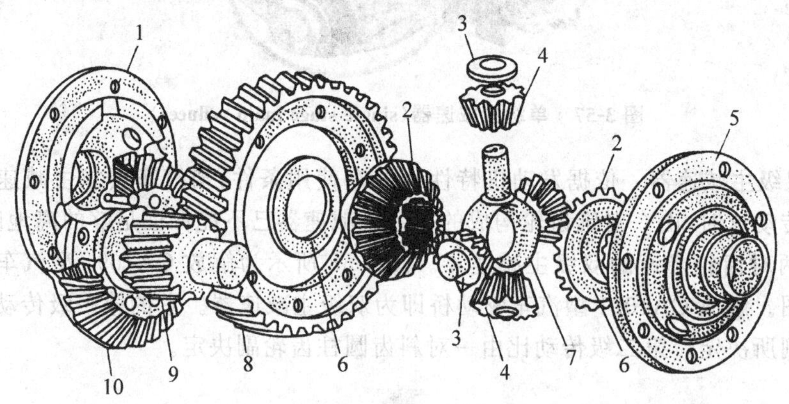

图 3-60　行星锥齿轮差速器(planetary bevel gear differential)

1、5—差速器壳(differential cage)；2—半轴锥齿轮(side gear)；3—行星锥齿轮球形垫片(spherical washer)；4—行星锥齿轮(planetary bevel gear)；6—半轴锥齿轮推力垫片(half shaft bevel gear thrust washer)；7—十字轴(cross)；8、9、10—主减速器齿轮(main reducer gear)

2）差速器的工作原理

差速器的动力传递路线是：传动轴传过来的动力通过主动齿轮传递到从动齿轮上，从动齿轮带动差速器外壳及行星齿轮轴一起旋转，同时带动行星齿轮公转，带动半轴旋转，从而推动驱动轮前进。

当车辆在水平路面上直线行驶时，动力通过主减速器从动齿轮传递到行星齿轮，由于两侧驱动轮受到的阻力相同，行星齿轮不发生自转，通过半轴把动力传递到车轮，这个时候相当于两侧驱动轮刚性连接，两侧车轮转速相等，如图 3-61 所示。

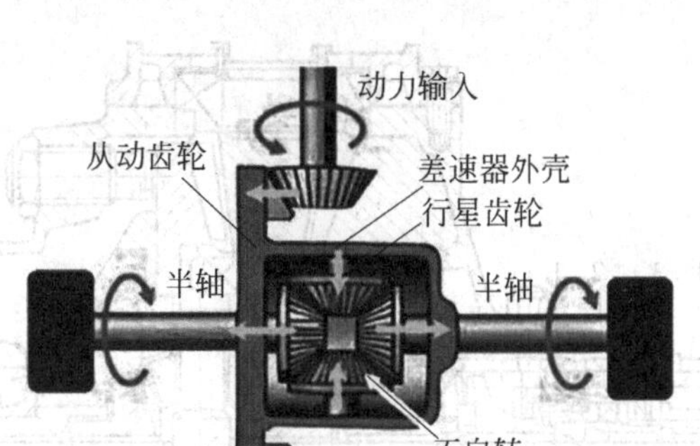

图 3-61 差速器不差速时工作示意图

当车辆转弯或者在不同的路面上行驶时，左、右车轮的转速不一样，左右车轮所受到的阻力也不一样，这个时候行星齿轮即绕着半轴公转，又绕着行星齿轮轴自转，从而使左、右半轴出现转速差，让车轮以不同的转速旋转，如图 3-62 所示。

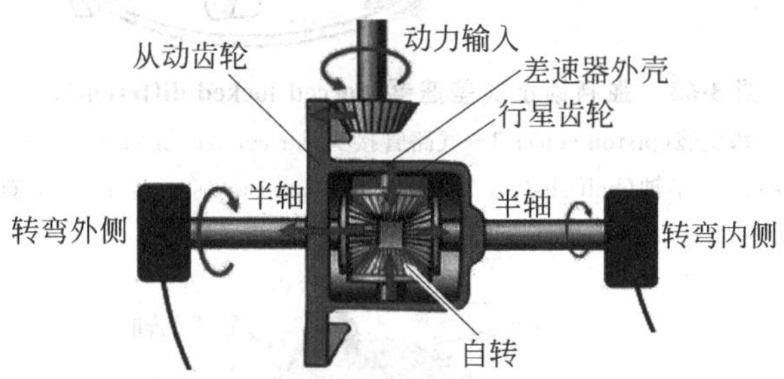

图 3-62 差速器差速时工作示意图

3）强制锁止式差速器

强制锁止式差速器就是在行星锥齿轮差速器上装设了差速器锁。差速器锁主要由离合器及其操纵装置组成，其结构如图 3-63 所示。当一侧驱动轮滑转时，可利用差速器锁使差速器不起差速作用。

4）托森差速器

托森差速器是一种中央轴间差速器。奥迪 80 和奥迪 90 全轮驱动的轿车上采用的就是这种差速器。图 3-64 所示为托森差速器。

3. 半轴(differential axle)

半轴在差速器与驱动轮之间传递较大的扭矩，一般都是实心轴。半轴的内端一般用花键与半轴齿轮连接，外端与轮毂连接。现代汽车常用的半轴支承形式主要有全浮式和半浮式两种，如图 3-65 所示。

4. 桥壳(axle housing)

桥壳是安装主减速器、差速器、半轴、轮毂和悬架的基础件，使左、右两侧的车轮位置相对固定。

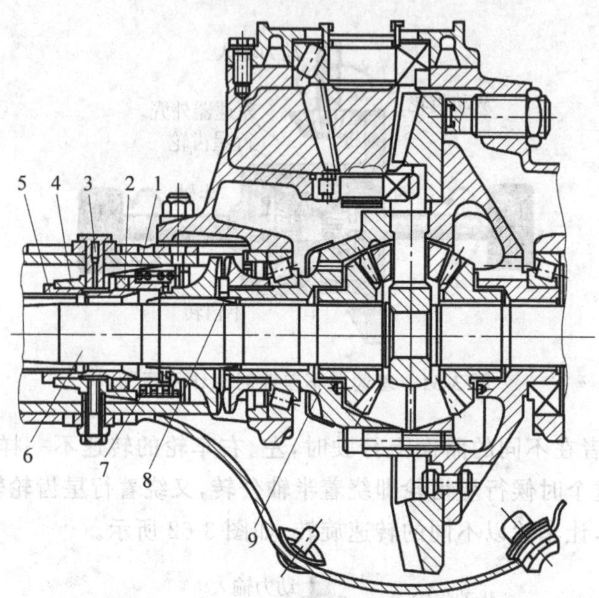

图 3-63　强制锁止式差速器(forced locked differential)

1—活塞(piston)；2—活塞皮碗(piston cup)；3—气路管接头(air connection)；4—工作缸(working cylinder)；5—半轴套管(axle tube)；6—半轴(half shaft)；7—压力弹簧(pressure spring)；8—锁圈(lock ring)；9—差速器壳(differential carrier)

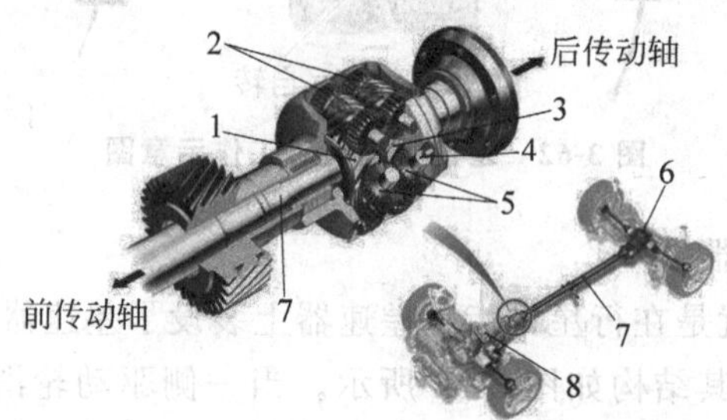

图 3-64　托森差速器(the Torsen differential)

1—太阳轮前传动轴(front axis of the sun wheel)；2—涡轮(turbine)；3—太阳轮后传动轴(solar wheel rear drive shaft)；4—涡轮中心轴(turbine center shaft)；5—行星齿轮(planet gear)；6—差速器(differential mechanism)；7—传动轴(transmission shaft)；8—变速器(transmission)

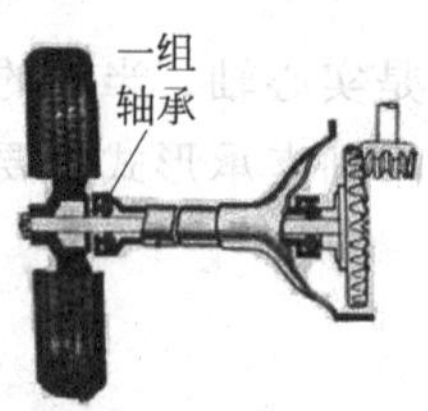

(a) 半浮式半轴支承(semi floating axle bearing)

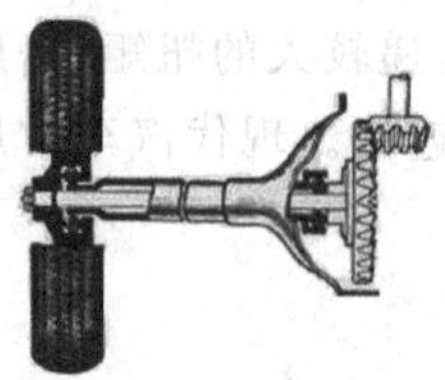

(b) 四分之三浮式半轴支承(three quarters of floating half shaft support)

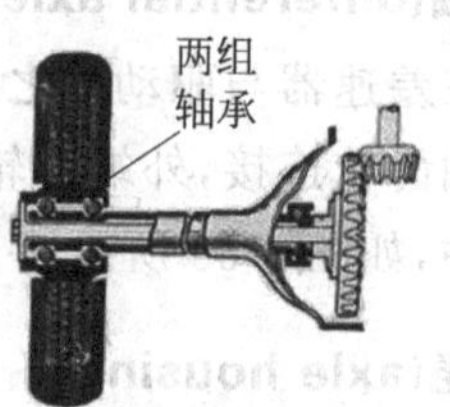

(c) 全浮式半轴支承(full floating axle support)

图 3-65　半轴支承示意图(schematic diagram of half shaft bearing)

(1) 整体式桥壳。整体式桥壳的优点是强度、刚度较大,且检查、拆装和调整主减速器、差速器方便,不必把整个桥从汽车上拆下来,因此适用于各类汽车,如图 3-66 所示。

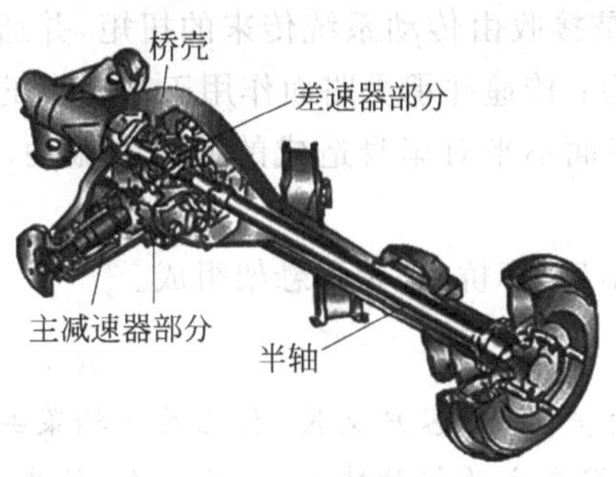

图 3-66 整体式桥壳(schematic diagram of integralaxle housing)

(2) 分段式桥壳。分段式桥壳一般由两段组成,也有三段或多段的,各段之间用螺栓连接,有的分段式桥壳各段之间可相对运动,应用于独立悬架。分段式桥壳上的主减速器、差速器维修不方便,如图 3-67 所示。

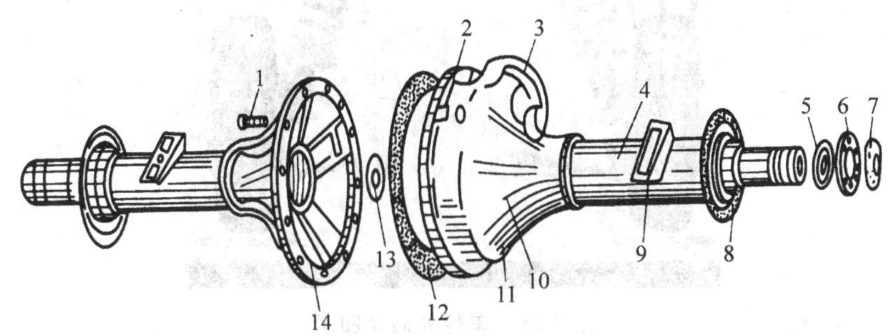

图 3-67 分段式桥壳(separable housing)

1—螺栓(bolt); 2—注油孔(oil filler hole); 3—主减速器壳颈部(final drive case neck); 4—半轴套管(half rear axle bushing); 5—调整螺母(adjusting nut); 6—止动垫片(lock washer); 7—锁紧螺母(locknut); 8—凸缘盘(flange); 9—钢板弹簧座(leaf seat); 10—主减速器壳(final drive house); 11—放油孔(oil drain hole); 12—垫片(gasket); 13—油封(seal); 14—盖(cover)

3.2 识别汽车行驶系统

微课视频——识别汽车行驶系统

汽车行驶系统的功能是通过车轮与路面之间的附着作用,使传动系统传来的力矩变为汽车行驶的驱动力矩; 支承汽车总质量,传递路面作用于车轮上的各种力及力矩; 缓和

冲击，减小振动，保证汽车的行驶平顺性；行驶系统还与转向系统配合保证汽车的操纵稳定性。

汽车行驶系统的功用是接收由传动系统传来的扭矩，并通过驱动轮与路面间附着作用产生路面对汽车的牵引力；传递并承受路面作用于车轮上的各种反力及其所形成的力矩；尽可能地缓和行驶时路面不平对车身造成的冲击和振动，保证汽车行驶的平顺性和操纵的稳定性。

汽车行驶系统一般由车架、车桥、车轮和悬架组成。

◎客户委托3-2

服务顾问接待了一位客户，根据客户反映，自己的一辆某品牌汽车的前轮胎冠外侧磨损严重，需要进行检查。询问车主的驾驶情况，以及试车、检查后，确诊该汽车为车轮外倾角(图 3-68)过大，需要检修调整。

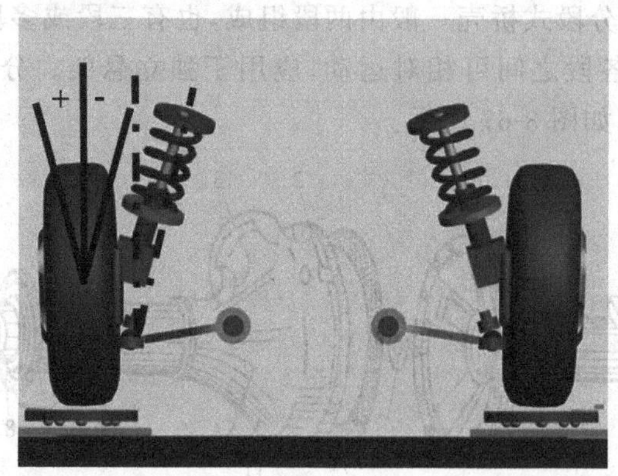

图 3-68　车轮外倾角图示

◎学习目标

识别汽车行驶系统。

◎知识点与技能点清单

学习目标	知识点	技能点
识别汽车行驶系统	(1) 汽车行驶系统的功用及总体构造； (2) 车架； (3) 车桥； (4) 车轮； (5) 轮胎； (6) 悬架	(1) 能够在实车上指出行驶系统任意部件的名称； (2) 能够正确指出行驶系统中任意元件的安装位置； (3) 能够根据零部件的形状说出该元件的所属的系统以及名称

◎学习指南

(1) 明确学习目标和知识与技能点清单。

(2) 在课前完成学习任务中的知识类内容。在完成知识类学习任务时，可以参考本单元提供的学习信息，利用网络、厂家提供的维修手册和各类教学资源库等学习资源，也可以在课前或上课时向任课教师寻求帮助。任课教师可在正式上课时展示或共享大家对于知识类学习任务的完成情况，实现学习交流。

(3) 学习任务中的实操类内容，可以在正式上课前自行完成，也可以由任课教师在课堂上安排完成。

(4) 完成学习任务后，自行根据本书的鉴定表进行自查，并根据自己的不足进行知识与技能的补充学习。

(5) 任课教师按照鉴定表进行知识与技能鉴定。请注意，鉴定包括过程鉴定与终结性鉴定。学生平时的学习过程也将作为鉴定的依据，例如学习态度、学习过程中的技能展示、职场安全意识等。

◎ 学习任务

(1) 连接相应的车架类型。

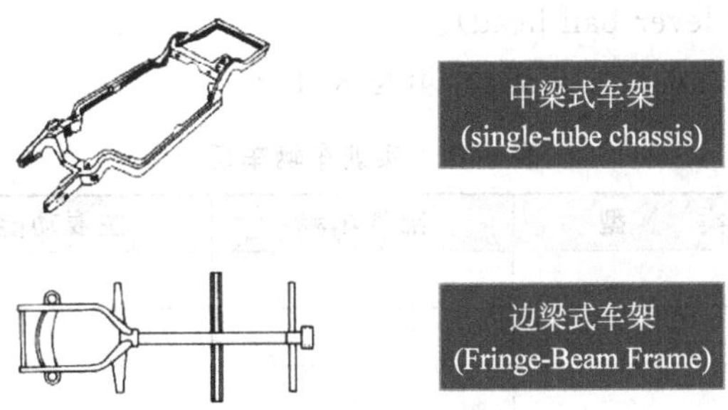

(2) 到汽车实训场所观察汽车车架类型，填写表 3-9。

表 3-9 实训车辆车架类型

序　号	车辆型号	车架类型	车架特点

(3) 判断：汽车车桥按其性质，可分为转向桥、驱动桥和支持桥。(　　)

(4) 正确填写图 3-69 所示的转向驱动桥的零部件序号。

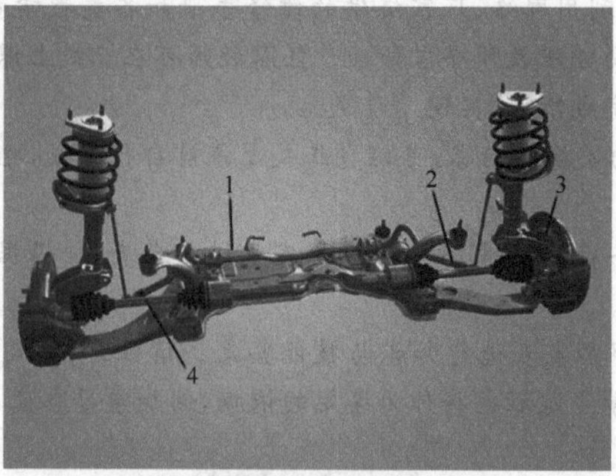

图 3-69　转向驱动桥的零部件

(　　)半轴(half shaft)；(　　)转向节(knuckle)；(　　)副车架(vice frame)；(　　)转向拉杆球头(steering lever ball head)。

(5) 到汽车实训场所观察汽车车桥，填写表 3-10。

表 3-10　实训车辆车桥

序　　号	类　　型	部件名称	主要功能	安装位置

(6) 在括号中分别指出图 3-70 所示车轮各部件结构的名称和序号。

图 3-70　车轮各部件

(　　)轮辋(rim)；(　　)轮辐(spokes)；(　　)轮毂(wheel hub)；(　　)轮胎(tire)。

（7）连接相应的轮胎基本结构部件。

外胎 (cover tyre)	垫带 (mat)	内胎 (inner tube)

（8）到汽车实训场所观察汽车的车轮与轮胎，填写表3-11。

表3-11　实训车辆的车轮与轮胎

序　　号	类　　型	部件名称	主要功能	安装位置

（9）在括号中分别指出图3-71所示的麦弗逊式独立悬架中的部件名称序列号。

图3-71　麦弗逊式独立悬架部件

（　　）减振器(absorber)；（　　）螺旋弹簧(coil spring)；（　　）下摆臂(bottom arm)。

（10）在括号中分别指出图3-72所示的非独立悬架中的部件名称序列号。

图3-72　非独立悬架部件

(　　)横臂(cross arm)；(　　)弹簧(spring)；(　　)纵臂枢轴(trailing arm pivot)；(　　)纵臂(trailing arm)；(　　)减振器(shock absorber)。

(11) 到汽车实训场所观察汽车悬架，填写表 3-12。

表 3-12　实训车辆悬架

序　号	类　型	部件名称	主要功能	安装位置

鉴定

任课教师可以通过平时教学过程中学生的学习态度、参与教学活动的积极性、职场安全意识及终结性鉴定结果等确定其最后的鉴定结果，每个学生最多可以鉴定三次，鉴定教师需将鉴定结果填在表 3-13 中。

表 3-13　3.2 节鉴定表

学习目标	鉴定 1	鉴定 2	鉴定 3	鉴定结论	鉴定教师签字
识别汽车行驶系统				□通过 □不通过	

3.2.1　车架

微课视频——车架

1. 车架的功用

车架(frame)是汽车上各部件的安装基础。如发动机、变速器、车身或驾驶室通过弹性支承安装于车架上；前、后桥通过悬架连接在汽车车架上；而转向器则直接安装在车架上。

2. 车架的种类

大梁式车架是最早出现的车架类型(从全世界第一部汽车开始一直沿用至今)。大梁车架的原理很简单：将粗壮的钢梁焊接或铆合起来成为一个钢架，然后在这个钢架上安

装引擎、悬架、车身等部件，这个钢架就是名副其实的“车架”。

按其结构形式主要可分为边梁式车架和中梁式车架两种。

边梁式车架由位于左、右两侧的两根纵梁和若干横梁构成，横梁和纵梁一般由 16Mn 合金钢板冲压而成，两者之间采用铆接或焊接连接，如图 3-73 所示。

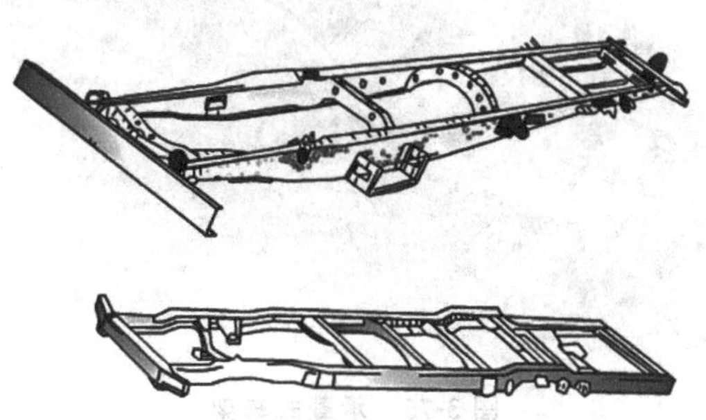

图 3-73　边梁式车架(side chassis)

中梁式车架(脊骨式车架)只有一根位于汽车中央的纵梁。纵梁断面为圆形或矩形，其上固定有横向的托架或连接梁，使车架成鱼骨状，如图 3-74 所示。

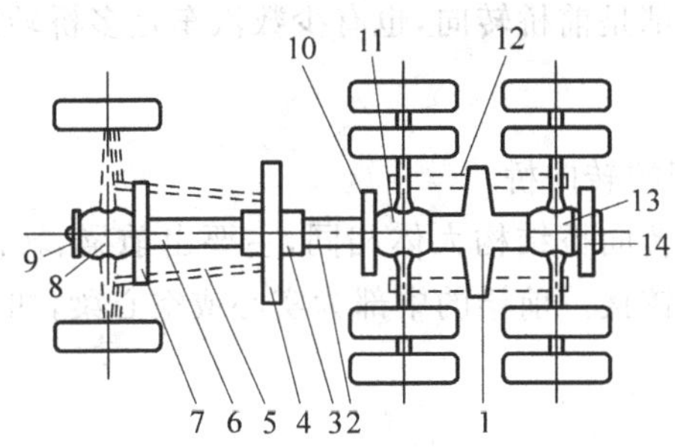

图 3-74　中梁式车架(single-tube chassis)

1—连接桥(cross structure)；2—中央脊梁(central backbone)；3—分动器壳(power divider case)；4—驾驶室后部及货箱副梁前部托架(the cab and rear cargo side beam front bracket)；5—前悬架扭杆弹簧(front suspension torsion bar spring)；6—前脊梁(front backbone)；7—发动机后部及驾驶室前托架(the back of the engine and the front bracket of the cab)；8—前桥壳(front axle housing)；9—发动机前托架(engine front bracket)；10—连接货箱副梁的托梁(the connection box girder side joist)；11—中桥壳(middle axle housing)；12—后悬架的钢板弹簧(leaf spring of rear suspension)；13—后桥壳(rear axle housing)；14—连接货箱副梁的托架(the box beam bracket pair)

承载式车架也称作整体式车架或单体式车架。承载式车架是用金属制成坚固的车身，再将发动机、悬架等机械零件直接安装在车身上。承载式车架是目前轿车的主流，如图 3-75 所示。

3.2.2　车桥

汽车车桥(axle housing)通过悬架和车架相连，两端安装车轮，其功用是传递车架与车轮之间各方向作用力及其所产生的弯矩和扭矩。按其性质，车桥可分为转向桥、驱动桥、转向驱动桥和支持桥。

微课视频——车桥

图 3-75　承载式车架

1. 转向桥的功用

安装转向轮的车桥叫转向桥。它是利用铰接装置使车轮可以偏转一定角度以实现汽车的转向。现代汽车一般都是前桥转向，也有少数汽车是多桥转向。

2. 转向桥类型

1）与非独立悬架匹配的转向桥

与非独立悬架匹配的转向桥结构大体相同，主要由前梁、转向节，主销和轮毂等部分组成。车桥两端与转向节铰接。前梁的中部为实心或空心梁，如图 3-76 所示。

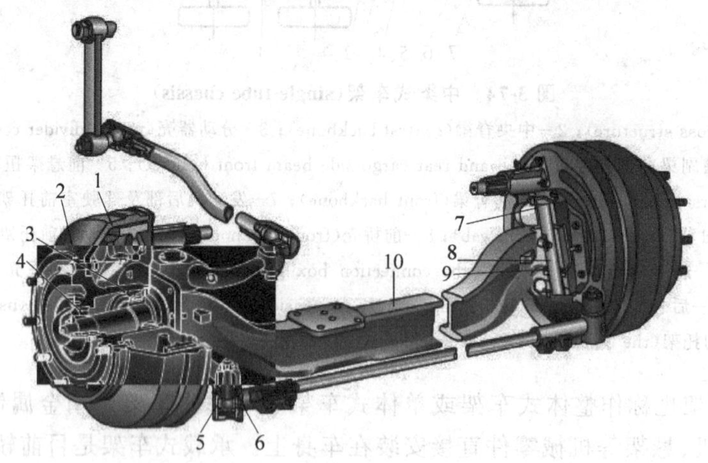

图 3-76　解放 CA10B 汽车转向桥（automobile steering axle）

1—制动鼓（brake drum）；2—轮毂（wheel hub）；3、4—轮毂轴承（hub bearing）；5—转向节（steering knuckle）；6—油封（grease seal）；7—衬套（bush）；8—主销（master pin）；9—滚子止推轴承（roller thrust bearing）；10—前轴（front axle）

2）与独立悬架匹配的转向桥

断开式转向桥的作用与非断开式转向桥一样，所不同的是断开式转向桥与独立悬架匹配，断开式车桥为活动关节式结构，如图 3-77 所示。

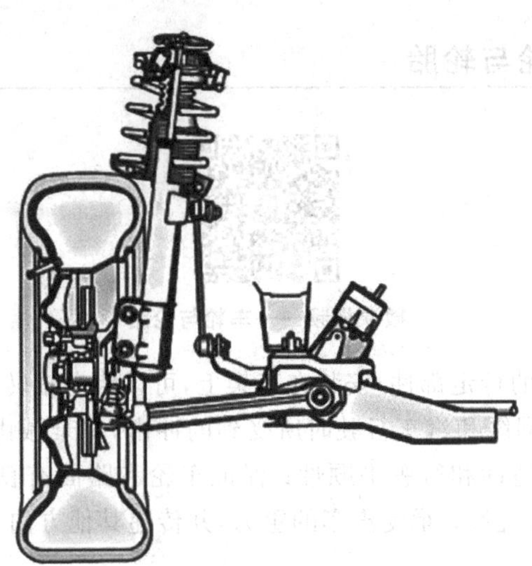

图 3-77 与独立悬架匹配的转向桥

3. 转向驱动桥定义

能同时实现车轮转向和驱动两种功能的车桥，称为转向驱动桥。四轮（全轮）驱动的车辆前桥多为转向驱动桥。

4. 转向驱动桥的结构组成

转向驱动桥既与一般驱动桥同样的主减速器、差速器和半轴，也有一般转向桥所具有的转向节和主销等。不同之处是，由于转向的需要，半轴被分成内、外两段，内半轴与差速器相连接，外半轴与轮毂相连接，两者用等角速万向节连接。同时，主销也因此分成上、下两段，固定在万向节的球形支座上，转向节轴颈做成空心的，以便外半轴（驱动轴）从中穿过，如图 3-78 所示。

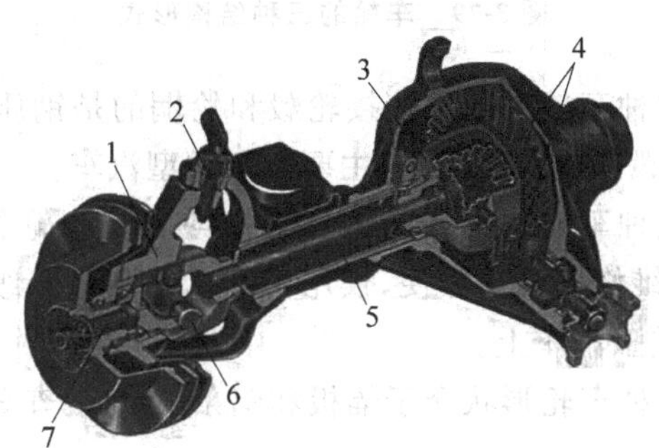

图 3-78 转向驱动桥（transaxle）

1—转向节（steering knuckle）；2—主销（master pin）；3—差速器（differential）；4—主减速器（final drive）；5—内半轴（inner half shaft）；6—万向节（universal joint）；7—外半轴（outer half axle）

汽车转向驱动桥、内半轴与外半轴通过等角速万向节连接在一起。当前桥驱动时，转矩由差速器、内半轴、等角速万向节、外半轴、凸缘盘传到车轮轮毂上。

3.2.3 车轮与轮胎

微课视频——车轮与轮胎

车轮与轮胎是汽车的行走部件，安装在车架上，可以绕车轴转动并沿地面滚动。其主要作用：和汽车悬架共同缓和汽车行驶时所受到的冲击，并衰减由此而产生的振动，以保证汽车有良好的乘坐舒适性和行驶平顺性；保证车轮和路面有良好的附着性，以提高汽车的牵引性、制动性和通过性；承受汽车的重力，并传递其他方向的力和力矩。

1. 车轮(wheel)

车轮主要由轮毂、轮辋以及这两元件间的连接部分轮辐所组成。

1）车轮的结构形式

车轮类型按轮辐结构形式，可分为辐板式、辐条式、铸铝式三种类型，如图 3-79 所示。

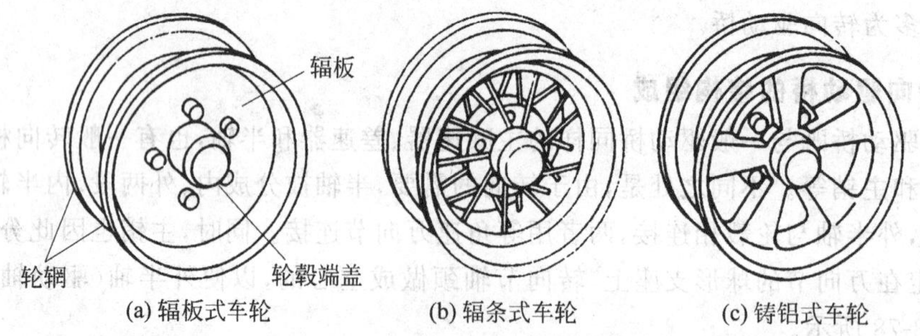

(a) 辐板式车轮　(b) 辐条式车轮　(c) 铸铝式车轮

图 3-79　车轮的三种结构形式

(1) 辐板式车轮。这种车轮中用以连接轮毂和轮辋的是钢质圆盘，称为辐板，大多是冲压制成的，少数是和轮毂铸成一体，后者主要用于重型汽车。

(2) 辐条式车轮。这种车轮的辐条是钢丝辐条或者是和轮毂铸成一体的铸造辐条。钢丝辐条由于价格较高，维修安装不方便，仅用于赛车和某些高级轿车上；铸造辐条式车轮用于装载质量较大的重型汽车上。

(3) 铸铝式车轮。这种车轮形状介于辐板和辐条式之间，车轮材料是铝。

2）轮辋的结构形式

轮辋是轮胎装配和固定的基础，不但轮辋的结构不同，而且装拆方法也不同。轮辋的常见结构形式主要有深槽轮辋、平底轮辋、对开式轮辋、半深槽轮辋、深槽宽轮辋、平底宽轮辋以及斜底平式轮辋等，部分类型如图 3-80 所示。

(1) 深槽轮辋。车轮中部的直径比轮辋直径小，断面的中部制成深凹槽，两端有带肩的凸缘。由于结构简单，刚度大，质量较小，主要用于轿车及轻型越野车。深槽轮辋式轮胎一般采用机械轮胎拆卸机装拆。

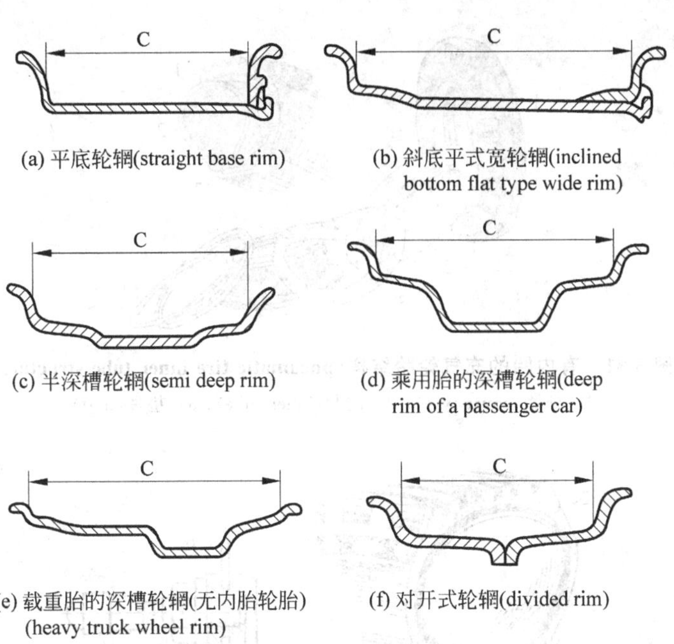

(a) 平底轮辋(straight base rim)　(b) 斜底平式宽轮辋(inclined bottom flat type wide rim)

(c) 半深槽轮辋(semi deep rim)　(d) 乘用胎的深槽轮辋(deep rim of a passenger car)

(e) 载重胎的深槽轮辋(无内胎轮胎)(heavy truck wheel rim)　(f) 对开式轮辋(divided rim)

图 3-80　汽车轮辋的类型(type of automobile wheel rim)

C—轮辋宽度(rim width)

(2) 平底轮辋。断面中部是平的,它主要由挡圈、弹性锁圈来安装固定轮胎。主要用于中型车辆。在安装轮胎时,先将轮胎套在轮辋上,而后套上挡圈,并将它向内推,直至越过轮辋上的环形槽,再将开口的弹性锁圈嵌入环形槽中。

(3) 对开式轮辋。这种轮辋由内、外两部分组成,其内、外轮辋的宽度可以相等,也可以不等,两者用螺栓连成一体。拆装轮胎时,拆卸螺母即可,挡圈是可拆的。有的无挡圈,采用与内轮辋制成一体的轮缘代替挡圈的作用,内轮辋与辐板焊接在一起。主要用于重型车辆。

车轮尺寸通常用轮辋断面宽度和名义直径的尺寸来表示,以 in(英寸)为单位。

2. 轮胎(tyre)

轮胎安装在轮辋上,直接与路面接触,轮胎必须有适宜的弹性和承受载荷的能力。同时,在其与路面直接接触的胎面部分,应具有用以增强附着作用的花纹。

1) 有内胎轮胎

轮胎的结构有内胎的充气轮胎结构,这种轮胎由内胎、外胎和垫带组成,如图 3-81 所示。

2) 无内胎轮胎

无内胎轮胎在外观上和结构上与有内胎轮胎近似,但它没有内胎,空气直接压入外胎中,因此要求外胎和轮辋之间有很好的密封性。为保证密封性,无内胎轮胎的外胎内壁上附加了一层厚 2～3mm 的专门用来封气的橡胶密封层,如图 3-82 所示。

轮胎类型按胎体帘布层的结构不同,可分为斜胶轮胎和子午线轮胎,如图 3-83 所示。

普通斜交轮胎的外胎胎体由帘布层和缓冲层构成。帘布层和缓冲层各相邻层帘线交叉与胎中心线呈小于 90°角排列的充气轮胎,称为普通斜交轮胎。

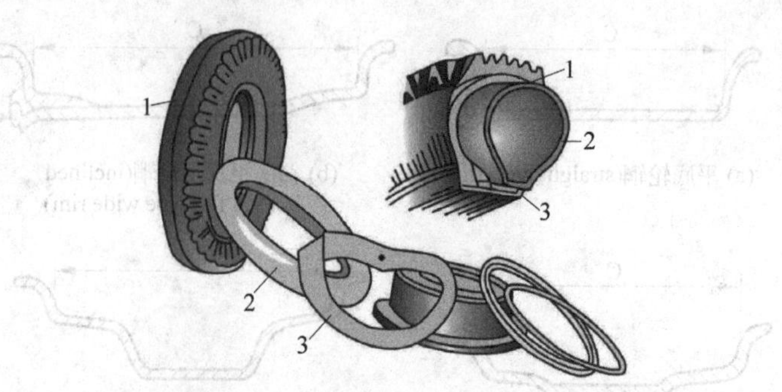

图 3-81　有内胎的充气轮胎结构(pneumatic tire inner tube structure)

1—外胎(cover tyre)；2—内胎(inner tube)；3—垫带(mat)

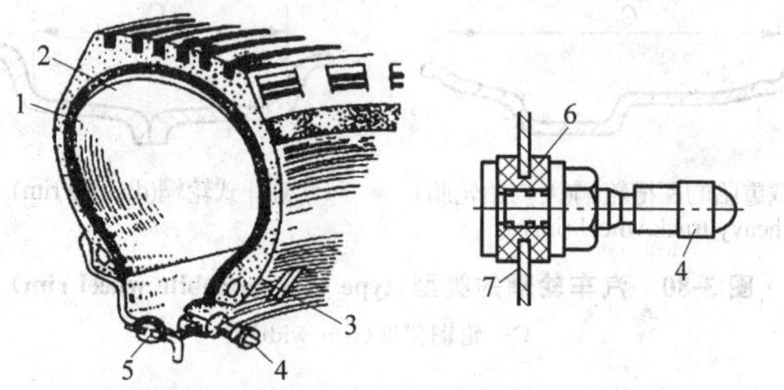

图 3-82　无内胎的充气轮胎(tubeless tire)

1—橡胶密封层(inner liner)；2—自粘层(self adhesive layer)；3—槽纹(groove grain)；4—气门嘴(the inflating nozzle)；5—铆钉(rivet)；6—橡胶密封衬垫(rubber gasket)；7—轮辋(rim)

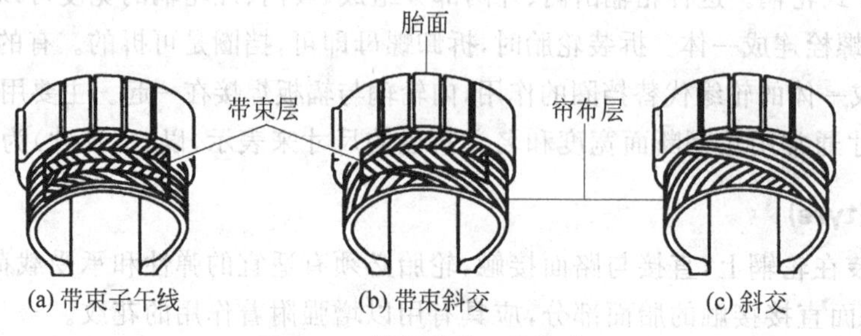

(a) 带束子午线　(b) 带束斜交　(c) 斜交

图 3-83　轮胎帘线三种方式

斜线轮胎的噪声小，外胎面柔软，低速行驶时乘坐舒适性好，且价格便宜，但其综合性能不如子午线轮好。

子午线轮胎的胎体是由一层钢丝帘线或几层纤维帘线组成。胎体帘线由一个胎圈到另外一个胎圈，几乎与轮胎横断面方向平行，从胎圈方向看，很像地球的子午线，国外称为辐射轮胎(radial tyre)，我国称为子午线轮胎。

由于子午线轮胎明显优越于普通斜交胎，因此在轿车上已普遍采用，在货车上也越来越多地采用了子午线轮胎，如东风 EQ1090E 型、EQ2080E 型、解放 CA1091 型、黄河 JN1182 型等载货汽车和越野汽车上的轮胎，均为子午线轮胎，斜线轮胎将基本上被淘汰。

轮胎的规格主要由以下几个部分组成。

- 轮胎名义断面宽度，单位为 mm，常见的有 185、195、205、215 等。
- 轮胎名义高宽比，也叫扁平率，常见的系列有 60、65、70、75、80。
- 轮胎结构标志，R 表示子午线，B 表示带束斜交，D 表示斜交。
- 轮辋名义直径，单位为 in，常用的有 13、14、15、16。
- 负荷指数，有 0、1、2、…、279，共 280 个。
- 速度符号，用大写英文字母表示，共 25 个。

3.2.4 悬架

微课视频——悬架

汽车的舒适性与车身的固有振动特性有关，而车身的固有振动特性又与悬架(suspension)的特性相关。所以，汽车悬架是保证乘坐舒适性的重要部件。同时，汽车悬架作为车架(或车身)与车轴(或车轮)之间连接的传力机件，又是保证汽车行驶安全的重要部件。

典型的悬挂系统结构主要包括弹性元件、导向机构、稳定杆以及减振器等部分。弹性元件又有钢板弹簧、空气弹簧、螺旋弹簧以及扭杆弹簧等形式，而现代轿车悬挂系统多采用螺旋弹簧和扭杆弹簧，某些高级轿车则使用空气弹簧。

1. 悬架的分类

汽车悬架可以按多种形式来划分，总体上主要分为非独立悬架和独立悬架两大类。

(1) 非独立悬架(non independent suspension)。非独立悬架的车轮装在一根整体车轴的两端，当一侧车轮跳动时，影响另一侧车轮也作相应的跳动，使整个车身振动或倾斜，汽车的平稳性和舒适性较差，但由于构造较简单，承载力大，广泛应用于货车和大客车上，仍有部分轿车的后悬架采用这种形式，如图 3-84 所示。

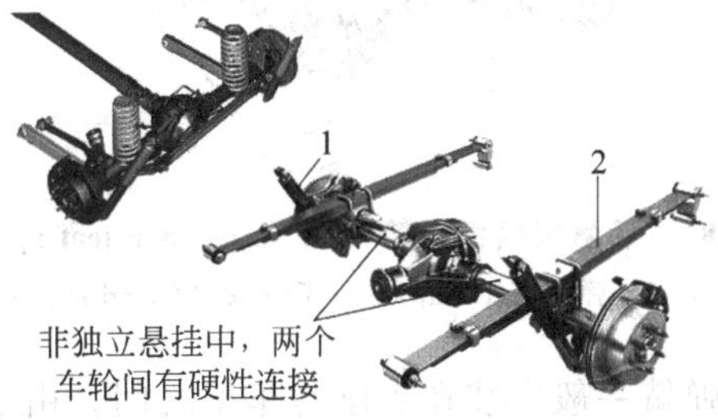

图 3-84 非独立悬架结构示意图(sketch of non independent suspension structure)

1—减振器(absorber)；2—钢板弹簧(plate spring)

(2) 独立悬架(independent suspension)。独立悬架可以简单理解为，左、右两个车轮间没有硬轴进行刚性连接，一侧车轮的悬架部件全部都只与车身相连。独立悬架底盘扎实感非常明显。由于采用独立悬架汽车的两侧车轮彼此独立地与车身相连，因此从使用过程来看，当一侧车轮受到冲击、振动后可通过弹性元件自身吸收冲击力，这种冲击力不会波及另一侧车轮，使得厂家可在车型的设计之初通过适当地调校使汽车在乘坐舒适性、稳定性、操纵稳定性三方面取得合理的配置。选用独立悬架汽车一般来说其操控性和舒适性均要明显好于选用非独立悬架的汽车，其结构如图 3-85 所示。

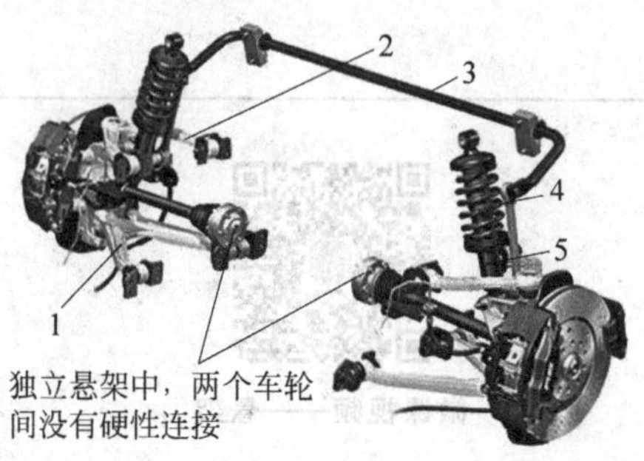

图 3-85　独立悬架结构示意图(structural sketch of independent suspension)

1—下摆臂(bottom arm)；2—上摆臂(upper arm)；3—稳定杆(stabilizer bar)；4—螺旋弹簧(coil spring)；5—减振器(absorber)

2. 悬架的弹性元件

悬架的弹性元件作用是承受和传递垂直载荷，缓和并抑制不平路面所引起的冲击。汽车上一般使用的弹性元件有钢板弹簧、螺旋弹簧、扭杆弹簧、空气弹簧和橡胶弹簧。

(1) 钢板弹簧。钢板弹簧又称叶片弹簧，它是由若干不等长的合金弹簧片叠加在一起组合成一根近似等强度的梁，如图 3-86 所示。钢板弹簧 3 的第一片(最长的一片)称为主片，其两端弯成卷耳 1，内装青铜、塑料或橡胶。

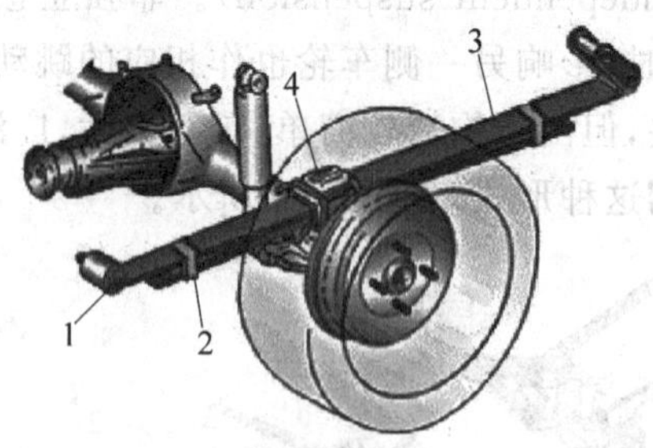

图 3-86　后悬架钢板弹簧(rear suspension leaf spring)

1—卷耳(supporting shaft hole)；2—弹簧夹(clamp)；3—钢板弹簧(band spring)；4—中心螺栓(center bolt)

(2) 螺旋弹簧。螺旋弹簧一般安装在支座与车架之间。由于螺旋弹簧只承受垂直载荷，它用作弹性元件的悬架要加设导向机构和减振器。它与钢板弹簧相比具有不需润滑、防污性强、占用纵向空间小、弹簧本身质量小的特点，因而现代轿车上广泛采用，如图 3-87 所示。螺旋弹簧广泛地应用于独立悬架，特别是前轮独立悬架中。然而在有些轿车的后

轮非独立悬架中,其弹性元件也采用螺旋弹簧。弹簧本身质量小。螺旋弹簧本身没有减振作用,因此在螺旋弹簧悬架中必须另装减振器。此外,螺旋弹簧只能承受垂直载荷,故必须装设导向机构以传递垂直力以外的各种力和力矩。

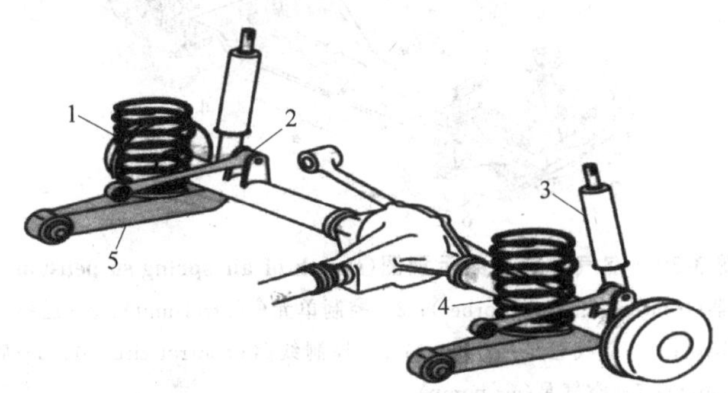

图 3-87 后悬架也可用螺旋弹簧而不用钢板弹簧(helical springs in rear suspension)

1、4—后螺旋弹簧(rear coil spring); 2—推力杆(traction bar); 3—减振器(absorber); 5—下纵臂(lower trailing arm)

(3) 扭杆弹簧。当汽车驶上路面凸起时,扭杆弹簧将会发生扭曲,扭曲阻力产生的效果与螺旋弹簧产生的效果相似,在车辆的每一侧都装有扭杆弹簧。当路面颠簸使下控制臂运动时,扭杆弹簧扭曲,从而减少了车身的振动,如图 3-88 所示。

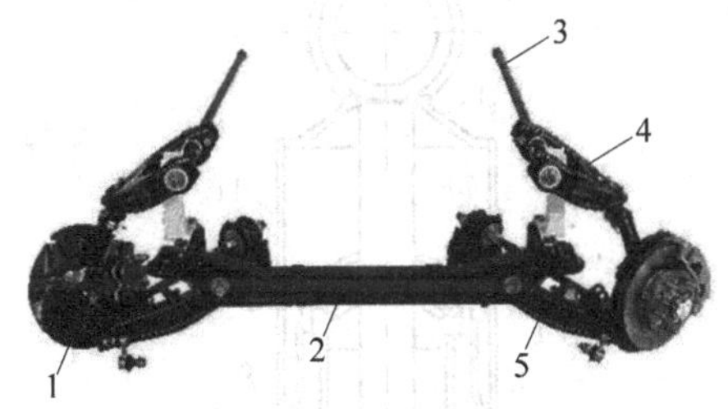

图 3-88 扭杆弹簧悬架示意图(sketch of torsion bar spring suspension)

1—转向节(knuckle); 2—副车架(subframe); 3—扭杆弹簧(torsion bar spring); 4—上摆臂(upper arm); 5—下摆臂(bottom arm)

(4) 空气弹簧(air spring)。汽车在行驶时由于载荷和路面的变化,要求悬架刚度随着变化。当空车时车身被抬高,满载时车身则被压得很低,会出现撞击缓冲块的情况,因此要求车身高度随使用要求可以调节。带空气弹簧的悬架即可满足这种要求,如图 3-89 所示。

现代部分车辆的空气弹簧里面含有液压油,所以又叫油气弹簧,主要用于一些商用车上面。

(5) 橡胶弹簧。橡胶弹簧由橡胶制成。为增加弹簧行程,常将它做成中空状。橡胶弹簧具有隔音、工作无噪声、不要润滑和变刚度等优点。但有易老化、怕油污和行程小,以及只能承受压缩和扭转载荷等缺点。橡胶弹簧主要用于做副簧和缓冲块。

3. 减振器(absorber)

(1) 减振器的功用。减振器是控制车身上、下运动和摆动的液压装置,它的工作形式

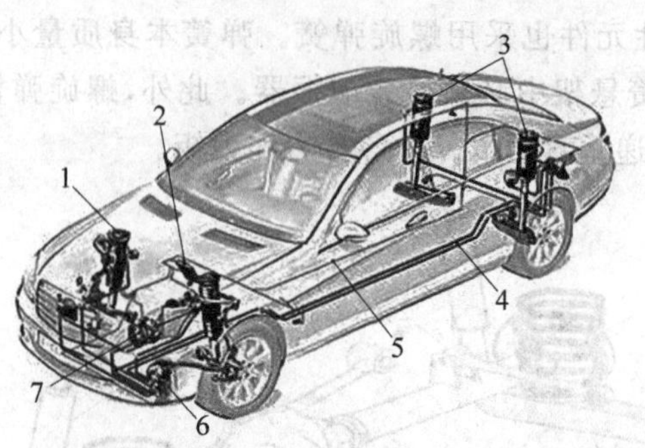

图 3-89　空气弹簧悬架示意图(sketch of air spring suspension)

1—前空气减振器(front air shock absorber)；2—控制单元(control unit)；3—后空气减振器(rear air shock absorber)；4—空气管路(air line)；5—控制线路(control circuit)；6—底盘控制单元(chassis control unit)；7—空气泵(air pump)

就是利用本身的油液流动的阻力来消耗振动的能量。

(2) 减振器的结构。减振器的种类很多,但其结构组成几乎相同,如图 3-90 所示,其主要组成零件包括活塞杆、工作缸筒、活塞、伸张阀、储油缸筒、压缩阀、补偿阀、流通阀、导向座、防尘罩、油封。

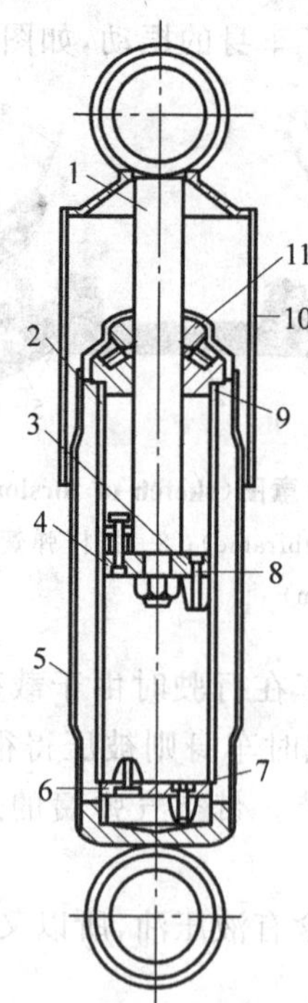

图 3-90　双向作用筒式减振器示意图(schematic diagram of a bidirectional acting cylinder shock absorber)

1—活塞杆(piston rod)；2—工作缸筒(working cylinder)；3—活塞(piston)；4—伸张阀(rebound valve)；5—储油缸筒(oil torage cylinder)；6—压缩阀(compression valve)；7—补偿阀(compensator valve)；8—流通阀(circulation valve)；9—导向座(guide holder)；10—防尘罩(boot)；11—油封(seal)

4. 稳定杆

稳定杆也叫平衡杆，主要是防止车身侧倾，保持车身平衡。稳定杆的两端分别固定在左右悬架上，当汽车转弯时，外侧悬架会压向稳定杆，稳定杆发生弯曲，由于变形产生的弹力可防止车轮抬起，从而减小车身侧倾程度，使车身尽量保持平衡，如图 3-91 所示。

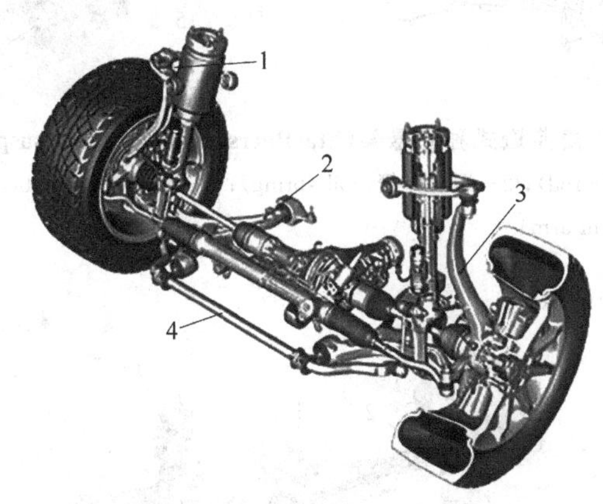

图 3-91　汽车悬架稳定杆结构示意图(schematic diagram of stabilizer bar of automobile suspension)

1—上摆臂(upper arm)；2—下摆臂(bottom arm)；3—转向节(knuckle)；4—稳定杆(stabilizer bar)

5. 常见的悬架介绍

悬架的构件虽然简单，但参数的确定却相当复杂，厂家不但要考虑汽车的舒适性操控的稳定性，还要考虑到成本问题。基于这三个问题，不同厂家有不同的倾向性策略，也就产生了现在比较常见的五种悬架：麦弗逊式独立悬架、双叉臂式独立悬架、斜置单臂式独立悬架、多连杆式独立悬架和拖曳臂式悬架。

(1) 麦弗逊式独立悬架(MacPherson independent suspension)。这种悬架目前在轿车中采用很多。滑柱摆臂式悬架将减振器作为引导车轮跳动的滑柱，螺旋弹簧与其装于一体。这种悬架将双横臂上臂去掉并以橡胶做支承，允许滑柱上端作少许角位移。车轮上、下运动时，主销轴线的角度会有变化，这是因为减振器下端支点随横摆臂摆动，如图 3-92 所示。麦弗逊式悬架系统多应用在中小型轿车的前悬架系统上，几乎所有 A0 级轿车、大部分 A 级轿车和部分 B 级轿车的前悬架系统均为麦弗逊式独立悬架系统。虽然麦弗逊式悬架系统并不是技术含量最高的悬架系统结构，但它仍是一种经久耐用的独立悬架系统，具有很强的道路适应能力。

(2) 双叉臂式独立悬架(double wishbone independent suspension)。图 3-93 所示为双叉臂式独立悬架。上、下两摆臂不等长，选择长度比例合适，可使车轮和主销的角度及轮距变化不大。这种独立悬架被广泛应用在轿车前轮上。这种悬架的结构比麦弗逊要的结构要复杂得多，所以成本也要高很多，市场表现上基本在 20 万元甚至是 30 万元以下的车上是看不到的，代表车型比如宝马 5 系、7 系的前悬架，奔驰 S 级的前、后悬架等。由于双叉臂式悬架运动性出色，在法拉利 F12、玛莎拉蒂和兰博基尼等超级跑车也有所运用。

(3) 斜置单臂式独立悬架(inclined arm type independent suspension)。这种悬架是单横臂和单纵臂独立悬架的折中方案。其摆臂绕汽车纵轴线具有一定交角的轴线摆动，

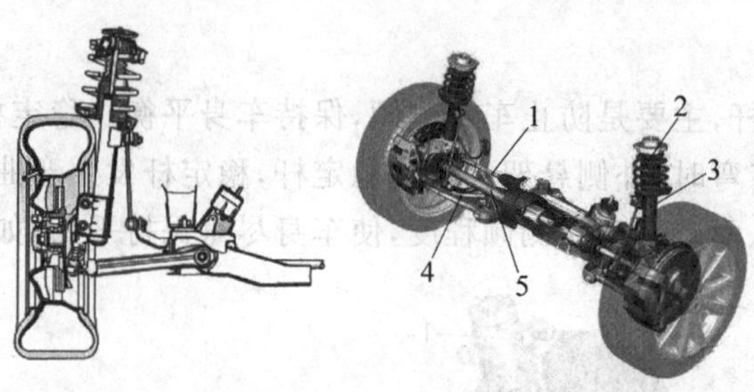

图 3-92　麦弗逊式独立悬架(MacPherson independent suspension)

1—转向横拉杆(steering tie rod)；2—螺旋弹簧(coil spring)；3—减振器(absorber)；4—驱动半轴(steering tie rod)；5—下摆臂(bottom arm)

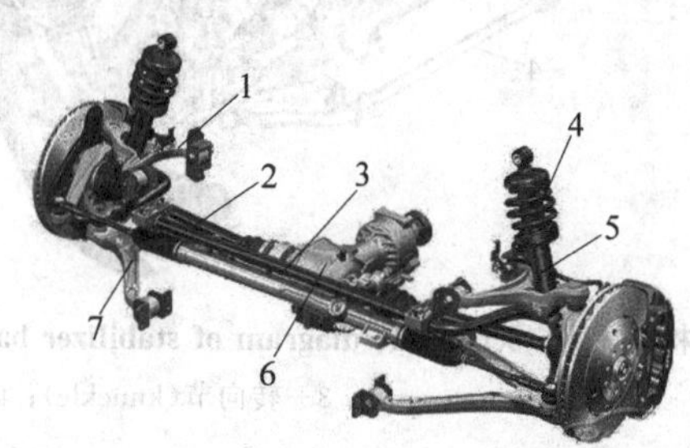

图 3-93　双叉臂式独立悬架(double wishbone independent suspension)

1—上摆臂(upper swing arm)；2—半轴(half axis)；3—稳定杆(stabilizer bar)；4—螺旋弹簧(coil spring)；5—减振器(absorber)；6—主减速器(main reducer)；7—下摆臂(bottom arm)

选择合适的交角可以满足汽车操纵稳定性要求。这种悬架适于做后悬架，如图 3-94 所示。

(4) 多连杆式独立悬架(multi bar independent suspension)。独立悬架中多采用螺旋弹簧，因而对于侧向力，垂直力以及纵向力需加设导向装置即采用杆件来承受和传递这些力。多杆式独立悬架具有良好的操纵稳定性，可减小轮胎磨损。因此一些轿车上为减轻车重和简化结构采用多杆式独立悬架，如图 3-95 所示。多连杆独立悬架可分为多连杆前悬架和多连杆后悬架。其中前悬架一般为 3 连杆式或 4 连杆式独立悬架；后悬架则一般为 4 连杆式或 5 连杆式后悬架，其中 5 连杆式后悬架应用较为广泛。多连杆独立悬架结构相对复杂，材料成本、研发实验成本以及制造成本远高于其他类型的悬架，而且其占用空间大，中小型车出于成本和空间考虑，极少使用这种悬架。但多连杆悬架舒适性能是所有悬架中最好的，操控性能也和双叉臂式悬架难分伯仲，高档轿车由于空间充裕，且注重舒适性能和操控稳定性，所以大多使用多连杆悬架，可以说多连杆悬架是高档轿车的绝佳搭档。

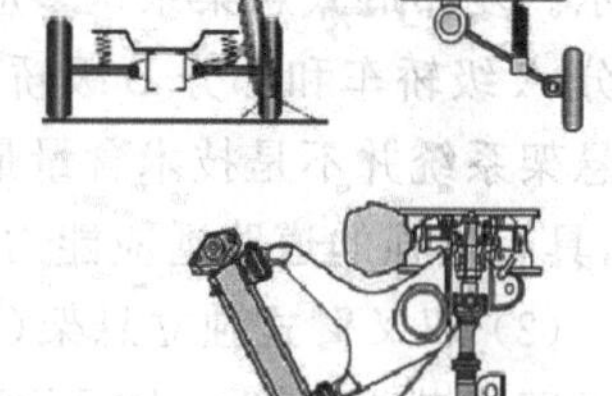

图 3-94　斜置单臂式独立悬架

国内前后悬架均采用多连杆的车型有：北京奔驰 E 级轿车、华晨宝马的 3 系及 5 系轿车、一汽大众奥迪 A4 及 A6L；采用多连杆前悬架的车型有上海大众的帕萨特领驭；采用多连杆后悬架的有长安福特福克斯、一汽大众速腾、广州本田雅阁、上海通用君越、一汽丰田皇冠及锐志、一汽马自达 6 等。

(5) 拖曳臂式悬架(drag arm suspension)。拖曳臂式悬架我们姑且称为半独立悬架，从悬架结构来看属于不折不扣的非独立悬架，因为左、右纵向摇臂被一根粗大的扭转梁焊接在一起，但是从悬架性能来看，这种悬架实现的是具有更高稳定性的全拖式独立悬架的性能，如图 3-96 所示。

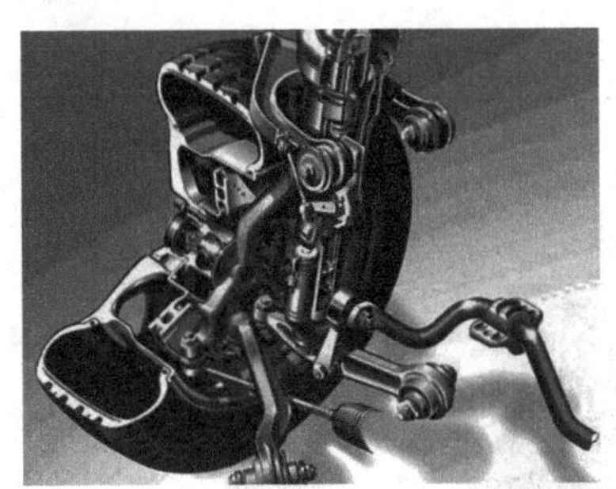

图 3-95　多杆式独立悬架

图 3-96　拖曳臂式悬架示意图(drag arm suspension)

1—减振器(absorber)；2—扭力梁(torsion beam)；
3—螺旋弹簧(coil spring)

拖曳臂式悬架本身具有非独立悬架存在的缺点，但同时也兼有独立悬架的优点，拖曳臂式悬架的最大优点是左、右两轮的空间较大，而且车身的外倾角没有变化，减振器不发生弯曲应力，所以摩擦小。拖曳臂式悬架的舒适性和操控性均有限，当其刹车时除了车头较重会往下沉外，拖曳臂式悬架的后轮也会往下沉以平衡车身，无法提供精准的几何控制。不同厂家对这种悬架的称谓不同：如纵臂扭转梁独立悬架、纵臂扭转梁非独立悬架、H 型纵向摆臂悬架等。归根结底它们都是同一种悬架结构——拖曳臂式悬架，只是调教稍有不同。几乎所有的 A0 级轿车、部分 A 级轿车的后悬架都采用这种形式。

3.3　识别汽车转向系统

微课视频——识别汽车转向系统

汽车在行驶时，转向轮往往受到路面侧向干扰力的作用自动偏转而改变行驶方向。因此，驾驶员需要通过一套机构随时改变或恢复汽车行驶方向，该套专设机构即为汽车的转向系统。汽车的转向系统按转向能源的不同分为机械转向系统和助力转向系统两大类。助力转向按动力的来源可分为液压助力和电动助力两种。

◎ 客户委托3-3

有一辆某品牌汽车，该车总行驶里程数近 20 万公里，某天车主在行驶过程中发现该车出现方向盘自由行程过大，需用较大的幅度转动方向盘，才能控制汽车的行驶方向。经沟通及检查，发现该车辆的转向系统常年未进行保养，其转向系统（图 3-97）的传动部件存在磨损和松动现象，需要检修调整。

图 3-97　汽车转向系统示意

◎ 学习目标

识别汽车转向系统。

◎ 知识点与技能点清单

学 习 目 标	知　识　点	技　能　点
识别汽车转向系统	(1) 机械转向系统； (2) 液压助力转向系统； (3) 电子液压转向系统； (4) 电动助力转向系统	(1) 能够在实车上指出转向系统任意部件的名称； (2) 能够正确指出转向系统中任意元件的安装位置； (3) 能够根据零部件的形状说出该元件的所属系统以及名称

◎ 学习指南

(1) 明确学习目标和知识与技能点清单。

(2) 在课前完成学习任务中的知识类内容。在完成知识类学习任务时，可以参考本单元提供的学习信息，利用网络、厂家提供的维修手册和各类教学资源库等学习资源，也可以在课前或上课时向任课教师寻求帮助。任课教师可在正式上课时展示或共享大家对于知识类学习任务的完成情况，实现学习交流。

(3) 学习任务中的实操类内容，可以在正式上课前自行完成，也可以由任课教师在课堂上安排完成。

(4) 完成学习任务后，自行根据本书的鉴定表进行自查，并根据自己的不足进行知识与技能的补充学习。

(5) 任课教师按照鉴定表进行知识与技能鉴定。请注意，鉴定包括过程鉴定与终结

性鉴定。学生平时的学习过程也将作为鉴定的依据,例如学习态度、学习过程中的技能展示、职场安全意识等。

◎学习任务

(1) 请指出图 3-98 所示机械转向系统的组成部件名称序号。

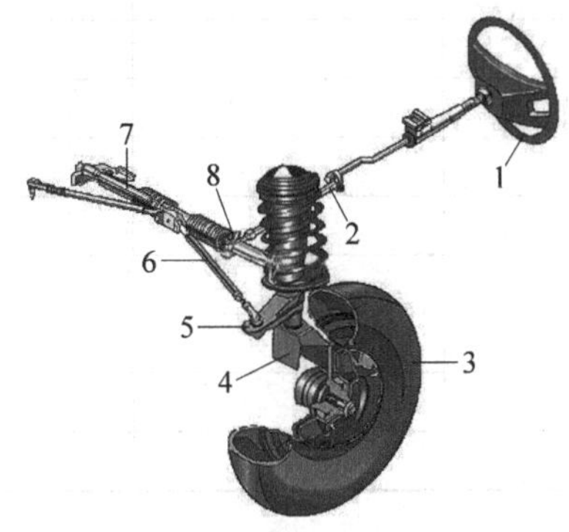

图 3-98 机械转向系统组成

( )转向减振器(steering damper);( )安全转向轴(safety steering shaft);( )转向节臂(steering knuckle arm);( )转向轮(steering wheel);( )转向横拉杆(steering tie rod);( )转向盘(steering wheel);( )机械转向器(manual steering gear);( )转向节(steering knuckle)。

(2) 将机械转向系统的类别与对应的概念相连接。

类别	概念
蜗杆曲柄指销式转向器 (worm crank pin type steering gear)	与独立悬架配用的转向器多采用齿轮齿条式转向器,分为两端输出式和中间(或单端)输出式两种
齿轮齿条式转向器 (rack and pinion steering gear)	与非独立悬架配用的转向器多采用循环球式转向器,由两套传动副组成,一套是螺杆螺母传动副,另一套是齿条齿扇传动副或滑块曲柄销传动副
循环球式转向器 (recirculating ball steering gear)	以转向蜗杆为主动件,以装在摇臂轴曲柄端部的指销为从动件。转向蜗杆转动时,与之啮合的指销即绕转向摇臂轴轴线做圆弧运动,并带动转向摇臂轴转动

(3) 到汽车实训场所，确认车辆机械转向系统部件及作用，完成表 3-14。

表 3-14 实训车辆机械转向系统部件及作用

车型： 底盘号码： 转向系类型：

序　　号	部件名称	安装位置	类　　型	主要作用

(4) 请指出图 3-99 所示机械液压助力转向系统的组成部件名称序号。

(　　)转向横拉杆(steering tie rod)；(　　)转向盘(steering wheel)；(　　)转向油罐(steering oil tank)；(　　)整体式转向器(integral steering gear)；(　　)转向减振器(steering damper)；(　　)转向轴(steering shaft)；(　　)转向摇臂(steering arm)；(　　)转向中间轴(steering axle)；(　　)转向油管(to the tubing)；(　　)转向直拉杆(steering drag link)；(　　)转向油泵(steering pump)；(　　)转向节臂(steering knuckle arm)。

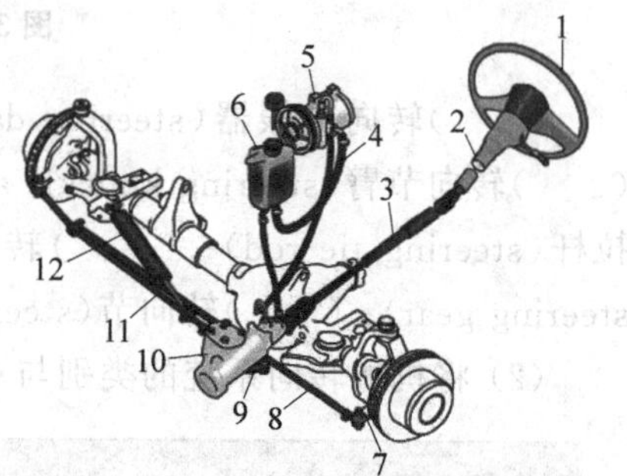

图 3-99 机械液压助力转向系统

(5) 到汽车实训场所确认车辆机械液压助力转向系统部件及作用，完成表 3-15。

表 3-15 实训车辆机械助力转向系统部件及作用

车型： 底盘号码： 转向系统类型：

序　　号	部件名称	安装位置	类　　型	主要作用

(6) 判断：汽车的转向系统按转向能源的不同分为机械转向系统和助力转向系统两大类。(　　)

(7) 请指出图 3-100 所示电子液压随速可变助力转向的组成部件名称序号。

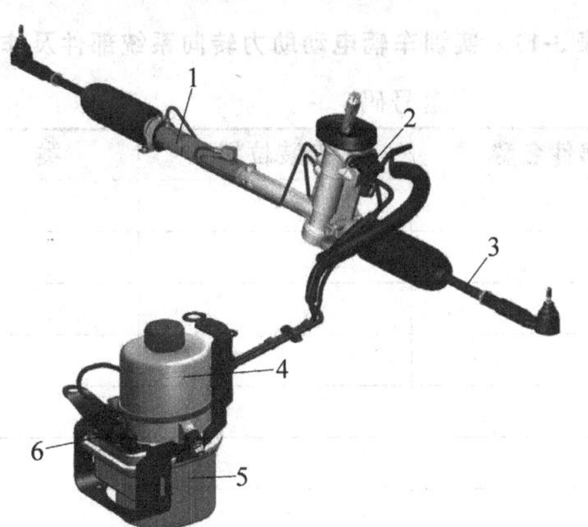

图 3-100　电子液压随速可变助力转向

(　　)储油罐(storage tanks)；(　　)转向传动装置(steering gear)；(　　)助力转向控制单元(power steering control unit)；(　　)助力转向传感器(power steering sensor)；(　　)转向拉杆(steering track rod)；(　　)电动泵(electric pump)。

(8) 到汽车实训场所确认车辆电子液压助力转向系统部件及作用,完成表 3-16。

表 3-16　实训车辆电子液压助力转向系统部件及作用

车型：　　　　　　　　　　底盘号码：　　　　　　　　　　转向系类型：

序　　号	部件名称	安装位置	类　　型	主要作用

(9) 请指出图 3-101 所示电动助力转向系统的组成部件名称序号。

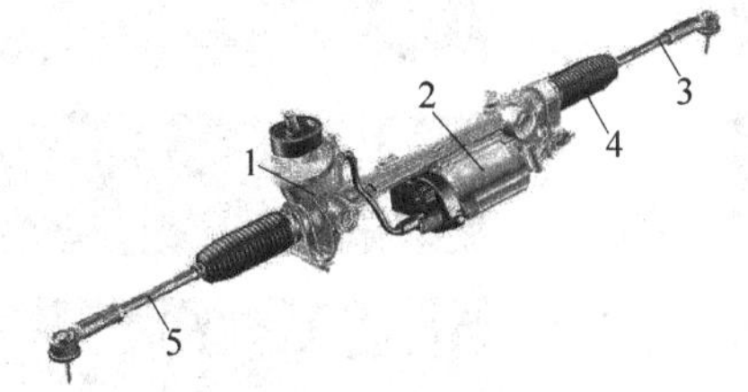

图 3-101　电动助力转向系统组成

(　　)转向助力电动机(steering power motor)；(　　)护罩(shield)；(　　)转向拉杆(steering track rod)；(　　)转向机(steering box)。

（10）到汽车实训场所确认车辆电动助力转向系统部件及作用，完成表 3-17。

表 3-17　实训车辆电动助力转向系统部件及作用

车型：　　　　　　　　　　　　底盘号码：　　　　　　　　　　　　转向系统类型：

序　　号	部件名称	安装位置	类　　型	主要作用

（11）请指出图 3-102 所示四轮转向系统的组成部件名称序号。

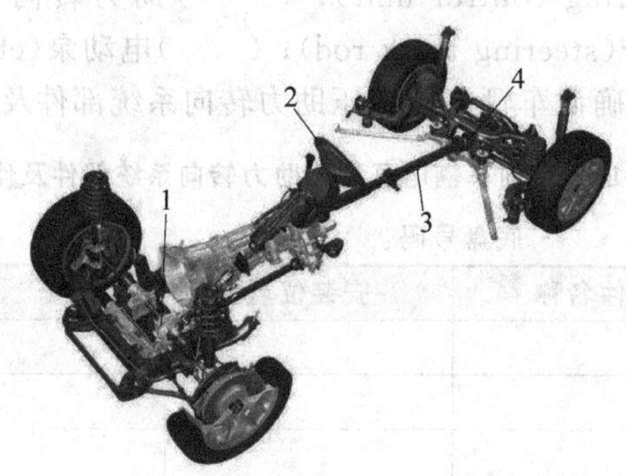

图 3-102　四轮转向系统组成

（　　）后轮转向器（rear wheel steering gear）；（　　）转向盘（steering wheel）；（　　）后轮转向取力齿轮箱（rear wheel steering drive gear box）；（　　）后轮转向传动轴（rear wheel steering drive shaft）。

（12）正确连线四轮转向系统的分类及其构成。

机械式四轮转向系统	主要由转向盘、转向油泵、前动力转向器、后轮转向传动轴、车速传感器、电子控制单元、后轮转向系统组成
液压式四轮转向系统	四轮转向控制单元(ECU)利用转向盘转向速度、车辆行驶速度和前轮转向角的信号来计算并控制后轮转向角
电子控制液压式四轮转向系统	主要由前轮动力转向器、前轮转向油泵、控制阀及后轮转向动力缸、后轮转向油泵等组成
电子控制四轮转向系统	主要由转向盘、前轮转向器、后轮取力齿轮箱、后轮转向传动轴、后轮转向器等组成

(13) 到汽车实训场所确认车辆四轮转向系统部件及作用，完成表3-18。

表3-18 实训车辆四轮转向系统部件及作用

车型：　　　　底盘号码：　　　　转向系统类型：

序　号	部件名称	安装位置	类　型	主要作用

鉴定

任课教师可以通过平时教学过程中学生的学习态度、参与教学活动的积极性、职场安全意识及终结性鉴定结果等确定其最后的鉴定结果，每个学生最多可以鉴定三次，鉴定教师需将鉴定结果填在表3-19中。

表3-19 3.3节鉴定表

学习目标	鉴定1	鉴定2	鉴定3	鉴定结论	鉴定教师签字
识别汽车转向系统				□通过 □不通过	

3.3.1 机械转向系统

机械转向系统以人的体力作为转向动力，其中所有传力件都是机械机构，它由转向操纵机构、转向传动机构和转向器三大部分组成，如图3-103所示。

转向操纵机构由方向盘、转向轴、转向管柱等组成，它的作用是将驾驶员转动转向盘的操纵力传给转向器。

转向传动机构的功用是将转向器输出的力和运动传到转向桥两侧的转向节，使两侧转向轮偏转，且使二转向轮偏转角度按一定关系变化，以保证汽车转向时车轮与地面的相对滑动尽可能小。

转向器是一个减速增矩机构，功能是将驾驶员加在转向盘上的力矩放大，并降低速度，然后传给转向传动机构。目前较常用的转向器有循环球式转向器、齿轮齿条式转向器和蜗杆曲柄指销式转向器。

1. 循环球式转向器(recirculating ball steering gear)

与非独立悬架配用的转向器多采用循环球式转向器，由两套传动副组成，一套是螺杆

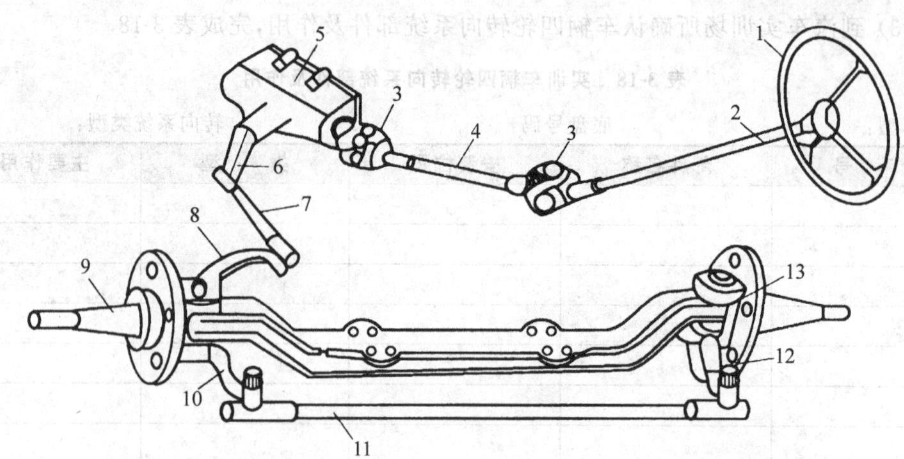

图 3-103　机械转向系统示意图(sketch map of mechanical steering system)

1—转向盘(steering wheel)；2—转向轴(steering shaft)；3—转向万向节(steering universal joint)；4—转向传动轴(steering drive axle)；5—转向器(steering device)；6—转向摇臂(pitman arm)；7—转向直拉杆(steering drag link)；8—转向节臂(knuckle arm)；9—左转向节(left steering knuckle)；10、12—梯形臂(track rod lever)；11—转向横拉杆(steering tie-rod)；13—右转向节(right steering knuckle)

螺母传动副,另一套是齿条齿扇传动副或滑块曲柄销传动副,如图 3-104 所示。循环球式转向器效率高,操纵轻便,使用寿命长。但逆效率也高,容易将路面冲击力传到转向盘上。

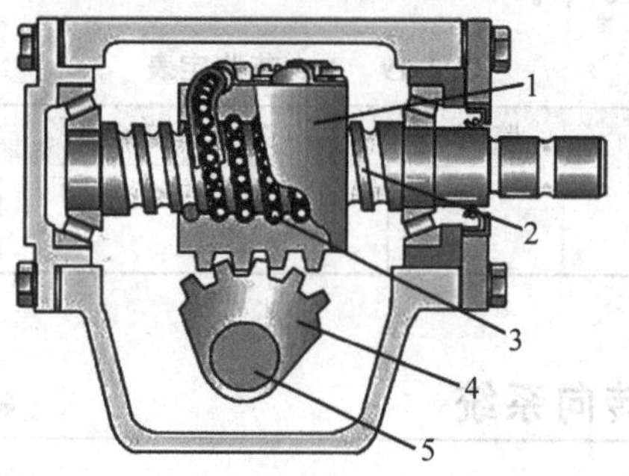

图 3-104　循环球式转向器结构示意图(schematic diagram of the structure of recirculating ball type steering gear)

1—转向螺母(steering nut)；2—转向螺杆(steering screw rod)；3—钢球(steel ball)；4—扇齿(gear quadrant)；5—摇臂轴(rockshaft)

2. 齿轮齿条式转向器(rack and pinion steering gear)

与独立悬架配用的转向器多采用齿轮齿条式转向器,如图 3-105 所示。齿轮齿条式转向器分为两端输出式和中间(或单端)输出式两种。齿轮齿条式转向器具有结构简单、轻巧,传力杆件少,维修方便,操纵灵敏等优点。

3. 蜗杆曲柄指销式转向器(worm crank pin type steering gear)

蜗杆曲柄指销式转向器使用了双指销,加大了摇臂轴转角范围,提高了转向系统传动效率,如图 3-106 所示。汽车转向时,通过转向盘和转向轴使蜗杆转动,嵌于螺杆螺旋槽的锥形

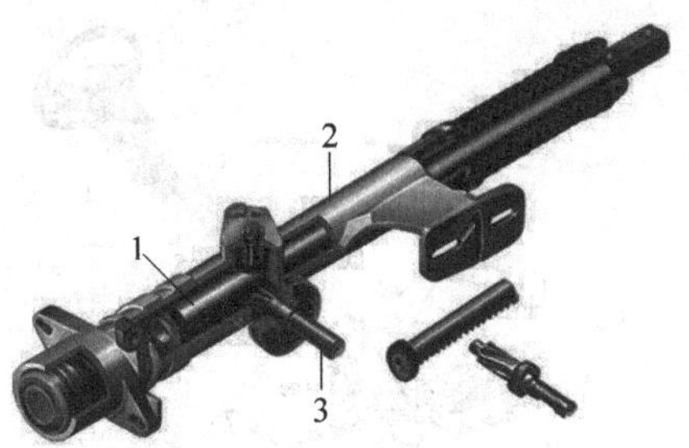

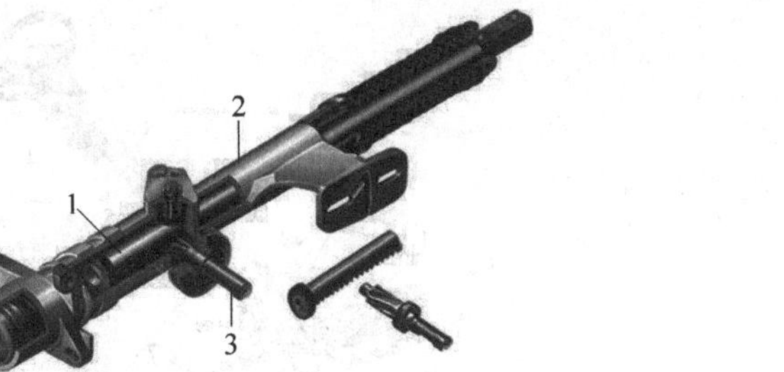

图 3-105 齿轮齿条式转向器结构示意图(schematic diagram of rack and pinion steering gear)

1—转向齿条(steering rack); 2—转向器壳体(steering gear case); 3—转向齿轮(steering gear)

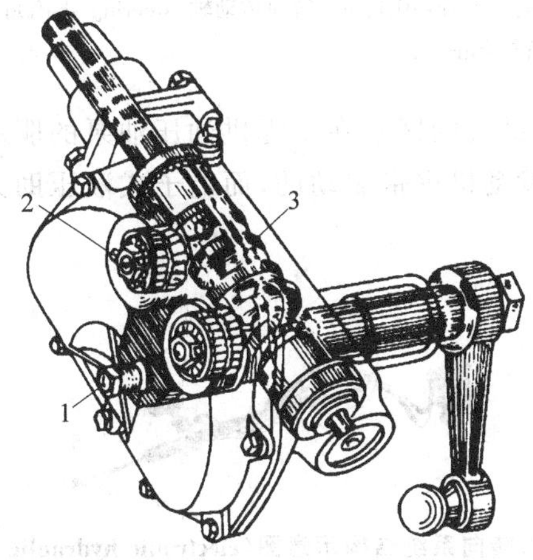

图 3-106 蜗杆曲柄指销式转向器(worm crank pin type steering gear)

1—摇臂轴(pitman arm shaft); 2—销(crank pin); 3—蜗杆(worm)

指销一边自转,一边绕转向摇臂轴摆动,并通过转向传动机构使汽车转向轮偏转,实现汽车转向。

3.3.2 机械液压助力转向系统

机械液压助力系统(hydraulic power steering system)主要包括齿轮齿条转向结构和液压系统(液压助力泵、液压缸、活塞等)两部分。工作原理是通过液压泵(由发动机皮带带动)提供油压推动活塞,进而产生辅助力推动转向拉杆,辅助车轮转向,如图 3-107 所示。

机械液压助力转向系统的优点很明显,方向盘与转向轮之间全部是机械部件连接,操控精准,路感直接,信息反馈丰富;液压泵由发动机驱动,转向动力充沛,大小车辆都适用;技术成熟,可靠性高,平均制造成本低。不过,由于依靠发动机动力来驱动油泵,能耗比较高;液压系统的管路结构非常复杂,后期的保养维护需要成本;整套油路经常保持高压状态,使用寿命也会受到影响。

3.3.3 电子液压助力转向系统

电子液压助力转向系统(electronic hydraulic power steering system)的结构原理与

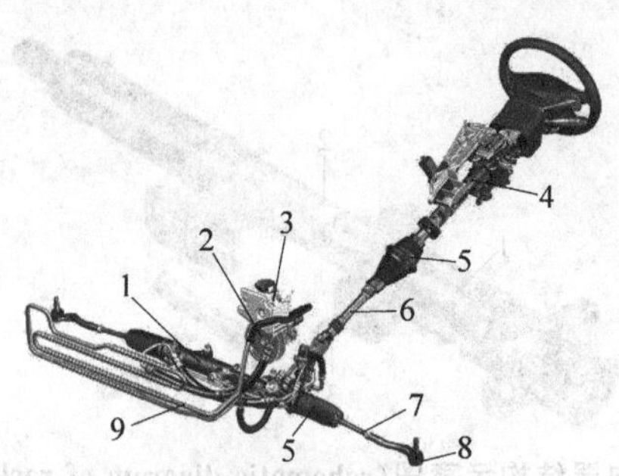

图 3-107 机械液压助力转向系统结构示意图(mechanical hydraulic power steering system)

1—动力缸(power cylinder);2—转向助力泵(power steering pump);3—储油罐(storage tank);4—转向柱(steering column);5—护套(sheath);6—转向传动轴(steering shaft);7—横拉杆(tie rod);8—球头(ball head);9—回油管(return pipe)

机械式液压助力大体相同,最大的区别在于提供油压油泵的驱动方式不同。机械式液压助力的液压泵直接是通过发动机皮带驱动的,而电子式液压助力采用的是由电力驱动的电子泵,如图 3-108 所示。

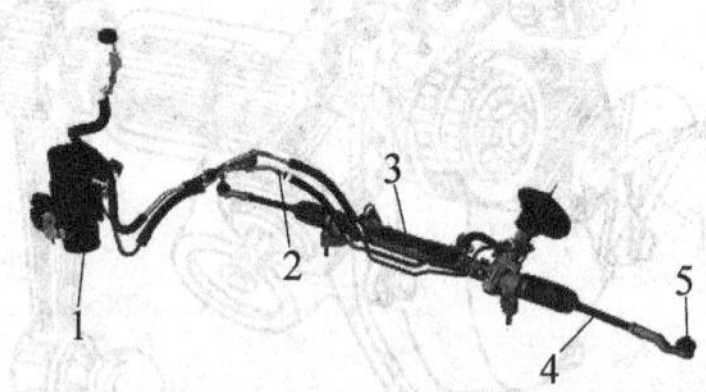

图 3-108 电子液压助力转向系统结构示意图(electronic hydraulic power steering system)

1—电子助力泵(electronic booster pump);2—油管(tubing);3—转向器总成(steering gear assembly);4—横拉杆(tie rod);5—球头(ball head)

电子液压助力的电子泵不用消耗发动机本身的动力,而且电子泵是由电子系统控制的,不需要转向时,电子泵关闭,进一步减少能耗。电子液压助力转向系统的电子控制单元利用对车速传感器、转向角度传感器等传感器的信息处理,可以通过改变电子泵的流量来改变转向助力的力度大小。

电子液压助力拥有机械液压助力的大部分优点,同时还降低了能耗,反应也更加灵敏,转向助力大小也能根据转向角度、车速等参数自行调节,更加人性化。不过引入了很多电子控制单元,其制造、维修成本也会相应地增加,使用稳定性也不如机械液压式的牢靠,随着技术的不断成熟,这些缺点正在被逐渐克服,电子液压助力转向系统已经成为很多家用车型的选择。

3.3.4 电动助力转向系统

电动助力转向系统(electronic power steering system)主要由传感器、控制单元和助力电机构成,没有了液压助力系统的液压泵、液压管路、转向柱阀体等结构,结构非常简单,如图 3-109 所示。

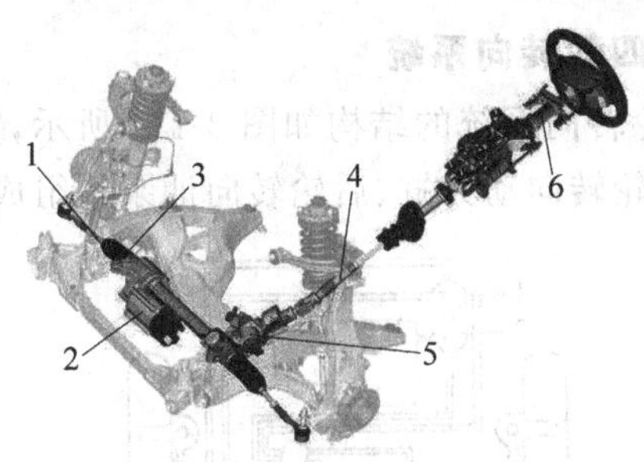

图 3-109 电动助力转向系统结构示意图(structure of electric power steering system)

1—横拉杆(tie rod);2—助力电动机(power assisted motor);3—护套(sheath);4—转向传动轴(steering shaft);5—转向器(steering gear);6—转向柱(steering column)

电动助力转向系统的主要工作原理是,在方向盘转动时,位于转向柱位置的转矩传感器将转动信号传到控制器,控制器通过运算修正提供给电动机适当的电压,驱动电动机转动。而电动机输出的扭矩经减速机构放大后推动转向柱或转向拉杆,从而提供转向助力。电动助力转向系统可以根据速度改变助力的大小,能够让方向盘在低速时更轻盈,而在高速时更稳定。

因此,电动助力转向系统既节能环保,又具有调整简单、装配灵活、效率更高以及在多种状况下都能提供转向助力的特点。

3.3.5 四轮转向系统

四轮转向系统(4WS)是指后轮也和前轮相似,具有一定的转向功能,不仅可以与前轮同方向转向,也可以与前轮反方向转向。

1. 机械式四轮转向系统

机械式四轮转向系统主要由转向盘、前轮转向器、后轮取力齿轮箱、后轮转向传动轴、后轮转向器等组成,如图3-110所示。后轮转向也是绕转向节主销偏转的,其结构与前轮相似。

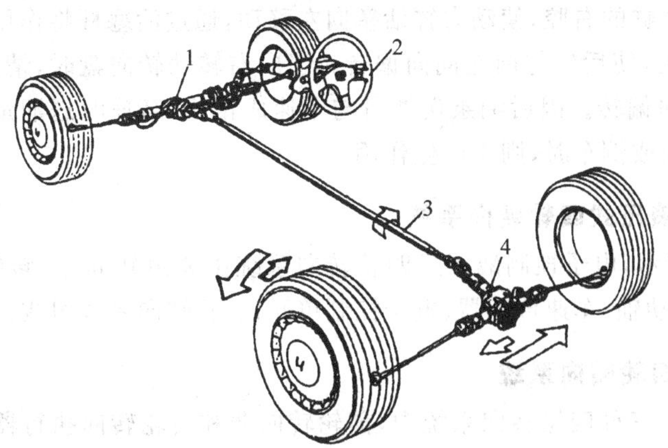

图 3-110 机械式四轮转向系统

1—后轮转向取力齿轮箱(rear wheel steering drive gear box);2—转向盘(steering wheel);3—后轮转向传动轴(rear wheel steering drive shaft);4—后轮转向器(rear wheel steering gear)

2. 液压式车速感应型四轮转向系统

液压式车速感应型四轮转向系统的结构如图 3-111 所示，它主要由前轮动力转向器、前轮转向油泵、控制阀及后轮转向动力缸、后轮转向油泵等组成。

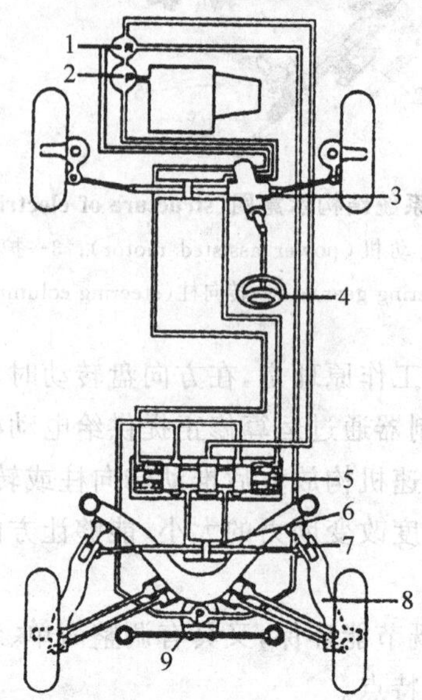

图 3-111　液压式车速感应型四轮转向系统示意图

1—储油罐(storage tank)；2—转向油泵(steering pump)；3—前轮动力转向器(front wheel power steering gear)；4—转向盘(steering wheel)；5—后轮转向控制阀(rear wheel steering control valve)；6—后轮转向动力缸(rear wheel steering cylinder)；7—铰接头(hinged joint)；8—从动臂(slave arm)；9—后轮转向专用油泵(rear wheel steering special oil pump)

当向左转动转向盘时，如图 3-112 所示，前轮动力缸及控制阀侧压力腔压力升高。控制柱塞向右移动，柱塞的移动量受前轮动力缸左、右腔压力差控制，以及受转向盘操纵力大小的控制，转向盘操纵力越大，同时后轮转向动力缸输出的油液经过控制阀的相应通道进入后轮转向动力缸的右腔，使动力缸活塞向左移动，通过活塞杆将作用力作用于后轮悬架的中间球铰接头，使后轮与前轮同向偏转。当向右转动转向盘时，情况则与上述相反，后轮与前轮仍同向偏转。因后油泵送油量与车速成正比，高速时送油量大，反应快，后轮转角也大。在低速或倒车时，则不产生作用。

3. 电子控制液压式四轮转向系统

如图 3-113 所示，电子控制液压式四轮转向系统主要由转向盘、转向油泵、前动力转向器、后轮转向传动轴、车速传感器、电子控制单元、后轮转向系统组成。

4. 电子控制四轮转向系统

在前面介绍的三种四轮转向系统中，前轮转向器和后轮转向执行器之间必然有着机械或液压的联系，这就必然出现机械磨损或液压泄漏问题。随着电子技术的发展，一种更先进的四轮转向系统出现了，那就是电子控制四轮转向系统。

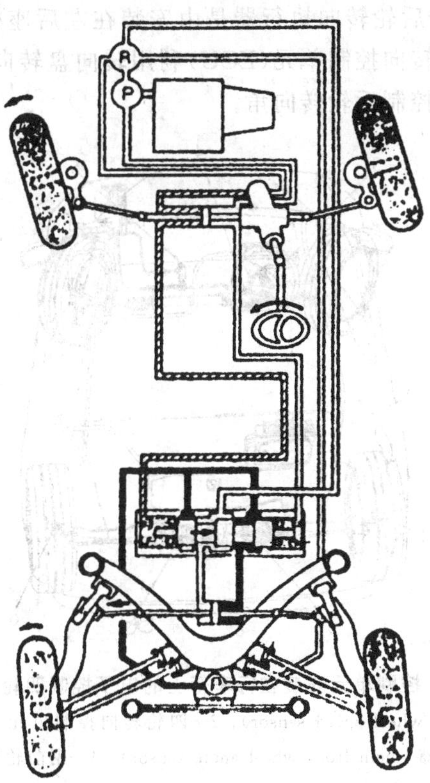

图 3-112 液压式车速感应型四轮转向系统工作原理

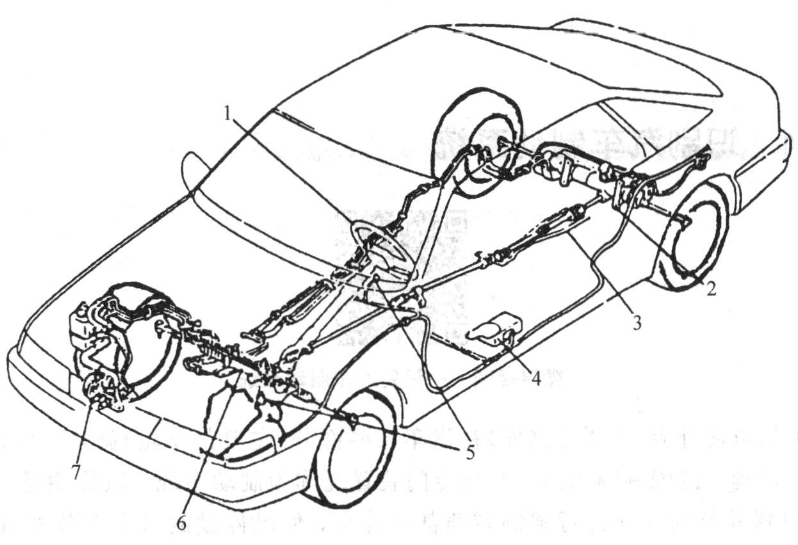

图 3-113 电子控制液压式四轮转向系统

1—转向盘(steering wheel); 2—后轮转向系统(rear wheel steering system); 3—后轮转向传动轴(rear wheel steering drive shaft); 4—电子控制单元(electronic control unit); 5—车速传感器(speed sensor); 6—前动力转向器(front power steering gear); 7—转向油泵(steering pump)

如图 3-114 所示，这个后轮转向执行器是由安装在左后座椅后部的行李箱上的四轮转向控制单元控制。四轮转向控制单元(ECU)利用转向盘转向速度、车辆行驶速度和前轮转向角的信号来计算并控制后轮转向角。

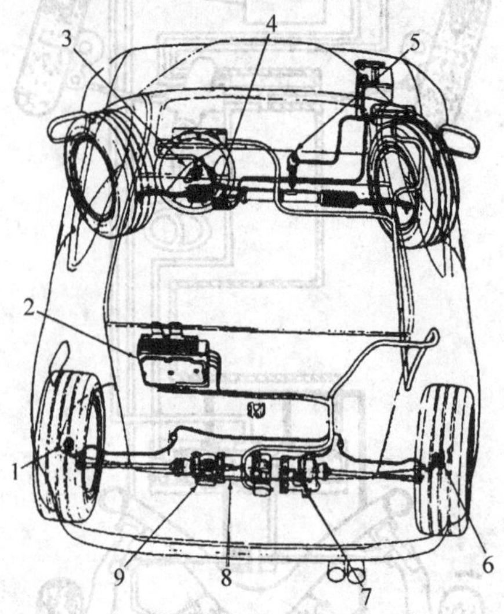

图 3-114　控制单元安装在行李箱上的电子控制四轮转向系统

1、6—后轮转速传感器(rear wheel speed sensor)；2—四轮转向控制单元(four-wheel steering control unit)；3—主前轮转角传感器(main front wheel angle sensor)；4—副前轮转角传感器(auxiliary front wheel angle sensor)；5—车辆速度传感器(vehicle speed sensor，VSS)；7—副后转角传感器(auxiliary rear corner sensor)；8—后轴转向执行器(rear axle steering actuator)；9—主后转角传感器(main rear corner sensor)

3.4　识别汽车制动系统

微课视频——识别汽车制动系统

汽车上用以使外界(主要是路面)在汽车某些部分(主要是车轮)施加一定的力，从而对其进行一定程度的强制制动的一系列专门装置统称为制动系统。其作用是：使行驶中的汽车按照驾驶员的要求进行强制减速甚至停车；使已停驶的汽车在各种道路条件下(包括在坡道上)稳定驻车；使下坡行驶的汽车速度保持稳定。工作原理就是将汽车的动能通过摩擦转换成热能。汽车制动系统主要由供能装置、控制装置、传动装置和制动器等部分组成，常见的制动器主要有鼓式制动器和盘式制动器。

◎客户委托3-4

有一辆某品牌汽车，该车总行驶里程数近18万公里，某天车主在行车制动过程中发现该车出现制动拖滞现象，当抬起制动踏板后，个别车轮的制动作用不能完全立即解除。经与客户沟通与检查，发现该车辆的制动蹄回位弹簧拉力太小而回位不畅，需要检修更换。

◎学习目标

识别汽车制动系统。

◎知识点与技能点清单

学习目标	知识点	技能点
识别汽车制动系统	(1) 制动系统分类； (2) 制动装置的基本组成； (3) 制动器的类型及结构； (4) 制动器的类型及结构； (5) 气压制动传动装置的组成； (6) 驻车制动系统	(1) 能够在实车上指出制动系统任意部件的名称； (2) 能够正确指出制动系统中任意元件的安装位置； (3) 能够根据零部件的形状说出该元件的所属系统以及名称

◎学习指南

(1) 明确学习目标和知识与技能点清单。

(2) 在课前完成学习任务中的知识类内容。在完成知识类学习任务时，可以参考本单元提供的学习信息，利用网络、厂家提供的维修手册和各类教学资源库等学习资源，也可以在课前或上课时向任课教师寻求帮助。任课教师可在正式上课时展示或共享大家对于知识类学习任务的完成情况，实现学习交流。

(3) 学习任务中的实操类内容，可以在正式上课前自行完成，也可以由任课教师在课堂上安排完成。

(4) 完成学习任务后，自行根据本书的鉴定表进行自查，并根据自己的不足进行知识与技能的补充学习。

(5) 任课教师按照鉴定表进行知识与技能鉴定。请注意，鉴定包括过程鉴定与终结性鉴定。学生平时的学习过程也将作为鉴定的依据，例如学习态度、学习过程中的技能展示、职场安全意识等。

◎ 学习任务

（1）通过连线正确归类制动系统。

左侧	右侧
按制动系统的作用分类	液压式
按制动操纵能源分类	行车制动系统
按制动能量的传输方式分类	动力制动系统
	驻车制动系统
	电磁式
	伺服制动系统
	辅助制动系统

（2）指出下图中哪种是人力制动、动力制动、伺服制动。

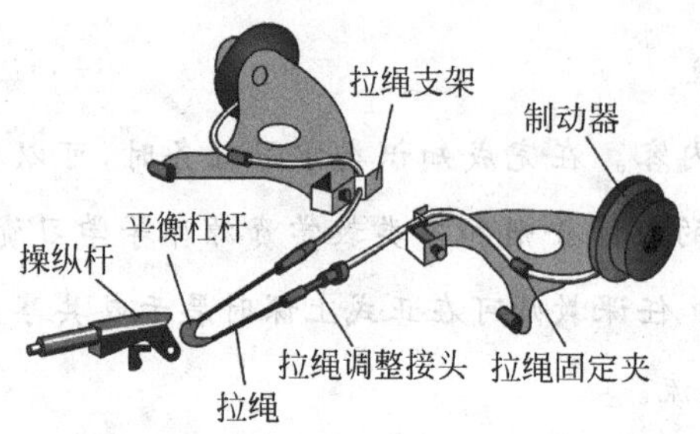

动力制动
(dynamic braking)

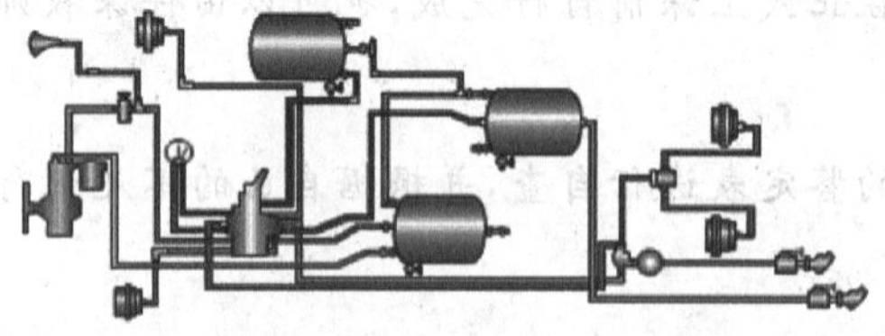

伺服制动
(servo braking)

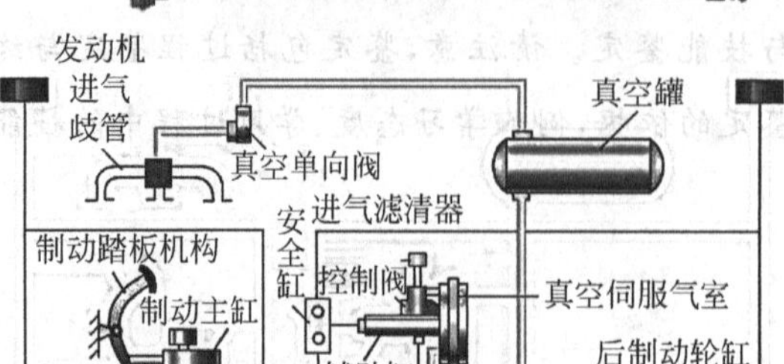

人力制动
(manual braking)

(3) 到汽车实训场所观察汽车制动系统类型，完成表 3-20。

表 3-20 实训车辆制动系统类型

序号	车辆型号	制动系统类型	制动系统特点

(4) 请指出图 3-115 所示汽车制动系统的组成部件名称的序号。

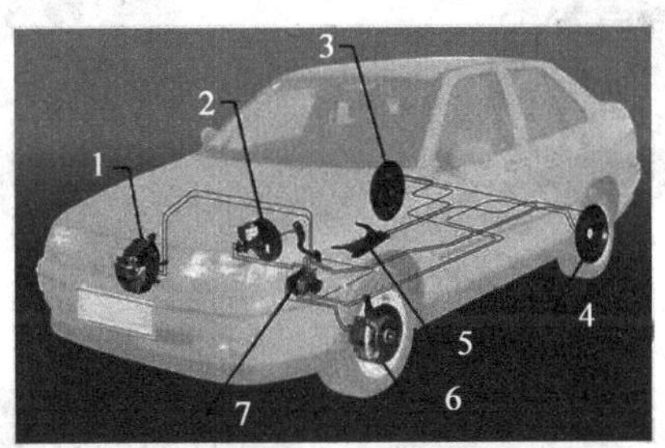

图 3-115 汽车制动系统的组成部件

(　　)左前制动器(left-front brake)；(　　)制动踏板及制动总泵(brake pedal and brake master pump)；(　　)制动控制系统(brake control system)；(　　)右后制动器(right rear brake)；(　　)右前制动器(right-front brake)；(　　)左后制动器(left rear brake)；(　　)驻车制动操纵装置(parking brake control device)。

(5) 为汽车的制动装置连接正确的构件名称。

制动器卡钳
(brake caliper)

摩擦片
(friction plate)

制动盘
(brake disc)

(6) 到汽车实训场所确认车辆制动装置的基本组成及作用，完成表 3-21。

表 3-21　实训车辆制动装置的基本组成及作用

车型：　　　　　　　　　　底盘号码：　　　　　　　　　　制动系统类型：

序号	部件名称(英汉双语)	安装位置	主要作用	备　注

(7) 为制动器类型名称进行连线。

盘式制动器
(disc brake)

鼓式制动器
(drumbrake)

(8) 请指出图 3-116 所示盘式制动器中的结构名称序号。

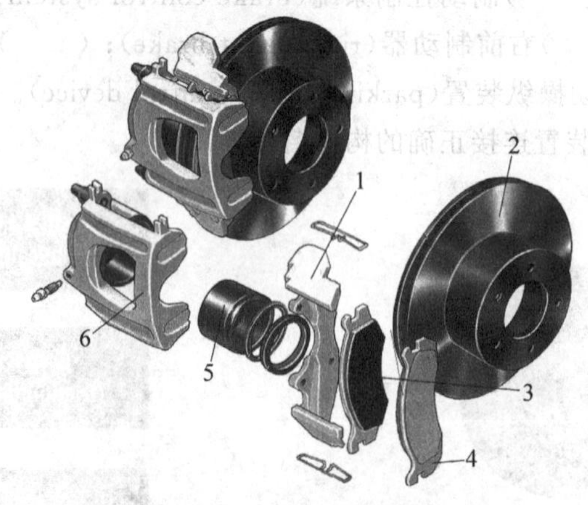

图 3-116　盘式制动器的结构

(   )制动衬块(brake pad);(   )制动钳安装支架(brake caliper mounting bracket);(   )制动钳(brake pliers);(   )制动盘(brake disc);(   )制动钳活塞(brake caliper piston);(   )摩擦片(friction plate)。

(9) 到汽车实训场所确认车辆制动系统中制动器的类型及结构,完成表 3-22。

表 3-22 实训车辆制动系统中制动器的类型及结构

车型: 底盘号码:

序号	制动器类型	安装位置	部件名称	主要作用

(10) 通过连线,正确识别液压制动传动装置的优缺点。

液压制动传动装置的优点

液压制动传动装置的缺点

制动力不太大

操纵较费力

结构简单

维护方便

受温度变化而降低其制动效能

制动柔和灵敏

(11) 到汽车实训场所确认车辆液压制动传动装置的组成部件及作用,完成表 3-23。

表 3-23　实训车辆液压制动传动装置的组成部件及作用

车型：　　　　　　　　　　底盘号码：　　　　　　　　　　制动系统类型：

序　号	部件名称(英汉双语)	安装位置	类型	主要作用

(12) 通过连线正确识别气压制动传动装置中的组成部件。

空气压缩机　　制动控制阀　　制动气室

(13) 到汽车实训场所确认车辆气压制动传动装置的组成部件及作用,完成表 3-24。

表 3-24　实训车辆气压制动传动装置的组成部件及作用

车型：　　　　　　　　　　底盘号码：　　　　　　　　　　制动系统类型：

序　号	部件名称(英汉双语)	安装位置	类型	主要作用

(14) 请指出图 3-117 所示驻车制动系统中的结构名称序号。

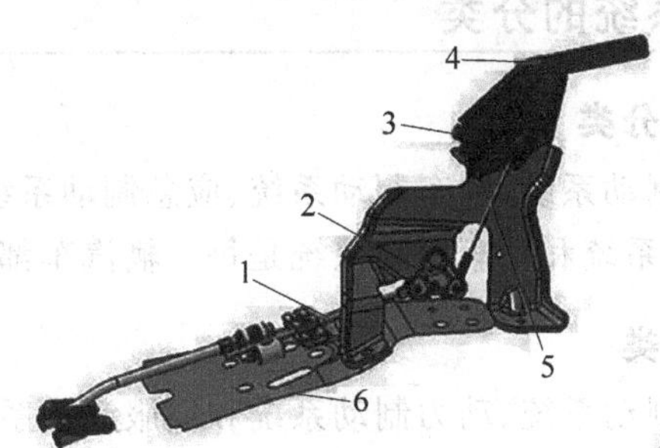

图 3-117　驻车制动系统的结构

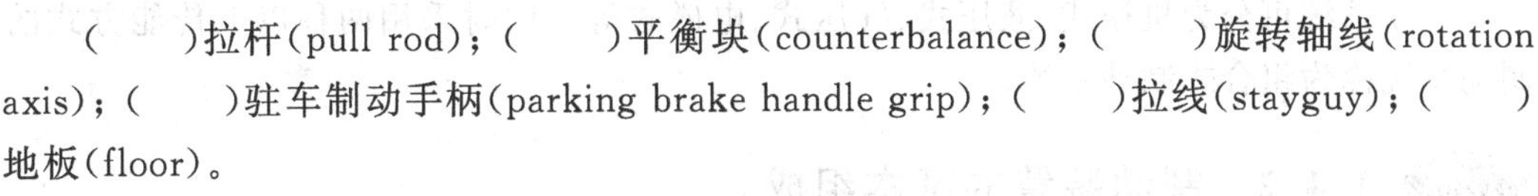

(　　)拉杆(pull rod)；(　　)平衡块(counterbalance)；(　　)旋转轴线(rotation axis)；(　　)驻车制动手柄(parking brake handle grip)；(　　)拉线(stayguy)；(　　)地板(floor)。

(15) 到汽车实训场所，确认车辆驻车制动系统部件及作用，完成表 3-25。

表 3-25　实训车辆驻车制动系统部件及作用

车型：　　　　　　底盘号码：　　　　　　制动系统类型：

序　　号	部件名称(英汉双语)	安装位置	类型	主要作用

鉴定

任课教师可以通过平时教学过程中学生的学习态度、参与教学活动的积极性、职场安全意识及终结性鉴定结果等确定其最后的鉴定结果，每个学生最多可以鉴定三次，鉴定教师需将鉴定结果填在表 3-26 中。

表 3-26　3.4 节鉴定表

学 习 目 标	鉴定 1	鉴定 2	鉴定 3	鉴定结论	鉴定教师签字
识别汽车制动系统				□通过 □不通过	

3.4.1 制动系统的分类

1. 按制动系统的作用分类

制动系统可分为行车制动系统、驻车制动系统、应急制动系统及辅助制动系统等。上述各制动系统中，行车制动系统和驻车制动系统是每一辆汽车都必须具备的。

2. 按制动操纵能源分类

制动系统可分为人力制动系统、动力制动系统和伺服制动系统等。

3. 按制动能量的传输方式分类

制动系统可分为机械式、液压式、气压式、电磁式等。同时采用两种以上传能方式的制动系统称为组合式制动系统。

3.4.2 制动装置的基本组成

图 3-118 所示给出了一种轿车典型制动系统的组成示意图，可以看出，制动系统一般由制动操纵机构和制动器两个主要部分组成。

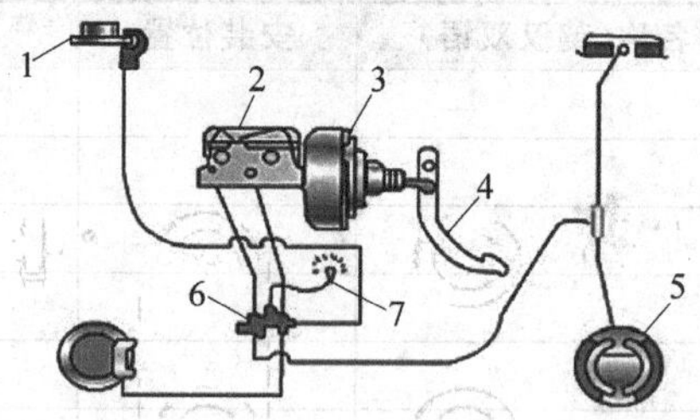

图 3-118 轿车典型制动装置示意图(schematic diagram of typical braking device for saloon car)

1—前轮盘式制动器(front wheel disc brake)；2—制动总泵(brake master cylinder)；3—真空助力器(vacuum booster)；4—制动踏板机构(brake pedal mechanism)；5—后轮鼓式制动器(drum brake for rear wheel)；6—制动组合阀(brake combination valve)；7—制动警示灯(brake warning light)

1. 制动操纵机构

制动操纵机构是指产生制动动作、控制制动效果并将制动能量传输到制动器的各个部件，如图 3-118 中的制动总泵、真空助力器、制动踏板机构、制动组合阀，以及制动轮缸和制动管路。

2. 制动器

制动器是指产生阻碍车辆的运动或运动趋势的力(制动力)的部件。汽车上常用的制动器都是利用固定元件与旋转元件工作表面的摩擦而产生制动力矩，称为摩擦制动器，包括鼓式制动器和盘式制动器两种结构形式。

3.4.3　制动器的类型及结构

车轮制动器有两种基本类型，即鼓式制动器和盘式制动器。绝大多数车辆的前轮用盘式制动器，许多汽车四个车轮都用盘式制动器。随着轿车车速的不断提高，近年来采用盘式制动器的轿车日益增多，尤其是中高级轿车，一般都采用了盘式制动器。

1. 鼓式制动器(drum brake)

鼓式制动器是最早形式的汽车制动器，当盘式制动器还没有出现前，它已经广泛应用于各类汽车上。但结构问题使得它在制动过程中出现散热性能差和排水性能差现象，容易导致制动效率下降，因此在近30年中，在轿车领域鼓式制动器已经逐步退出并让位给盘式制动器。

典型的鼓式制动器结构如图3-119所示，主要由底板、制动鼓、制动蹄、轮缸(制动分泵)、回位弹簧和定位销等部件组成。

图3-119　鼓式制动器结构示意图(sketch of drum brake structure)

1—制动摩擦片(brake friction plate)；2—制动轮缸(brake wheel cylinder)；3—制动鼓(brake drum)；4—回位弹簧(return spring)

如图3-120所示，鼓式制动器的工作原理是，在踩下刹车踏板时，推动刹车总泵的活塞运动，进而在油路中产生压力，制动液将压力传递到车轮的制动分泵推动活塞，活塞推动制动蹄向外运动，进而使得摩擦片与刹车鼓发生摩擦，从而产生制动力。

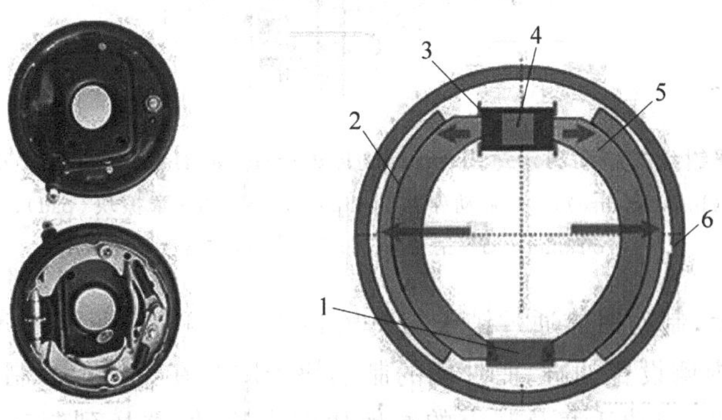

图3-120　鼓式制动器工作原理示意图(schematic diagram of drum brake)

1—顶杆(push rod)；2—摩擦衬片(friction lining)；3—活塞(piston)；4—制动轮缸(wheel braking cylinder)；5—制动蹄(brake shoe)；6—制动鼓(brake drum)

2. 盘式制动器(disc brake)

盘式制动器结构有许多类型，但都可归纳为两个主要类型：定钳盘式制动器和浮钳盘式制动器。

(1) 定钳盘式制动器。图 3-121 所示为定钳盘式制动器。它的制动钳体的轴向位置是固定的，其轮缸布置在制动盘的两侧，为双向轮缸。当驾驶员踩下制动踏板使汽车制动时，来自制动主缸的制动液被压入制动轮缸，制动轮缸的液压上升，两轮缸活塞在液压作用下移向制动盘，将制动块压靠到制动盘上，制动块夹紧制动盘，产生阻止车轮转动的摩擦力矩，实现制动。

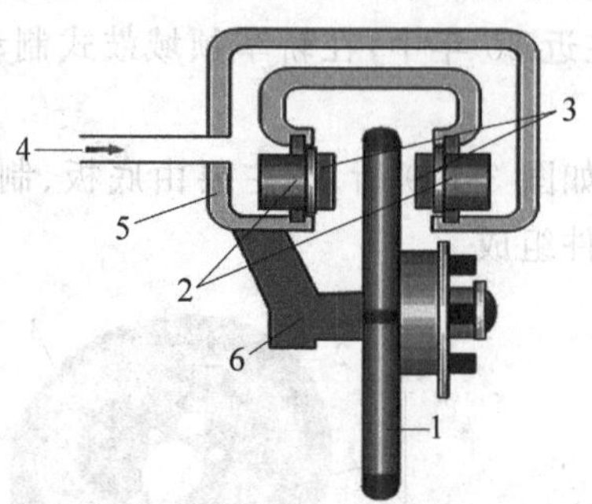

图 3-121　定钳盘式制动器示意图(schematic diagram of the fixed caliper disc brake)

1—制动盘(braking disc)；2—活塞(piston)；3—摩擦块(pad)；4—进油口(oil inlet)；5—制动钳体(caliper body)；6—车桥部(part of axle)

(2) 浮钳盘式制动器。图 3-122 所示为浮钳盘式制动器。它的特点是制动钳体的轴向处于浮动状态，轮缸布置在制动钳的内侧，且数目只有固定式的一半，为单向轮缸。

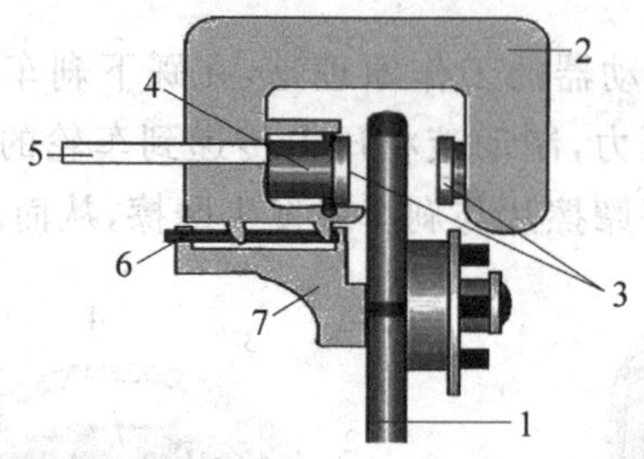

图 3-122　浮钳盘式制动器示意图(schematic diagram of floating caliper disc brake)

1—制动盘(braking disc)；2—制动钳体(caliper body)；3—摩擦块(pad)；4—活塞(piston)；5—进油口(oil inlet)；6—销子(pin)；7—车桥部(part of axle)

如图 3-122 所示，制动钳体通过销子与车桥相连，可以相对于制动盘轴向移动。制动钳体只在制动盘的内侧设置油缸，而外侧的制动块则附装在钳体上。制动时，液压油通过进油口进入制动油缸，推动活塞及其上的摩擦块向右移动，并压到制动盘上，使得油缸连同制动钳体整体沿销子向左移动，直到制动盘右侧的摩擦块也压到制动盘上夹住制动盘并使其制动。

与定钳盘式制动器相比，浮钳盘式制动器轴向尺寸和径向尺寸较小，而且制动液受热汽化的机会较少。此外，浮钳盘式制动器在兼充行车制动器和驻车制动器的情况下，只需在行车制动钳油缸附近加装一些用以推动油缸活塞的驻车制动机械传动零件即可。故自20 世纪 70 年代以来，浮钳盘式制动器逐渐取代了定钳盘式制动器。

3.4.4　液压制动传动装置的组成

液压制动传动装置是利用特制油液作为传动介质，将制动踏板力转换为油液压力，并通过管路传至车轮制动器。再将油液压力转变为制动蹄张开的推力，即产生制动作用。

如图 3-123 所示，液压制动传动装置由制动踏板、推杆、制动主缸、贮油罐、制动轮缸、油管、制动灯开关、指示灯和比例阀等组成。

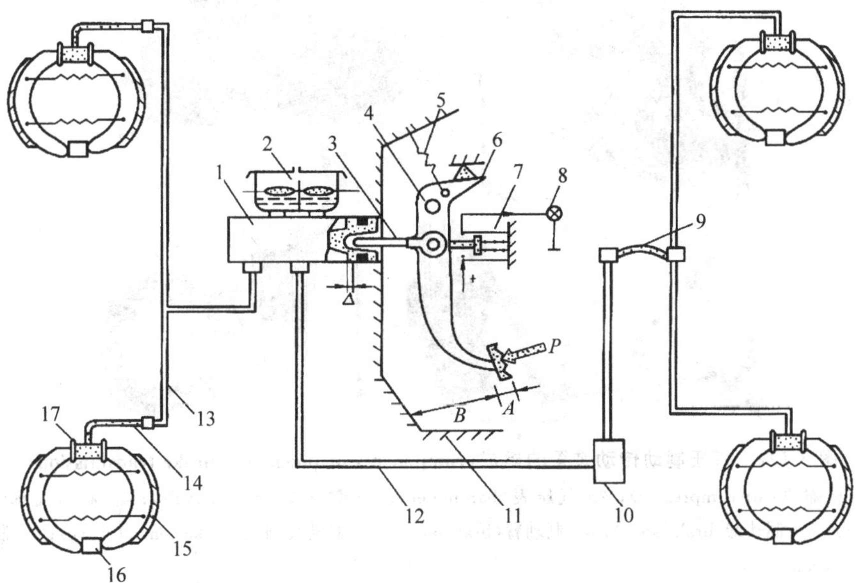

图 3-123　液压制动传动装置的组成(components of hydraulic braking transmission device)

1—制动主缸(brake master cylinder)；2—贮油罐(oil tank)；3—推杆(push rod)；4—支承销(supporting pin)；5—回位弹簧(return spring)；6—制动踏板(brake pedal)；7—制动灯开关(braking light switch)；8—制动灯(braking light)；9、14—软管(flexible pipe)；10—比例阀(proportional valve)；11—地板(floor board)；12—后桥油管(rear axle brake lines)；13—前桥油管(front axle brake line)；15—制动蹄(brake shoe)；16—支承座(support seat)；17—轮缸(wheel cylinder)

1. 制动主缸

制动主缸的作用是将制动踏板的机械能转换成液压能。双管路液压制动传动装置中的制动主缸一般采用串联双腔或并联双腔制动主缸。各类汽车不论依靠何种制动力源，都采用双管路装置，如此，若其中一套管路失效时，另一套仍然起制动作用，从而提高了汽车行驶的安全性。

2. 制动轮缸

制动轮缸把油液压力转变成轮缸推力，推动制动蹄压靠在制动鼓上，产生制动作用。主要分为双活塞式制动轮缸和单活塞式制动轮缸。

3.4.5 气压制动传动装置的组成

气压制动传动装置以发动机的动力驱动空气压缩机作为制动器制动的唯一能源，而驾驶员踩的踏板力只用来控制阀门。驾驶员只需按不同的制动强度要求控制制动踏板的行程，便可控制制动气压的大小来获得所需要的制动力，如图 3-124 所示。气压制动传动装置主要由空气压缩机、贮气筒、制动控制阀、制动气室、制动踏板等组成。

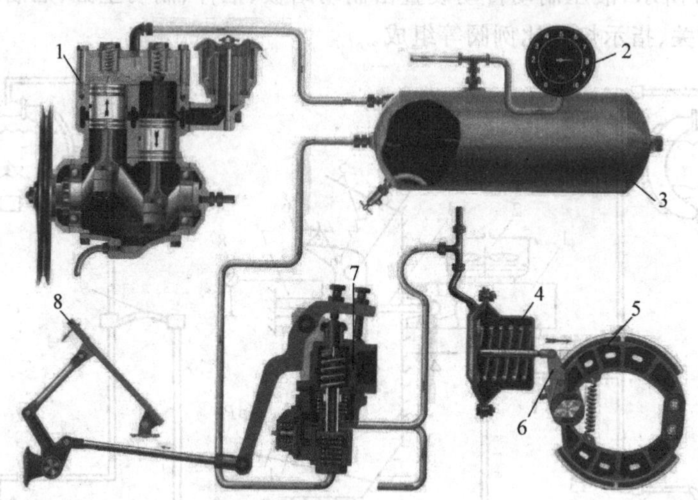

图 3-124 气压制动传动装置的组成（components of pneumatic brake transmission）

1—空气压缩机（air compressor）；2—气压表（barometer）；3—贮气筒（air reservoir）；4—制动气室（brake chamber）；5—制动蹄（brake shoe）；6—制动臂（brake arm）；7—制动控制阀（brake control valve）；8—制动踏板（brake pedal）

1. 空气压缩机

空气压缩机的功用是产生压缩空气，是气压制动整个系统的动力源。它固定于发动机一侧支架上，由曲轴带轮通过 V 带连接驱动。

2. 制动控制阀

制动控制阀控制制动气室的工作气压。同时在制动过程中具有渐进随动的作用。从而保证制动气室的工作气压与制动踏板的行程有一定的比例关系，确保制动的稳定、可靠、安全。

3. 制动气室

制动气室将输入的空气压力转变为制动凸轮的机械力，使轮制动器产生摩擦力矩。

3.4.6　驻车制动系统

驻车制动系统是车辆用于长时间停车的一套制动装置。该制动系统必须可靠地保证汽车在原地停驻，并在任何情况下不会自动滑行，对驻车制动的一般要求为汽车满载时停在 15%的坡道上，应确保汽车不发生溜坡。驻车制动系统一般分为机械驻车制动系统和电子驻车制动系统。

1. 机械驻车制动系统(mechanical parking brake system)

大多数情况下，驻车制动系统采用机械式传动装置，因为驻车制动系统必须可靠地保证汽车在原地停驻，并在任何情况下不至于自动滑行，这一点用机械锁止的方法才能实现。它是传统汽车不可缺少的制动装置之一，如图 3-125 所示。

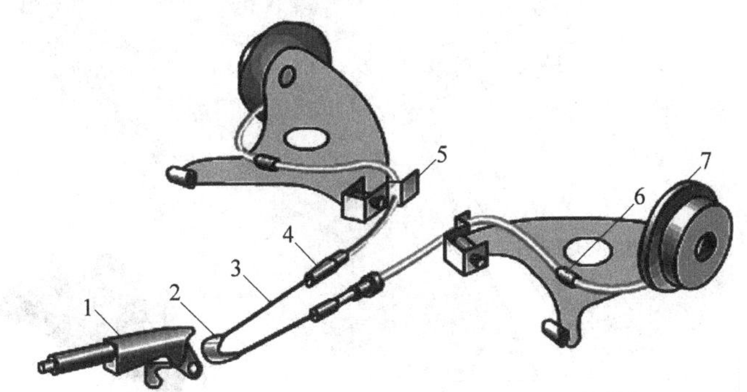

图 3-125　机械驻车制动传动机构组成示意图(schematic diagram of the composition of parking brake transmission system)

1—操纵杆(handle)；2—平衡杠杆(balancing lever)；3—拉绳(cable)；4—拉绳调整接头(cable adjusting joint)；5—拉绳支架(bracket)；6—拉绳固定夹(clip)；7—制动器(brake)

2. 电子驻车制动系统(electrical park brake)

电子驻车制动系统的英文缩写为 EPB(electrical park brake)，EPB 通过内置在其 ECU 中的纵向加速度传感器来测算坡度，从而可以算出车辆在斜坡上由于重力而产生的下滑力，ECU 通过电动机对后轮施加制动力来平衡下滑力，使车辆能停在斜坡上。当车辆起步时，ECU 通过离合器踏板上的位移传感器以及油门的大小来测算需要施加的制动力，同时通过高速 CAN 与发动机 ECU 通信来获知发动机牵引力的大小。ECU 自动计算发动机牵引力的增加，相应地减少制动力。当牵引力足够克服下滑力时，ECU 驱动电动机解除制动，从而实现车辆顺畅起步。

实际上，电子驻车制动系统取代传统拉杆手刹的电子手刹按钮，它比传统的拉杆手刹更安全，不会因驾驶者的力度不同而改变制动效果，把传统的拉杆手刹变成了一个触手可及的按钮。如图 3-126 所示，按钮开关就是用来操纵驻车制动器的，拉出这个按钮开关，驻车制动器就处于工作(拉紧)状态，想要松开驻车制动器(不工作)，只要在按下该按钮的同时踏下制动器踏板或油门踏板即可。

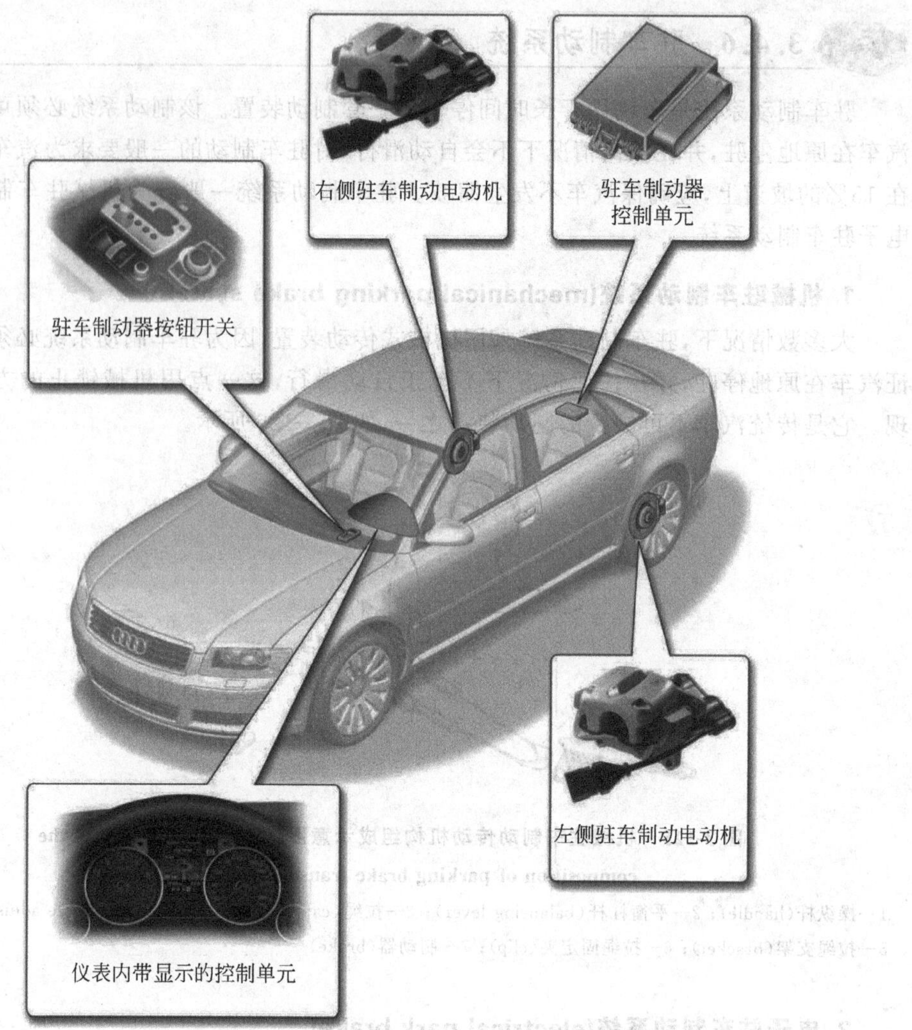

图 3-126　汽车电子驻车制动系统示意图

单元 4

识别汽车安全性系统

4.1 识别汽车主动安全性系统

微课视频——识别汽车主动安全性系统

汽车安全系统主要分为两个方面，一是主动安全系统；二是被动安全系统。简单地说，所谓主动安全，就是作用避免事故的发生；而被动安全则是在发生事故时汽车对车内成员的保护或对被撞车辆或行人的保护。如果要细分，车体安全也应该算在主动安全方面，即车体机构设计用料对外来危险的抵抗能力。所以主动安全性的好坏决定了汽车产生事故发生概率的多少，而被动安全性的好坏主要决定了事故后车内成员的受伤严重程度。

为预防汽车发生事故，避免人员受到伤害而采取的安全设计，称为主动安全设计，如 ABS、EBD、TCS 等都是主动安全设计。它们的特点是提高汽车的行驶稳定性，尽力防止车祸发生。其他像高位制动灯、前后雾灯、后窗除雾灯也是主动安全设计。随着汽车技术的发展，又出现了如 FCWS 前碰撞预警系统、LWDS 车道偏离预警系统、LKAS 车道保持辅助系统、LCAS 并线辅助系统、LNVS 夜视系统等最新的主动安全系统。

◎ 客户委托4-1

一台捷达王轿车 ABS 报警灯点亮，紧急制动时脚下却无原来 ABS 起作用时的反弹感，车主怀疑 ABS 系统已不起作用。于是车主将车开到维修站对上述现象进行咨询。作为服务人员，我们要对车主说明 ABS 系统报警灯点亮的原因，以及及时对其进行检查维修的重要性，同时要了解汽车安全性系统。要完成这项任务，我们需要对汽车安全性系统的基本知识有一定的掌握。

◎ 学习目标

能够识别汽车主动安全性系统。

◎ 知识点与技能点清单

学习目标	知识点	技能点
识别汽车主动安全性系统	(1) ABS防抱死制动系统； (2) EBD/CBC电子制动力分配系统； (3) TCS牵引力控制系统和ASR驱动防滑系统； (4) ESP/ESC/DSC电子车身稳定系统； (5) EBA/BAS汽车紧急刹车系统； (6) ACC自适应巡航系统； (7) FCWS前方碰撞预警系统； (8) LDWS车道偏离预警系统； (9) LKAS车道保持辅助系统； (10) LCAS并线辅助系统； (11) LNVS夜视系统； (12) TPMS胎压监测系统	(1) 能够向客户介绍现代汽车主动安全技术的结构组成与工作原理； (2) 能够找出主动安全系统组成部分及传感器的安装位置

◎ 学习指南

(1) 明确学习目标和知识与技能点清单。

(2) 在课前完成学习任务中的知识类内容。在完成知识类学习任务时，可以参考本单元提供的学习信息，利用网络、厂家提供的维修手册和各类教学资源库等学习资源，也可以在课前或上课时向任课教师寻求帮助。任课教师可在正式上课时展示或共享大家对于知识类学习任务的完成情况，实现学习交流。

(3) 学习任务中的实操类内容，可以在正式上课前自行完成，也可以由任课教师在课堂上安排完成。

(4) 完成学习任务后，自行根据本书的鉴定表进行自查，并根据自己的不足进行知识与技能的补充学习。

(5) 任课教师按照鉴定表进行知识与技能鉴定。请注意，鉴定包括过程鉴定与终结性鉴定。学生平时的学习过程也将作为鉴定的依据，例如学习态度、学习过程中的技能展示、职场安全意识等。

◎ 学习任务

(1) 请指出图4-1所示ABS系统结构中的部件名称序号。

(　　)ABS控制单元(ABS control unit)；(　　)前轮车速传感(front wheel speed sensing)；(　　)后轮车速传感(rear wheel speed sensing)；(　　)ABS控制器(ABS controller)。

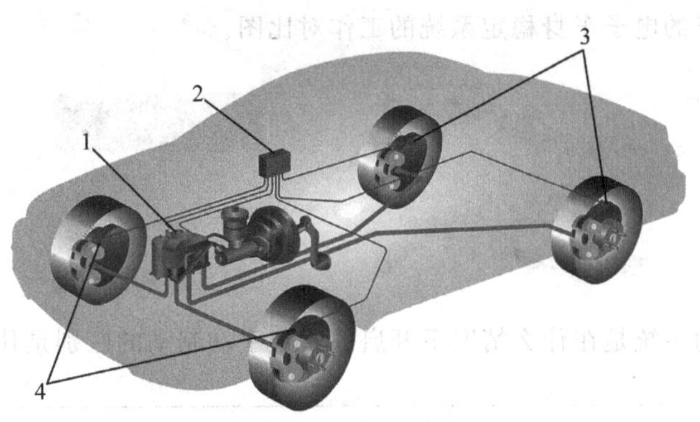

图 4-1　ABS 系统结构

（2）区别汽车有无 ABS 系统。

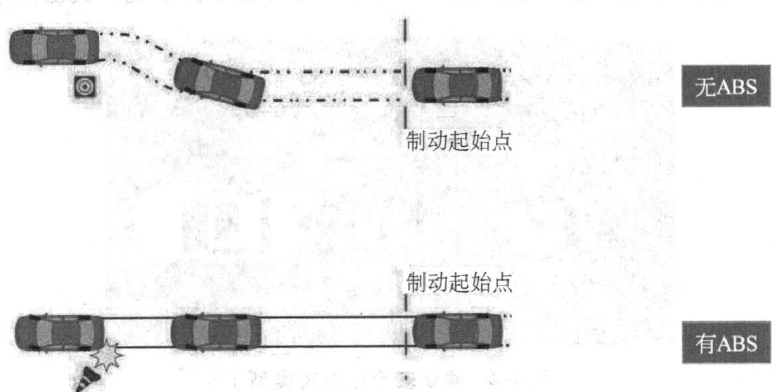

（3）区分 EBD 电子制动力分配系统。

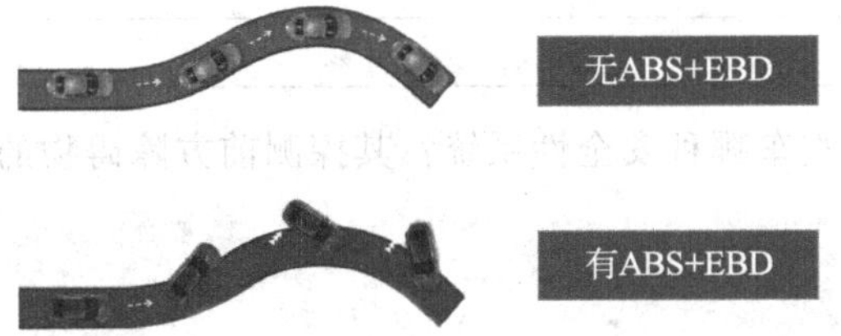

（4）准确连线汽车工作对比图。

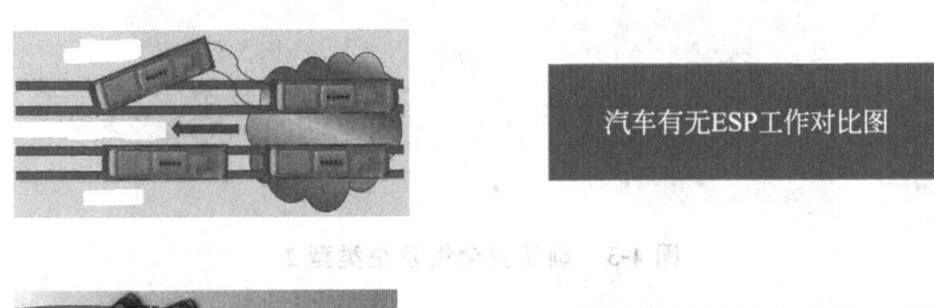

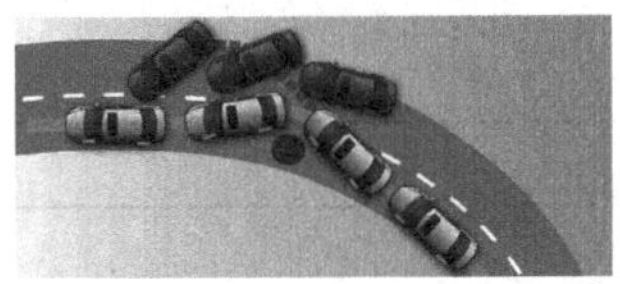

汽车有无TCS系统工作对比图

（5）区分汽车的电子车身稳定系统的工作对比图。

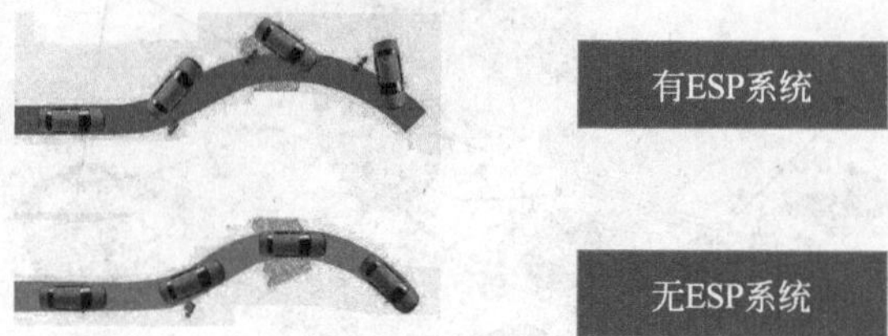

（6）紧急制动系统是在什么情况下开启的？与手动制动的区别是什么？

___

___

___

（7）结合该章节的微课视频，确认图 4-2 所示为哪种安全性系统？其工作原理是什么？

图 4-2　确认安全性系统类型 1

___

___

___

（8）图 4-3 所示为汽车哪种安全性系统？其探测前方障碍物的方法有哪些？

图 4-3　确认安全性系统类型 2

___

___

___

（9）结合该章节的微课视频，确认图 4-4 所示为汽车行驶过程中的什么情况，可以使用汽车的什么系统进行校正？

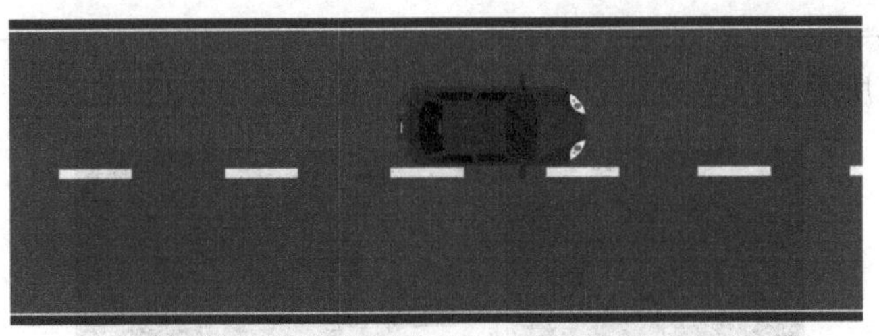

图 4-4　确认汽车行驶情况

____

____

____

（10）请将汽车安全性的系统名称与对应的英文翻译相连接。

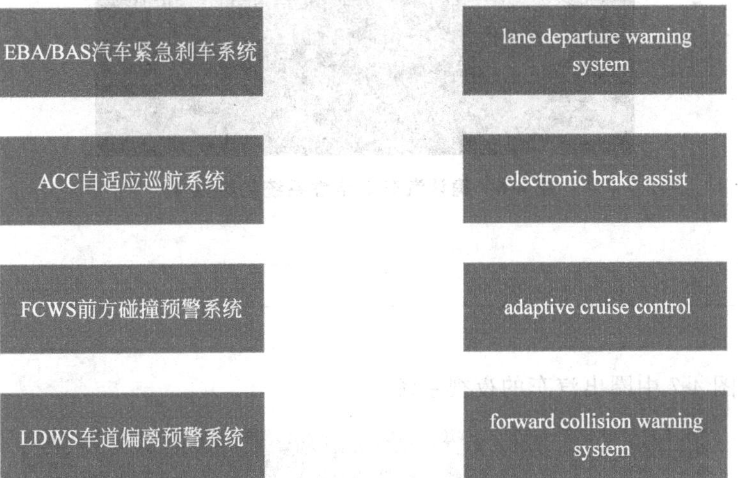

（11）结合该章节的微课视频查看图 4-5，你能够识别出汽车应该开启的是什么安全性系统吗？

图 4-5　确认汽车安全性系统的类型 3

(12) 图 4-6 所示为汽车的什么安全性系统？简述其工作过程。

图 4-6　确认汽车安全性系统的类型 4

(13) 在图 4-7 中圈出汽车的夜视系统。

图 4-7　圈出汽车的夜视系统

(14) 图 4-8 所示为汽车的什么安全性系统？如何进行工作？

图 4-8 确认汽车安全性系统的类型 5

____

____

____

(15) 到汽车实训场所观察汽车的各种主动安全性系统，填写表 4-1。

表 4-1 实训车辆的主动安全性系统

汽车型号	主动安全性系统名称	主要判断依据

鉴定

任课教师可以通过平时教学过程中学生的学习态度、参与教学活动的积极性、职场安全意识及终结性鉴定结果等确定其最后的鉴定结果，每个学生最多可以鉴定三次，鉴定教师需将鉴定结果填在表 4-2 中。

表 4-2 4.1 节鉴定表

学习目标	鉴定1	鉴定2	鉴定3	鉴定结论	鉴定教师签字
识别汽车主动安全性系统				□通过 □不通过	

4.1.1 ABS 防抱死制动系统

微课视频——认识汽车 ABS 防抱死制动系统

制动防抱死系统(antilock braking system，ABS)的作用是在汽车制动时，自动控制制动器制动力的大小，使车轮不被抱死，处于边滚动边滑行(滑移率在 20%左右)的状态，以保证车轮与地面的附着力在最大值。ABS 是通过传感器侦测到的各车轮的转速，由计算机计算出当时的车轮滑移率，由此了解车轮是否已抱死，再命令执行机构调整制动压力，使车轮处于理想的制动状态(快抱死但未完全抱死)。ABS 系统一般由轮速传感器、ABS 控制单元与执行器(液压控制单元)等构成，如图 4-9 所示。

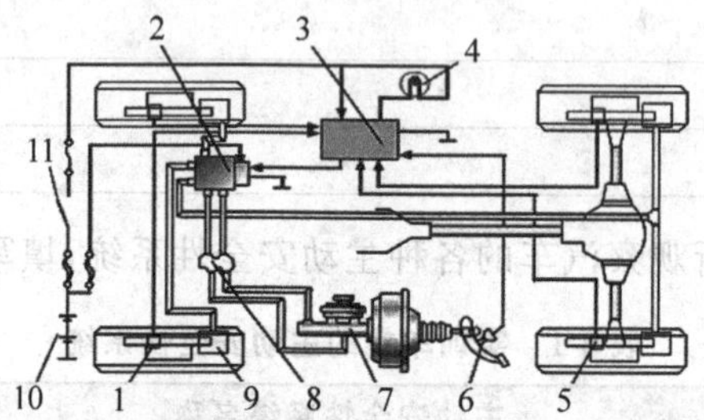

图 4-9 ABS 系统组成及布置示意图(schematic diagram of the anti lock braking system)

1—前轮速度传感器(front wheel speed sensor)；2—制动压力调节器(brake pressure regulator)；3—ABS 电控单元(ABS electronic control unit)；4—ABS 警告灯(warning lamp)；5—后轮速度传感器(rear wheel speed sensor)；6—制动灯开关(braking light switch)；7—制动主缸(brake master cylinder)；8—比例分配阀(proportional distribution valve)；9—制动轮缸(wheel braking cylinder)；10—蓄电池(storage battery)；11—点火开关(ignition switch)

装有 ABS 的车辆在干柏油路、雨天、雪天等路面防滑性能分别达到 80%～90%、10%～30%、15%～20%。图 4-10 所示为汽车有无 ABS 系统工作对比示意图。

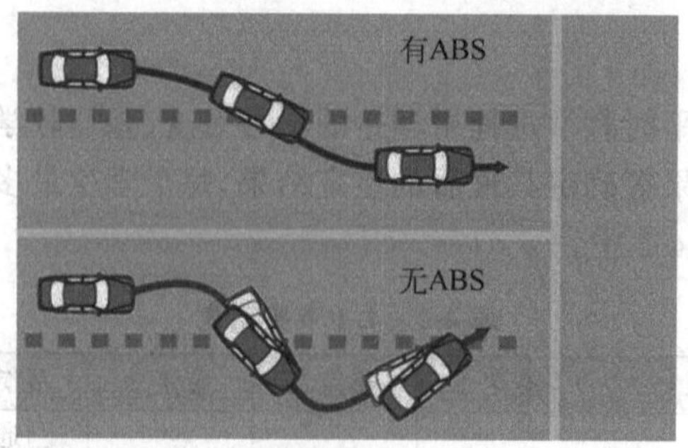

图 4-10 汽车有无 ABS 系统工作对比示意图

 4.1.2 EBD/CBC 电子制动力分配系统

电子制动力分配(electronic brakeforce distribution,EBD)实际上是 ABS 的辅助功能,是在 ABS 的控制单元里增加一个控制软件,机械系统与 ABS 完全一致。它只是 ABS 系统的有效补充,一般和 ABS 组合使用,可以提高 ABS 的功效。图 4-11 所示为汽车有无 EBD 系统工作对比图。

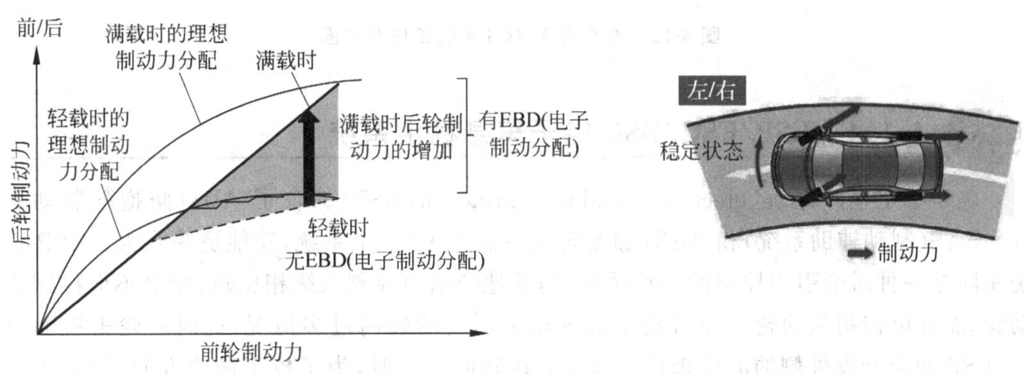

图 4-11 汽车有无 EBD 系统工作对比图

配置有 EBD 系统的车辆,会自动侦测各个车轮与地面间的附着力状况,将制动系统所产生的力量适当地分配至四个车轮。在 EBD 系统的辅助之下,制动力可以得到最佳的效率,使得制动距离明显地缩短,并在制动的时候保持车辆的平稳,提高行车的安全。而 EBD 系统在弯道中进行刹车的操作也具有维持车辆稳定的功能,增加弯道行驶的安全。

当紧急制动车轮抱死的情况下,EBD 在 ABS 动作之前就已经平衡了每一个轮的有效地面抓地力,可以防止出现甩尾和侧移,并缩短汽车制动距离。

EBD 实际上是 ABS 的辅助功能,它可以改善提高 ABS 的功效。所以,在安全指标上,汽车的性能又多了 ABS+EBD。

 4.1.3 TCS 牵引力控制系统和 ASR 驱动防滑系统

牵引力控制系统(traction control system,TCS)是根据驱动轮的转数及传动轮的转数来判定驱动轮是否发生打滑现象,当前者大于后者时,进而抑制驱动轮转速的一种防滑控制系统。汽车在光滑路面制动时,车轮会打滑,甚至使方向失控。同样,汽车在起步或急加速时,驱动轮也有可能打滑,在冰雪等光滑的路面上还会使方向失控而出现危险。图 4-12 所示为汽车有无 TCS 系统工作对比图。

驱动防滑系统(acceleration slip regulation,ASR)的作用是防止汽车起步、加速过程中驱动轮打滑,特别是防止汽车在非对称路面或转弯时驱动轮空转,并将滑移率控制在 10%~20%范围内。由于 ASR 多是通过调节驱动轮的驱动力实现控制的,因而又叫驱动力控制系统,简称 TCS,在日本等地还称之为 TRC 或 TRAC。

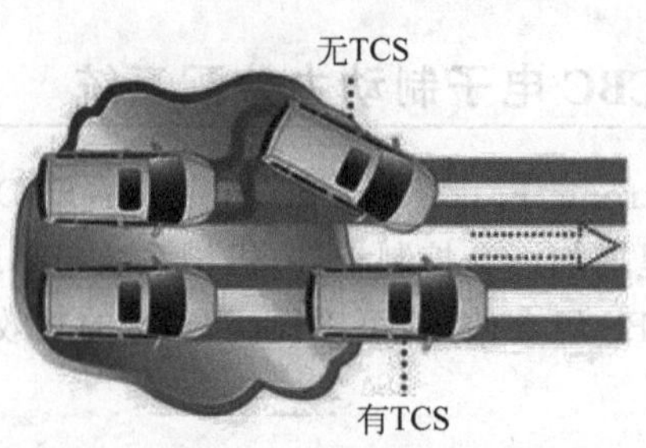

图 4-12　汽车有无 TCS 系统工作对比图

4.1.4　ESP/ESC/DSC 电子车身稳定系统

电子稳定程序系统(electronic stability program,ESP)综合了 ABS(防抱死制动系统)、BAS(制动辅助系统)和 ASR(加速防滑控制系统)三个系统,功能更为强大。ESP 系统实际是一种对牵引力控制的一种系统,与其他牵引力控制系统相比较,ESP 不但控制驱动轮,而且可控制从动轮。如后轮驱动汽车常出现的转向过多情况,此时后轮失控而甩尾,ESP 便会刹慢外侧的前轮来稳定车子;在转向过少时,为了校正循迹方向,ESP 则会刹慢内后轮,从而校正行驶方向,如图 4-13 所示。

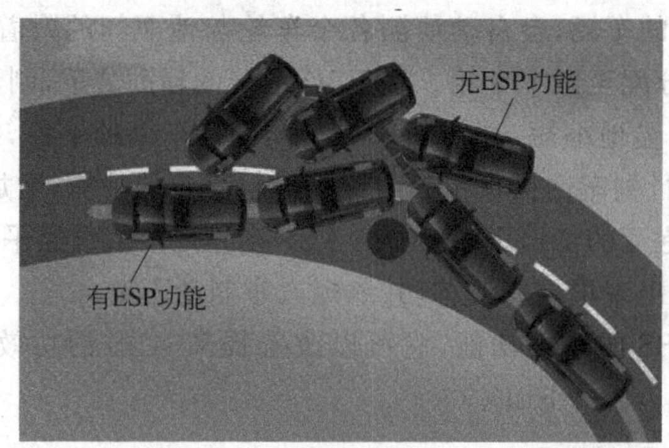

图 4-13　汽车有无 ESP 功能工作对比图

ESP 系统是汽车上一个重要的系统,通常是支持 ABS 及 ASR 的功能。它通过对从各传感器传来的车辆行驶状态信息进行分析,然后向 ABS、ASR 发出纠偏指令来帮助车辆维持动态平衡。ESP 可以使车辆在各种状况下保持最佳的稳定性,在转向过度或转向不足的情形下效果更加明显。ESP 一般需要安装转向角度传感器、车轮传感器、侧滑传感器、横向加速度传感器等,如图 4-14 所示。

10 年前,博世是第一家把电子稳定程序(ESP)投入量产的公司。因为 ESP 是博世公司的专利产品,所以只有博世公司的车身电子稳定系统才可称之为 ESP。在博世公司之后,也有很多公司研发出了类似的系统,如日产研发的车辆行驶动力学调整系统(vehicle dynamic control,VDC)、丰田研发的车辆稳定控制系统(vehicle stability control,VSC)、本田研发的车辆稳定性控制系统(vehicle stability assist control,VSA)、宝马研发的动态稳定控制系统(dynamic stability control,DSC)等。

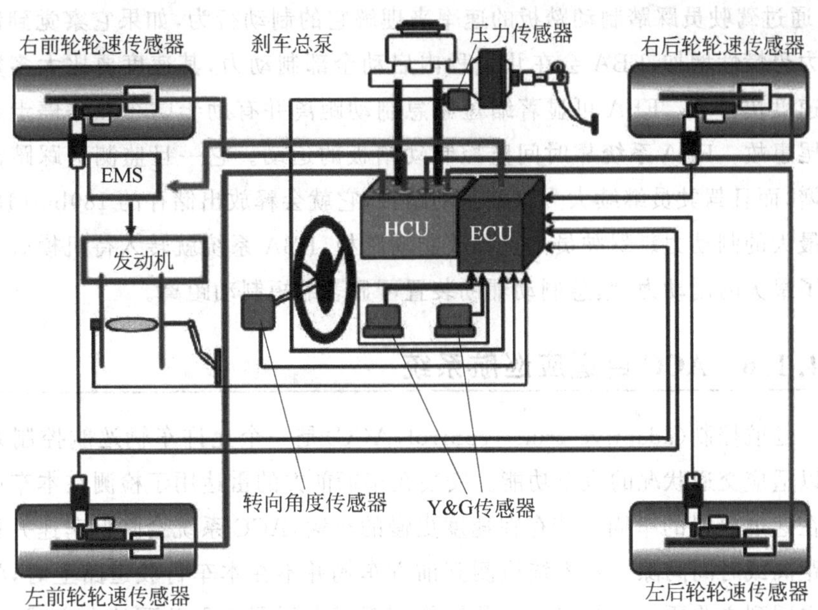

图 4-14 汽车 ESP 系统的组成

4.1.5 EBA/BAS 汽车紧急刹车系统

在正常情况下，大多数驾驶员开始制动时只施加很小的力，然后根据情况增加或调整对制动踏板施加的制动力。如果必须突然施加大得多的制动力，或驾驶员反应过慢，这种方法会阻碍他们及时施加最大的制动力。图 4-15 所示为汽车有无 EBA 系统工作对比图。

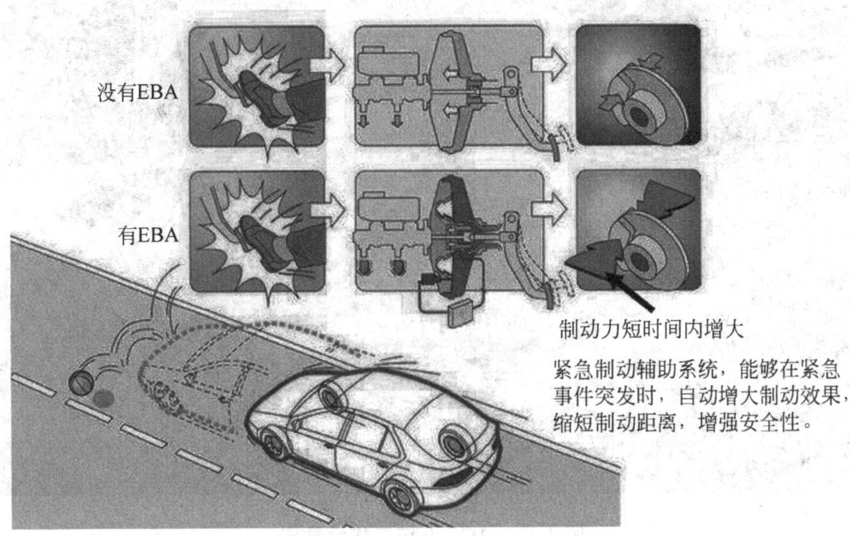

图 4-15 汽车有无 EBA 系统工作对比图

EBA 通过驾驶员踩踏制动踏板的速率来理解它的制动行为，如果它察觉到制动踏板的制动压力恐慌性增加，EBA 会在几毫秒内启动全部制动力，其速度要比大多数驾驶员移动脚的速度快得多。EBA 可显著缩短紧急制动距离并有助于防止在停停走走的交通中发生追尾事故。EBA 系统靠时间监控制动踏板的运动。它一旦监测到踩踏制动踏板的速度陡增，而且驾驶员继续大力踩踏制动踏板，它就会释放出储存的 180bar(18MPa)的液压施加最大的制动力。驾驶员一旦释放制动踏板，EBA 系统就转入待机模式。由于更早地施加了最大的制动力，紧急制动辅助装置可显著缩短制动距离。

4.1.6 ACC 自适应巡航系统

自适应巡航控制(adaptive cruise control，ACC)是一个允许车辆巡航控制系统通过调整速度以适应交通状况的汽车功能。安装在车辆前方的雷达用于检测在本车前进道路上是否存在速度更慢的车辆。若存在速度更慢的车辆，ACC 系统会降低车速并控制与前方车辆的距离或时间间隙。若系统检测到前方车辆并不在本车行驶道路上时，将加快本车速度使之回到之前所设定的速度。此操作实现了在无司机干预下的自主减速或加速。ACC 控制车速的主要方式是通过发动机油门控制和适当的制动。装备有 ACC 自适应巡航控制的车辆一般在车辆的前部或者前挡风玻璃的中上方有一个摄像头，可以监测到车辆前方 100～150m 的路况。这套系统在一些中级车的高配和豪华车上面应用比较多，如图 4-16 所示。

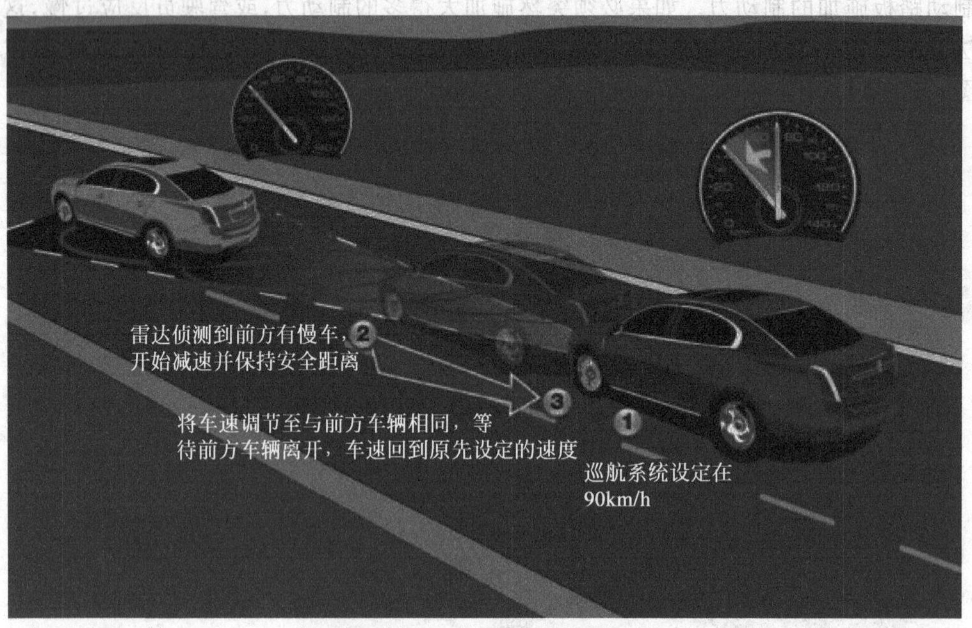

图 4-16 ACC 系统工作示意图

4.1.7 FCWS 前方碰撞预警系统

前方碰撞预警系统(forward collision warning system,FCWS)能够通过雷达系统来时刻监测前方车辆,判断本车于前车之间的距离、方位及相对速度,当存在潜在碰撞危险时对驾驶者进行警告。汽车防撞预警系统是基于智能视频分析处理的汽车防撞预警系统,通过动态视频摄像技术、计算机图像处理技术来实现其预警功能。主要功能为车距监测及追尾预警、前方碰撞预警、车道偏离预警、导航功能、黑匣子功能。相对于国内外现有的汽车防撞预警系统,如超声波防撞预警系统、雷达防撞预警系统、激光防撞预警系统、红外线防撞预警系统等,功能、稳定性、准确性、人性化、价格上都具有无可比拟的优势,性能卓越,可全天候、长时间稳定运行,极大地提高了汽车驾驶的舒适性和安全性,如图 4-17 所示。

图 4-17 FCWS系统工作示意图

现在运用该技术的汽车品牌有 Tesla、英菲尼迪、沃尔沃、奔驰、奥迪和丰田等。

4.1.8 LDWS 车道偏离预警系统

车道偏离预警系统(lane departure warning system,LDWS)是一种通过报警的方式辅助驾驶员减少汽车因车道偏离而发生交通事故的系统。车道偏离预警系统由图像处理芯片、控制器、传感器等组成。

车道偏离预警系统主要由 HUD 抬头显示器、摄像头、控制器以及传感器组成,当车道偏离系统开启时,摄像头(一般安置在车身侧面或后视镜位置)会时刻采集行驶车道的标识线,通过图像处理获得汽车在当前车道中的位置参数,当检测到汽车偏离车道时,传感器会及时收集车辆数据和驾驶员的操作状态,之后由控制器发出警报信号,整个过程大约用 0.5s 完成,为驾驶者提供更多的反应时间。而如果驾驶者打开转向灯,正常进行变线行驶,那么车道偏离预警系统不会做出任何提示。

目前,各厂商所配备的车道偏离预警系统均基于视觉(摄像头)方式采集数据的基础上研发,但汽车在雨雪天气或能见度不高的路面行驶时,它们采集车道标识线的准确度会下降。那么为了解决这个难题,聪明的技术工程师开发了红外线传感器的采集方式,其一般安置在前保险杠两侧，并通过红外线收集信号来分析路面状况，即使在恶劣环境的路面，也能识别车道标志线，便于在任何环境的路况下均能及时提醒驾驶员汽车道路偏离状态。图 4-18 所示为车道偏离预警系统工作示意图。

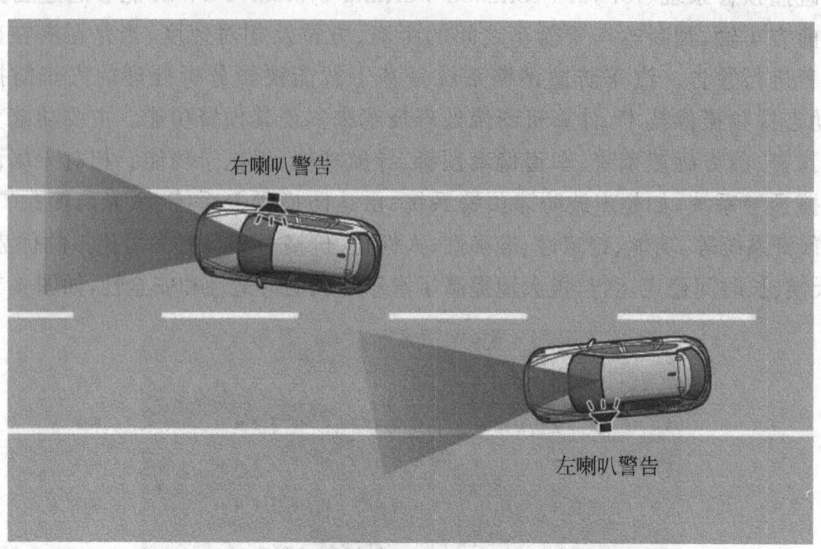

图 4-18　车道偏离预警系统工作示意图

4.1.9　LKAS 车道保持辅助系统

车道保持辅助系统（lane keeping assist system，LKAS）属于智能驾驶辅助系统中的一种。它是在车道偏离预警系统（LDWS）的基础上对转向的控制协调装置进行控制。对车辆行驶时借助一个摄像头识别行驶车道的标识线将车辆保持在车道上提供支持。图 4-19 所示为车道保持辅助系统工作示意图。

如果车辆接近识别到的标记线并可能脱离行驶车道，那么会通过方向盘的振动或者是声音来提醒驾驶员注意。

如果车道保持辅助系统识别到本车道两侧的标记线，那么系统处于待命状态。这通过组合仪表盘中的绿色指示灯显示。

当系统处于待命状态下，如果在跃过标记线前打了转向灯，警告信号就会被屏蔽，认定驾驶员为有意识地换道。

目前该系统主要应用于结构化的道路上，如高速公路和路面条件较好（车道线清晰）的公路上行驶。当车速达到 65km/h 或以上才开始运行。

4.1.10　LCAS 并线辅助系统

并线辅助系统（lane change assist system，LCAS）也称盲区监测，作为一项汽车智能安全技术，能够通过安装的电子控制系统，在左、右两个后视镜内或者其他地方提醒驾驶者后方安全范围内有无障碍物或来车。从而消除视线盲区，提高行车安全，对初学驾驶者帮助很大。图 4-20 所示为并线辅助系统工作示意图。

车道保持辅助系统(LKAS)

➤ 系统在车辆慢慢滑出车道时通过声音、图像方式向驾驶员报警。若报警发出后系统判断驾驶员无纠正反应，则系统指令EPS动作使车辆回到原来的驾驶车道

➤ 说明：系统为高速公路行驶时驾驶辅助系统，开发以驾驶员习惯及实际工况为指导，为避免行驶中驾驶员主动换道时系统频繁报警的情况进行优化

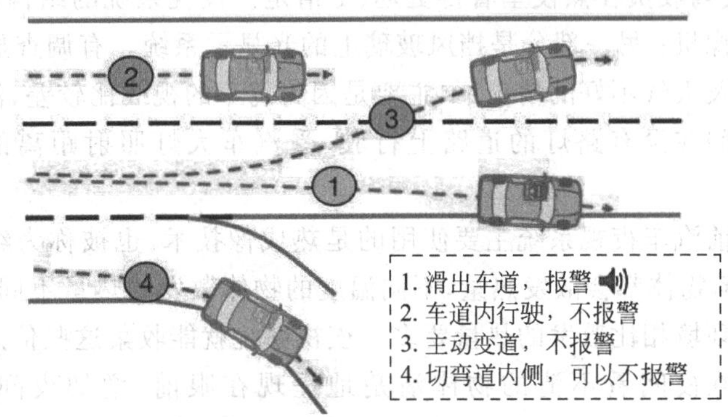

图 4-19　LKAS 车道保持辅助系统工作示意图

图 4-20　LCAS 并线辅助系统工作示意图

并线辅助装置的形式是在左、右两个后视镜内或者其他地方提醒驾驶者后方的来车。这项装置需要在车辆时速超过 60km/h 变道时才能自动启动，车速过低则不能启动。它可以探测到侧后方驶来的最远 50m 处的车辆。如果系统探测到其他车辆，会通过安装在后视镜中的一个 LED 显示灯告知驾驶者；如果驾驶者在准备转换车道时启动了转向指示灯，但是没有注意到相邻车道中的其他车辆，该系统就会通过 LED 发送一个闪光信号来警告驾驶者。

沃尔沃的并线辅助系统叫作盲点信息系统，简称 BLIS，奥迪的并线辅助系统叫作侧向辅助系统(audi side assist)。

并线辅助只是一个提醒装置，并不能帮助驾驶员完成并线动作。由于基于可见光成

像系统采集图像，当能见度极差时(比如大雾或者暴风雪天气)，系统可能无法工作。不过此时系统也会对驾驶者有相应的提示。同时，如果你确认安全(如非常拥挤的路段)，也可以手动关闭该系统。

4.1.11 LNVS 夜视系统

车道夜视系统(lane night vision system，LNVS)利用红外线技术能将黑暗变得如同白昼，使驾驶员在黑夜里看得更远、更清楚。夜视系统的结构由两部分组成：一部分是红外线摄像机；另一部分是挡风玻璃上的光显示系统。有调查显示 60%的交通事故都发生在夜间及天气不好的情况下，主要是因为驾车的视线比较差，汽车速度比较快引起的。尤其是夜间在没有路灯的道路上行驶，受汽车大灯照射距离的限制，夜间行车会有安全隐患。

目前汽车夜视系统主要使用的是热成像技术，也被称为红外线成像技术。其原理就是：任何物体都会散发热量，不同温度的物体散发的热量不同。人类、动物和行驶的车辆与周围环境相比散发的热量要多。夜视系统就能收集这些信息，然后转变成可视的图像，把本来在夜间看不清的物体清楚地呈现在眼前，增加夜间行车的安全性，如图 4-21 所示。

图 4-21 LNVS 汽车夜视系统工作示意图

车载夜视系统给驾驶者带来了极大的安全感。据实验表明，一般汽车等只能照射 100m 左右，而夜视系统至少可看到 450m 以外的路况信息，耗电量却是前照灯的 1/4。如果汽车行驶前方有一个成年行人，一个视力好的司机用近光灯可以在距他 88m 处看到他，用远光灯可达到 164m，而用夜视系统却能在 458m 外发现前方的行人，尽管行人在屏幕上只是一个小发光点。另外，即使打开汽车前灯也不会影响图像的显示，迎面驶来汽车的强烈车灯光也不会使夜视系统致盲。夜视系统是全天候的电子眼，在雨雪、浓雾天气公路上的物体及路旁的一切也都能尽收眼底，大大提高了汽车行驶的安全性。

4.1.12　TPMS胎压监测系统

胎压监测系统(tire pressure monitor system,TPMS)可对汽车轮胎气压进行实时自动监测,并对轮胎漏气和低气压进行报警,以确保行车安全。胎压不管过高或高低,对汽车的行车安全都有影响。当胎压过高时,会减小轮胎与地面的接触面积,而此时轮胎所承受的压力相对提高,轮胎的抓地力会受到影响。另外,当车辆经过沟坎或颠簸路面时,轮胎内没有足够空间吸收震动,除了影响行驶的稳定性和乘坐舒适性外,还会加大悬挂系统的冲击力度,由此也会带来危害。同时,在高温时爆胎的隐患也会相应地增加。当胎压过低时,因轮胎和地面的摩擦生热比较严重,容易导致轮胎过度变形和过热,最终导致胎壳破裂。由于空气不足,胎壳须负担大部分重量,其潜在的危险比过度充气轮胎更大。

胎压监测主要分为两种,一种是直接式胎压监测;另一种是间接式胎压监测。

1. 直接式胎压监测装置

直接式胎压监测装置是利用安装在每一个轮胎里的压力传感器直接测量轮胎的气压,利用无线发射器将压力信息从轮胎内部发送到中央接收器模块上,然后对各轮胎气压数据进行显示。当轮胎气压太低或漏气时,系统自动报警。直接式胎压监测装置如图 4-22 所示。

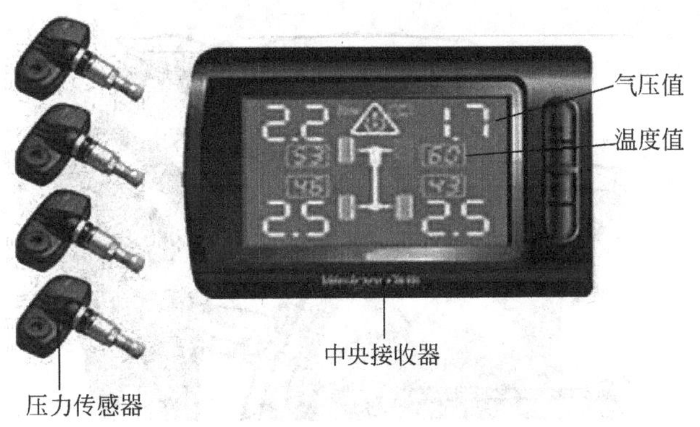

图 4-22　直接式胎压检测仪装置

2. 间接式胎压监测

间接式胎压监测的工作原理是当某轮胎的气压降低时,车辆的重量会使该轮胎的滚动半径变小,导致其转速比其他车轮快,通过比较轮胎之间的转速差别,达到监测胎压的目的。间接式轮胎报警系统实际上是依靠计算轮胎滚动半径对气压进行监测,如图 4-23 所示。

图 4-23　间接式胎压监测

4.2 识别汽车被动安全性系统

微课视频——识别汽车被动安全性系统

为避免或减轻人员在车祸中受到伤害而采取的安全设计称为被动安全性设计，如安全气囊、安全带、车身的前后吸能区、车门防撞钢梁都属被动安全性设计。它们都在车祸发生后才起作用。

◎ 客户委托4-2

小王开车载着自己的父母和弟弟在高速公路上行驶，突然在一个收费站被交警拦下，在大家充满疑惑的目光中，交警查看汽车里所有人的安全带使用情况后，说明情况(图 4-24)并开出了罚单。

图 4-24　交警询问情况

◎ 学习目标

能够识别汽车被动安全性系统。

◎ 知识点与技能点清单

学 习 目 标	知 识 点	技 能 点
识别汽车被动安全性系统	(1) 安全气囊； (2) 安全带； (3) 侧门防撞钢梁	(1) 能够向客户介绍现代汽车被动安全技术的结构组成与工作原理； (2) 能够找出被动安全系统各组成部分及传感器的安装位置

◎学习指南

(1) 明确学习目标和知识与技能点清单。

(2) 在课前完成学习任务中的知识类内容。在完成知识类学习任务时，可以参考本单元提供的学习信息，利用网络、厂家提供的维修手册和各类教学资源库等学习资源，也可以在课前或上课时向任课教师寻求帮助。任课教师可在正式上课时展示或共享大家对于知识类学习任务的完成情况，实现学习交流。

(3) 学习任务中的实操类内容，可以在正式上课前自行完成，也可以由任课教师在课堂上安排完成。

(4) 完成学习任务后，自行根据本书的鉴定表进行自查，并根据自己的不足进行知识与技能的补充学习。

(5) 任课教师按照鉴定表进行知识与技能鉴定。请注意，鉴定包括过程鉴定与终结性鉴定。学生平时的学习过程也将作为鉴定的依据，例如学习态度、学习过程中的技能展示、职场安全意识等。

◎学习任务

(1) 请指出图 4-25 所示汽车安全气囊中的名称序号。

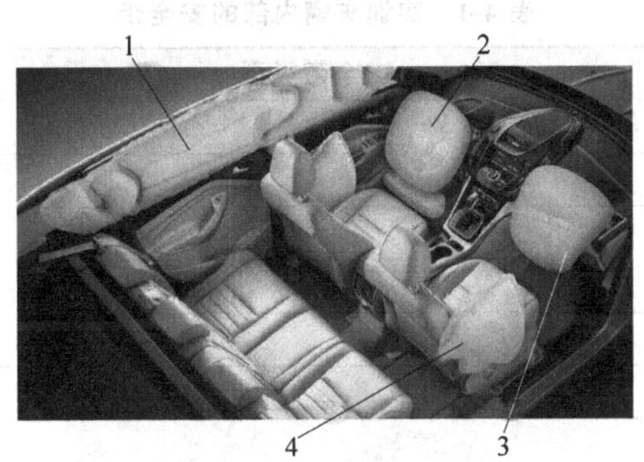

图 4-25　汽车安全气囊

(　　)主驾驶安全气囊(main driver airbag)；(　　)头部安全气帘(head safety air curtain)；(　　)侧面安全气囊(side-impact airbag)；(　　)副驾驶安全气囊(the co-pilot drives the airbags)。

(2) 到汽车实训场所观察汽车安全气囊的数量和安装位置，填写表 4-3。

表 4-3　实训车辆安全气囊的数量和安装位置

序　　号	汽车型号	气囊数量	气囊安装位置

(3) 请指出图 4-26 所示的汽车座椅安全带的部件名称的序号。

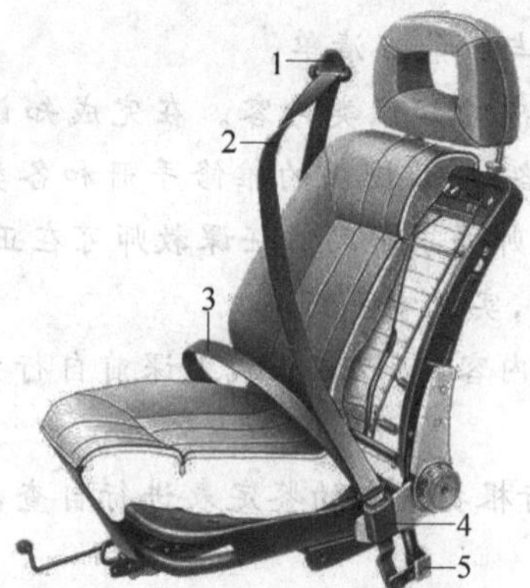

图 4-26　汽车座椅安全带的部件

(　　)安全带锁扣(lock catch for the safety belt)；(　　)肩带(shoulder strap)；(　　)固定点(fixed point)；(　　)腰带(belt)。

(4) 到汽车实训场所观察汽车内部的安全带，填写表 4-4。

表 4-4　实训车辆内部的安全带

汽 车 型 号	安全带类型	安全带安装位置

(5) 在图 4-27 中圈出汽车的侧门防撞钢梁。

图 4-27　圈出汽车的侧门防撞钢梁

(6) 到汽车实训场所观察汽车防撞钢梁的安装位置,填写表4-5。

表4-5 实训车辆防撞钢梁的安装位置

汽车型号	安装位置	备注

鉴定

任课教师可以通过平时教学过程中学生的学习态度、参与教学活动的积极性、职场安全意识及终结性鉴定结果等确定其最后的鉴定结果,每个学生最多可以鉴定三次,鉴定教师把鉴定结果填在表4-6中。

表4-6 4.2节鉴定表

学习目标	鉴定1	鉴定2	鉴定3	鉴定结论	鉴定教师签字
识别汽车被动安全性系统				□通过 □不通过	

4.2.1 安全气囊

安全气囊系统是一种被动安全性的保护系统,它与座椅安全带配合使用,可以为乘员提供有效的防撞保护。安全气囊一般安装在车内前方(正、副驾驶位),侧方(车内前排和后排)和车顶三个方向。在装有安全气囊系统的容器外部都印有(supplemental inflatable restraint system,SRS)的字样,直译成中文为"辅助可充气约束系统"。安全气囊旨在减轻汽车碰撞后,乘员因惯性发生二次碰撞时的伤害程度。

1. 气囊的分类

安全气囊根据在汽车上不同的安全位置分为主、副驾驶安全气囊,侧面安全气囊,头部安全气帘,膝部安全气囊,气囊式安全带和行人安全气囊,如图4-28所示。

(1) 主、副驾驶安全气囊。主驾驶座安全气囊安装在方向盘上,早期在安全气囊刚普及时,一般只有驾驶员才配备有安全气囊。而随着安全气囊的重要性日益凸显,大多数车型在副驾驶座也配备了安全气囊。

(2) 侧气囊。侧气囊安装在座椅外侧,目的是减缓侧面撞击造成的伤害。很多厂家的车型都会标配前排两个座椅的侧气囊,而装配后排侧气囊的车型则很少。

(3) 头部安全气帘。头部安全气帘也叫侧气帘,在碰撞时弹出遮盖车窗,以达到保护乘客的效果。一般情况下,大多数的头部安全气帘都是前后贯通式,只有少数品牌仅有前

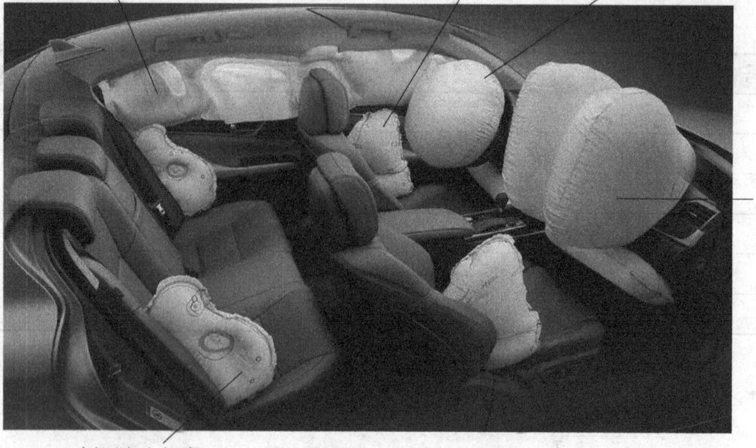

头部安全气帘　侧面安全气囊　主驾驶安全气囊

副驾驶安全气囊

侧面安全气囊

图 4-28　汽车安全气囊布置

排头部安全气帘。前排头部安全气帘通常安装在挡风玻璃两侧钢梁内侧。

(4) 膝部安全气囊。膝部安全气囊是用来降低乘员在二次碰撞中车内饰对乘员膝部的伤害。膝盖部分的气囊位于前排驾驶座椅内，一旦打开能够缓解来自正面碰撞的前冲力，从而有效保护后排乘客的腰下肢体部位。如图 4-29(a)所示。

(5) 气囊式安全带。当碰到意外情况时，安全带会瞬间膨胀成气囊状，其缓解冲击力的效果是传统安全带的 5 倍。主要作用是：①面积大，可以有效降低头部与颈部的晃动；②气囊膨胀时具备一定的反作用力，能减少车祸中乘客容易出现的肋骨骨折、内脏器官受损和瘀伤等现象，可避免因气囊弹伤颈椎的 60%以上的伤亡事故。

(6) 行人安全气囊。尽管行人安全气囊是由丰田公司最先发明，但沃尔沃却是第一个把这项技术应用到量产车上的品牌，沃尔沃对外发布将把“行人安全气囊”这项安全技术配备在即将推出的 V40 之中。这项技术的应用可以使行人与车辆发生碰撞时，进一步减轻行人受到的伤害。如图 4-29(b)所示。

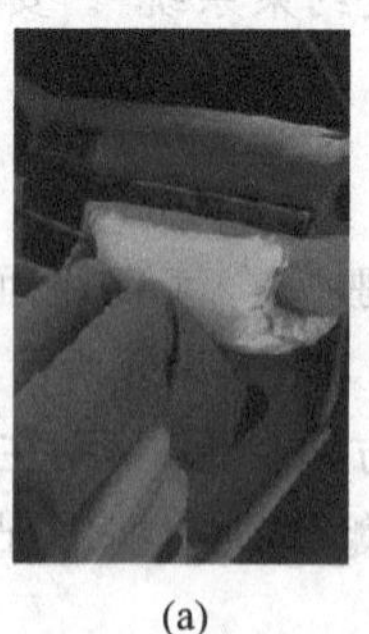

(a)

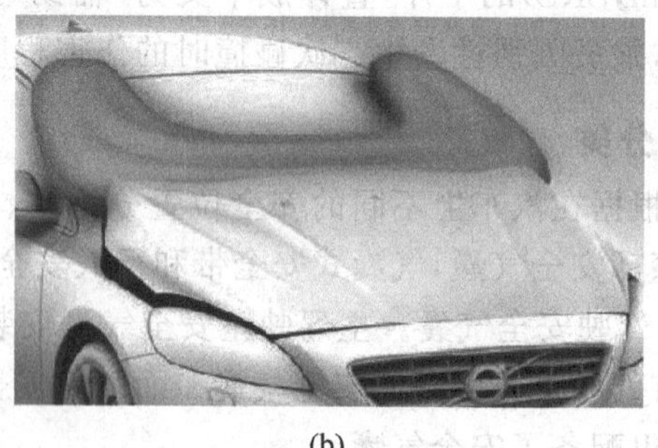

(b)

图 4-29　汽车膝部气囊和行人安全气囊

2. 安全气囊的组成

安全气囊系统一般由传感器、控制单元、气囊组件等组成，如图 4-30 所示。

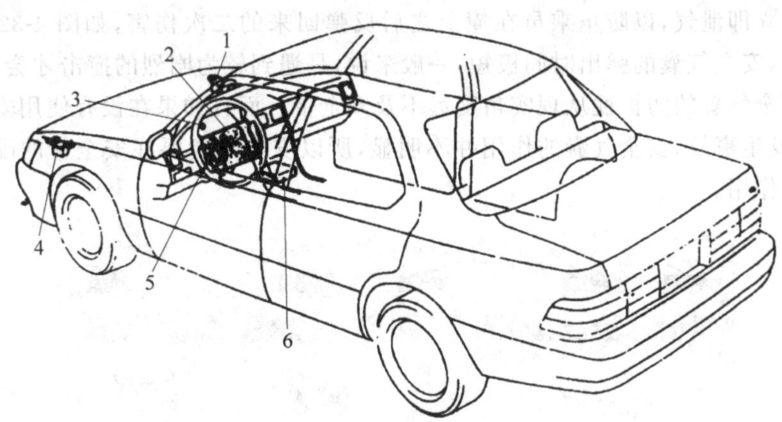

图 4-30 LS400 型轿车安全气囊系统示意图(schematic diagram of airbag system for LS400 car)

1—右前碰撞传感器(right front impact sensor); 2—安全气囊(airbag); 3—安全气囊指示灯(airbag indicator light); 4—左前碰撞传感器(left front impact sensor); 5—螺旋弹簧(coil spring); 6—安全气囊控制单元(airbag computer)

SRS 气囊组件按安装位置分为驾驶席、副驾驶席、后排乘员席、侧面气囊组件。正面 SRS 主要保护面部和胸部,侧面主要保护头部和腰部。图 4-31 为驾驶席气囊和乘员席气囊组件示意图。

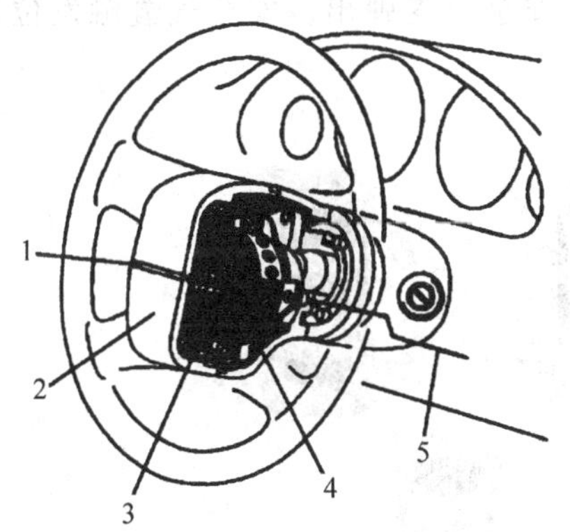

(a) 驾驶席气囊组件(driver seat air bag module)

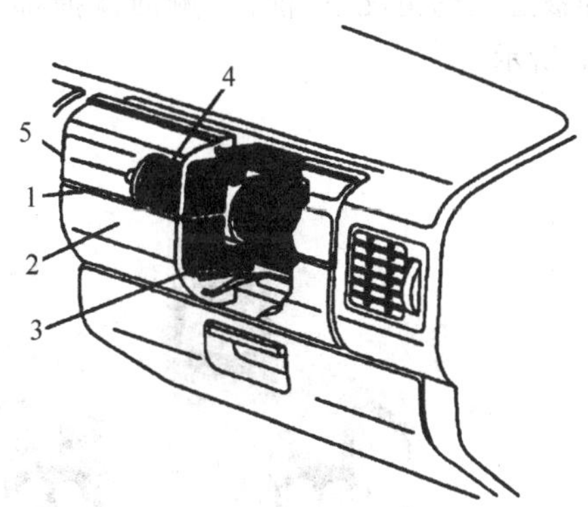

(b) 乘员席气囊组件(passenger seat air bag module)

图 4-31 气囊组件结构

1—饰盖撕印(seal cover); 2—气囊饰盖(air bag cover); 3—SRS 气囊(SRS air bag); 4—气体发生器(gas generator); 5—点火器引线(ignition lead)

3. 气囊的工作原理

当车辆前端发生了强烈的碰撞,安全气囊就会瞬间从方向盘内“蹦”出来,垫在方向盘与驾驶者之间,防止驾驶者的头部和胸部撞击到方向盘或仪表板等硬物上。安全气囊对正面碰撞的受力和接触面积都有要求,一般在时速 40 公里以上的正面撞击,以及车辆中心左右各约 30°角的正侧面撞击时,才会产生作用。

工作过程:传感器侦测撞车的强烈程度,传递出信号;气体发生器根据信号指示产生点火动作点燃固态燃料,产生的气体(多为氮气)向气囊充气,使气囊迅速膨胀;当膨胀起来后气囊又立即泄气，以防止乘员在撞上之后反弹回来的二次伤害，如图 4-32 所示。必须说明的是，安全气囊的弹出时间极短，一般来说，是遇到较为剧烈的撞击才会弹出，且不可收回。安全气囊的防护性从现实角度远不及安全带。而且如果在没有使用安全带的情况下，一旦发生事故，安全气囊的作用并不明显，所以安全气囊要在安全带的配合使用下才能发挥其作用。

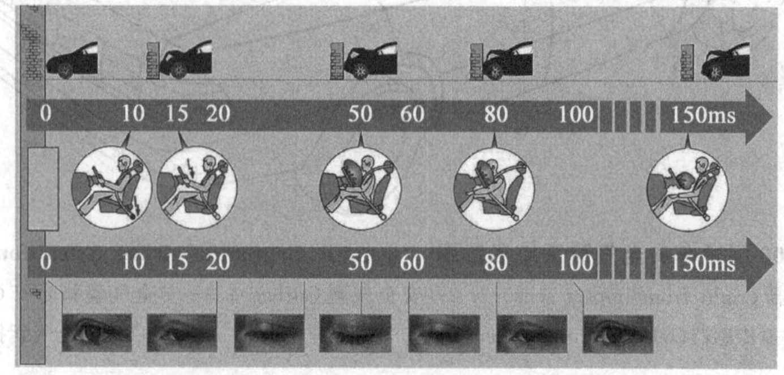

图 4-32 主安全气囊工作过程示意图

一些高档车型一旦发生碰撞，除了安全气囊工作外，所有车门解锁、内部照明点亮、安全带收紧、应急灯闪烁和发动机熄火。另外安全气囊工作也需要一些条件，如在点火开关关闭和被追尾的情况下，前面、侧面碰撞都不会使安全气囊弹出。安全气囊触发位置如图 4-33 所示。

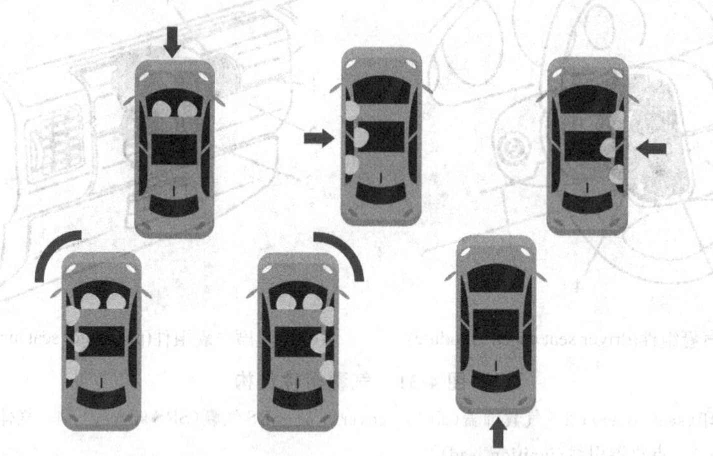

图 4-33 安全气囊触发位置示意图

4.2.2 安全带

安全带是为了固定乘员身体以避免发生碰撞而设置的，主要有两点式和三点式两种。两点式只固定乘员的腰部，不能固定上半身，一般不用在前座。三点式在两点的基础上加一根斜跨到肩部固定上半身的带子，固定带子的固定点有三处，可固定乘员的上半身，提高了安全性。

1. 前座椅安全带

常见轿车前座椅安全带如图 4-34 所示。

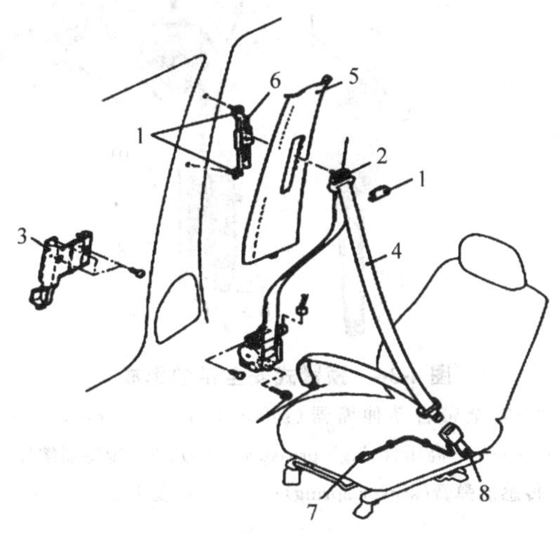

图 4-34 前座椅安全带的组成

1—导件盖(gide cover)；2—连接预紧式安全带(connecting pre tightening safety belt)；3—支架(holder)；4—预紧式安全带(pre tightening safety belt)；5—中柱上饰板(B-pillar upper trim panel)；6—安全带高度调整器(seat belt height adjuster)；7—线路接头(electrical connector)；8—内座椅安全带(inner seat belt)

2. 后座椅安全带

常见轿车后座椅安全带如图 4-35 所示。

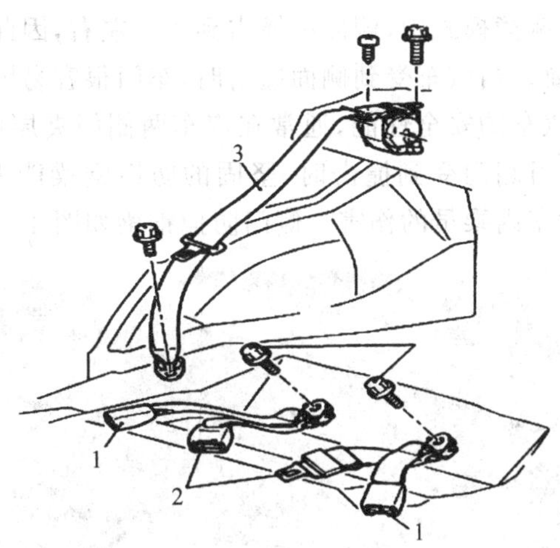

图 4-35 后座椅安全带的组成

1—内座椅安全带(inner seat belt)；2—中座椅安全带(middle seat belt)；3—外座椅安全带(outer seat belt)

3. 预紧式安全带

预紧式安全带是汽车安全带的一种，与其他安全带不同的是在预紧式安全带上增加了预张紧器。预张紧器在发生碰撞时可以感知一定的冲击,然后通过气体发生剂等产生动作,起到瞬间拉近安全带的作用。预紧式安全带如图 4-36 所示。

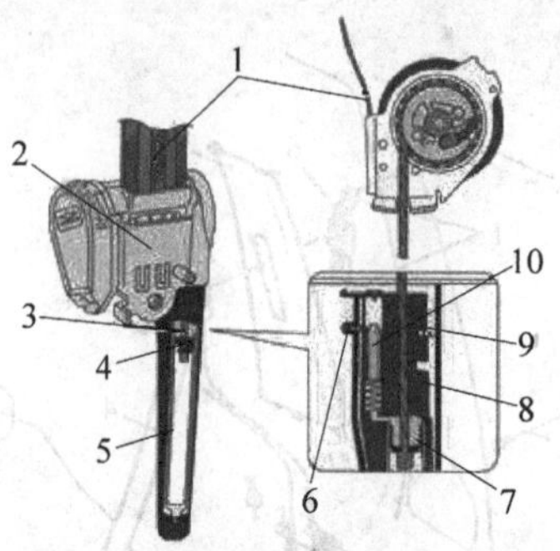

图 4-36　预紧式安全带的组成

1—安全带(safety belt); 2—安全带自动伸缩器(safety belt automatic telescopic device); 3—钢丝绳(wirerope); 4、7—活塞(piston); 5—高压管(high-pressure tube); 6—传感器螺栓(sensor bolt); 8—传感器支架(sensor housing); 9—传感器弹簧(sensor spring); 10—气体发生器(gas generator)

当汽车发生碰撞的一瞬间,乘员尚未向前移动时预紧式安全带会首先拉紧织带,立即将乘员紧紧地绑在座椅上,然后锁止织带防止乘员身体前倾,从而有效保护乘员的安全。预紧式安全带除了有普通安全带卷收器的收放织带功能外,还有控制装置和预拉紧装置,它们的功能是当车速发生急剧变化时,能够在 0.1s 左右的时间内加强对乘员的约束力,将乘员固定在座位上,最大限度的降低伤害。预紧式安全带也可归于主动安全类。

4.2.3　侧门防撞钢梁

据调查,在所有车的碰撞模式中,侧面碰撞占到 1/3 左右,因此,如何保护驾驶者在侧面撞击时的安全尤为重要。当汽车受到侧面撞击时,车门很容易因冲击而变形,直接伤害到车内乘员。为了提高汽车的安全性能,通常在汽车两侧门夹层中间放置一两根非常坚固的钢梁,它的作用是:当侧门受到撞击时,坚固的防撞钢梁能大大减轻侧门的变形程度,从而减少汽车撞击对车内乘员的伤害。侧门防撞钢梁如图 4-37 所示。

图 4-37　侧门防撞钢梁

单元 5

识别汽车车身及附件

5.1 识别汽车车身

汽车车身是载运乘客或货物的活动建筑物，它既是乘客的遮蔽外壳，又是货物的承载装置。车身结构按承载方式可分为非承载式、承载式和半承载式三种类型。

◎ 客户委托5-1

有一辆某品牌汽车，该车总行驶里程近 15 万公里。某天车主发现该车左前车门闭合不紧，并且开关门时有异响。经修理厂检查，发现该车左前车门铰链润滑不足，磨损严重，需要更换左前门铰链并喷涂润滑剂。

◎ 学习目标

能够分别识别货车、轿车以及客车的车身。

◎ 知识与技能点清单

学习目标	知识点	技能点
识别汽车车身	(1) 货车车身； (2) 轿车车身； (3) 客车车身	能够分别识别货车、轿车以及客车的车身

◎ 学习指南

(1) 明确学习目标和知识与技能点清单。

(2) 在课前完成学习任务中的知识类内容。在完成知识类学习任务时，可以参考本单元提供的学习信息，利用网络、厂家提供的维修手册和各类教学资源库等学习资源，也可以在课前或上课时向任课教师寻求帮助。任课教师可在正式上课时展示或共享大家对于知识类学习任务的完成情况，实现学习交流。

(3) 学习任务中的实操类内容,可以在正式上课前自行完成,也可以由任课教师在课堂上安排完成。

(4) 完成学习任务后,自行根据本书的鉴定表进行自查,并根据自己的不足进行知识与技能的补充学习。

(5) 任课教师按照鉴定表进行知识与技能鉴定。请注意,鉴定包括过程鉴定与终结性鉴定。学生平时的学习过程也将作为鉴定的依据,例如学习态度、学习过程中的技能展示、职场安全意识等。

◎ 学习任务

(1) 请正确连线货车车身部件。

货箱
(van body)

驾驶室
(driver's cab)

(2) 正确区分货车的类型。

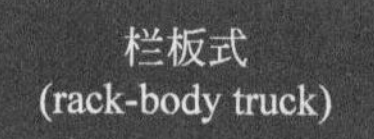

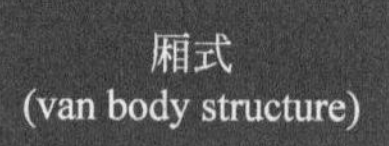

平板式
(flat bed truck)

（3）到汽车实训场所或修理厂现场确认货车车身及外部附件，完成表 5-1。

表 5-1 货车车身及外部附件

车型： 底盘号码： 车身类型：

序号	主要部件名称(英汉双语)	安装位置	数量	主要作用

（4）请指出图 5-1 所示承载式轿车车身壳体部件名称的序号。

图 5-1 承载式轿车车身壳体部件

（ ）发动机挡板（engine baffle）；（ ）门槛（threshold）；（ ）车顶纵梁（roof rail）；（ ）底板加强梁（bottom stiffener）；（ ）发动机固定架（engine mount）。

（5）到汽车实训场所或修理厂现场确认轿车车身及外部附件，完成表 5-2。

表 5-2 轿车车身及外部附件

车型： 底盘号码： 车身类型：

序号	主要部件名称(英汉双语)	安装位置	数量	主要作用

(6) 请指出图 5-2 所示，客车车身框架的部件名称的序号。

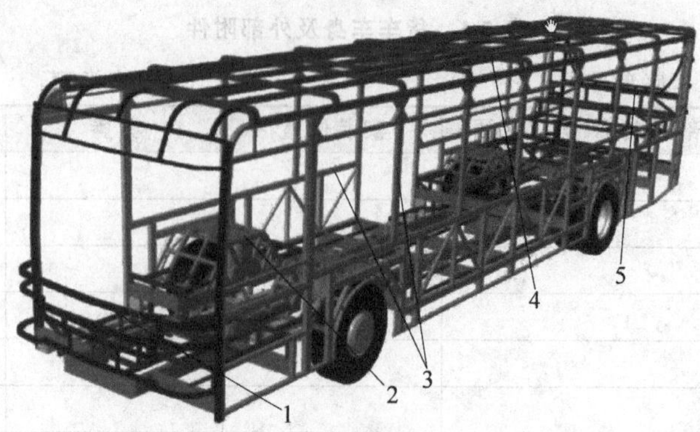

图 5-2　客车车身框架的部件

(　　)底骨架(bottom frame)；(　　)后围骨架(rear wall frame)；(　　)侧围骨架(side wall frame)；(　　)前围骨架(front wall frame)；(　　)顶骨架(top skeleton)。

(7) 到汽车实训场所或修理厂现场确认客车车身及外部附件，完成表 5-3。

表 5-3　客车车身及外部附件

车型：　　　　底盘号码：　　　　车身类型：

序号	主要部件名称(英汉双语)	安装位置	数量	主要作用

鉴定

任课教师可以通过平时教学过程中学生的学习态度、参与教学活动的积极性、职场安全意识及终结性鉴定结果等确定其最后的鉴定结果。每个学生最多可以鉴定三次，鉴定教师需将鉴定结果填在表 5-4 中。

表 5-4　5.1 节鉴定表

学 习 目 标	鉴定 1	鉴定 2	鉴定 3	鉴定结论	鉴定教师签字
能够识别货车、轿车以及客车的车身				□通过 □不通过	

5.1.1 货车车身

微课视频——识别汽车车身

货车车身主要包括驾驶室及货箱。

1. 驾驶室(driver's cab)

货车驾驶室多采用非承载式无骨架的全金属壳体结构，由薄钢板冲压件焊接而成。货车驾驶室如图 5-3 所示，按其结构大体分为长头式、短头式和平头式三种。

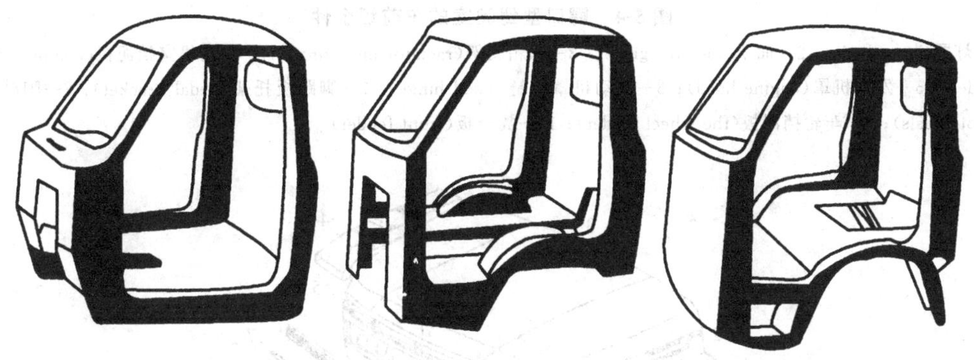

(a) 长头式(conventional cab)　(b) 短头式(semi-forward control cab)　(c) 平头式(forward control cab)

图 5-3 货车驾驶室

(1) 鳄口型驾驶室

鳄口型驾驶室的主体与车头用螺栓组装在一起，以六点弹性悬置固定在车身上。它主要由驾驶室主体、翼子板、发动机罩、散热器支承架等构件组成，如图 5-4 所示。

(2) 车头翻转型驾驶室

车头翻转型驾驶室由驾驶室主体和车前钣金件两部分组成，如图 5-5 所示。

2. 货箱(van body)

货箱也称车厢，因所装货物不同分为栏板式、平板式和厢式，如图 5-6 所示。

5.1.2 轿车车身

轿车车身是由外部覆盖件和内部钣金件经冲压、焊接而成的空间结构。它一般由发动机罩、顶盖、地板、行李箱盖、前后翼板、散热器框、门窗、支柱、侧梁、门槛、保险杠、车轮罩、车内外装饰及车灯等构成。图 5-7 所示为承载式轿车车身的结构示意图。

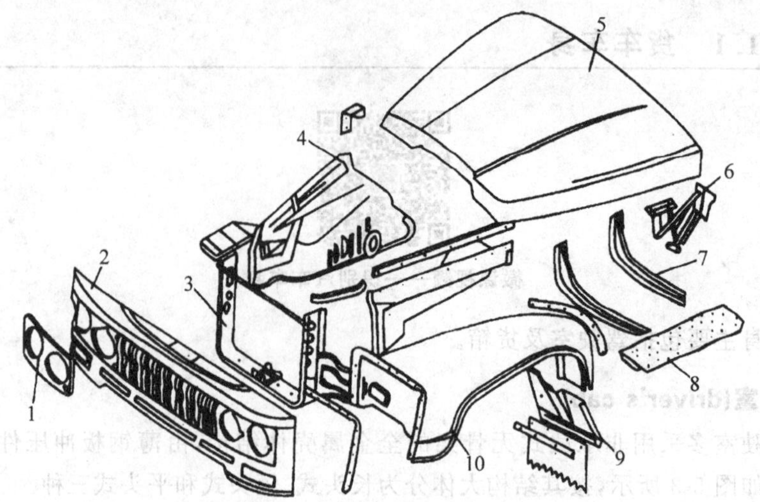

图 5-4　鳄口型驾驶室的车前钣金件

1—灯罩(lampshade)；2—面罩(radiator grille)；3—水箱支架(radiator mounting)；4—发动机室挡泥板(engine room fender)；5—发动机罩(engine hood)；6—发动机罩铰链(hood hinge)；7—脚踏板托架(pedal bracket)；8—脚踏板(foot pedals)；9—车轮挡泥板(the wheel fender)；10—翼子板(front fender)

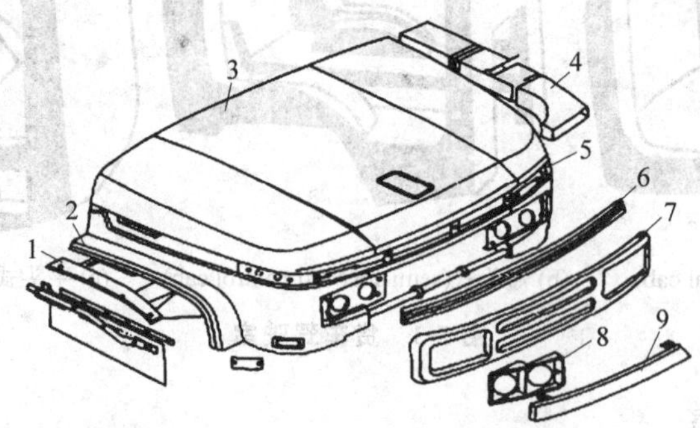

图 5-5　车头翻转型驾驶室的车前钣金件

1—挡泥板(mudguard)；2—轮罩(wheel cowling)；3—发动机罩(engine hood)；4—通风管(ventiduct)；5—前围构件(front component)；6—导流栅(diffuser grid)；7—面罩(radiator grille)；8—灯罩(lampshade)；9—保险杠支架(bumper bracket)

(a) 栏板式(rack-body truck)　(b) 平板式(flat bed truck)　(c) 厢式(van body structure)

图 5-6　货车车厢形式

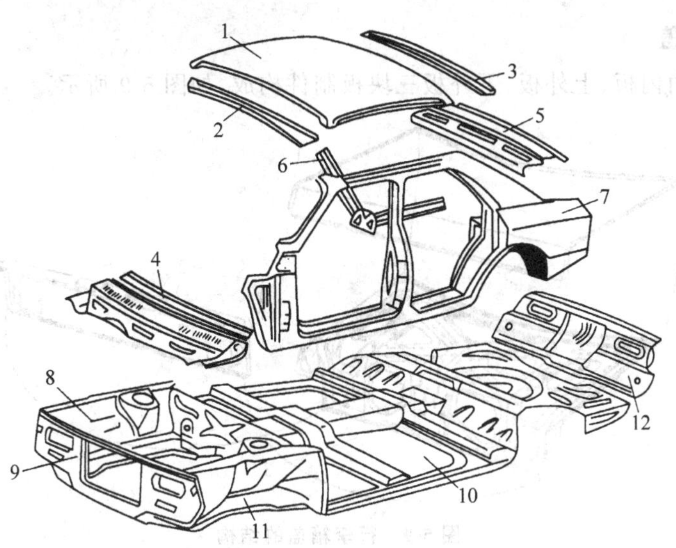

图 5-7 承载式轿车车身结构

1—顶盖(roof panel)；2—前风窗框上部(upside of front windshield frame)；3—后风窗框上部(upside of rear windshield frame)；4—前围外板(front outer panel)；5—后围板(squab panel)；6—加强撑(reinforced brace)；7—侧门框部件(side door frame component)；8—前轮罩(front wheel cover)；9—散热器框架(radiator frame)；10—底板部件(base plate parts)；11—底板前纵梁(bottom front rails)；12—行李箱后板(trunk rear panel)

1. 车身前板制件

车身前板制件俗称车头，主要由发动机罩、散热器面罩及散热器固定板、前翼子板、保险杠、挡泥板以及各种加强件、固定件和装饰件等组成，如图 5-8 所示。

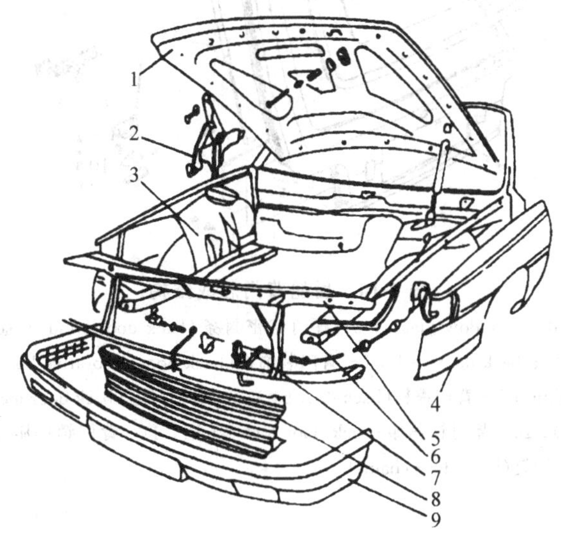

图 5-8 车身前板制件结构

1—发动机罩(engine cowling)；2—发动机罩铰链(engine hood hinge)；3—前挡泥板(front mudguard)；4—前翼子板(front fender)；5—发动机罩锁板(engine hood jam plate)；6—前纵梁(front rail)；7—发动机罩锁(engine hood lock)；8—散热器面罩(radiator cover)；9—保险杠(bumper)

2. 行李箱盖

行李箱盖由内板、上外板、下外板三块板制件构成，如图 5-9 所示。

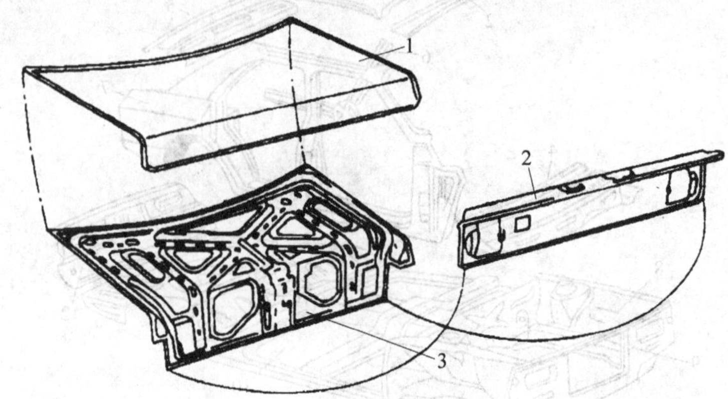

图 5-9　行李箱盖的结构

1—上外板（upper external panel）；2—下外板（lower external panel）；3—内板（internal panel）

3. 后舱背门

后舱背门总成的结构如图 5-10 所示。

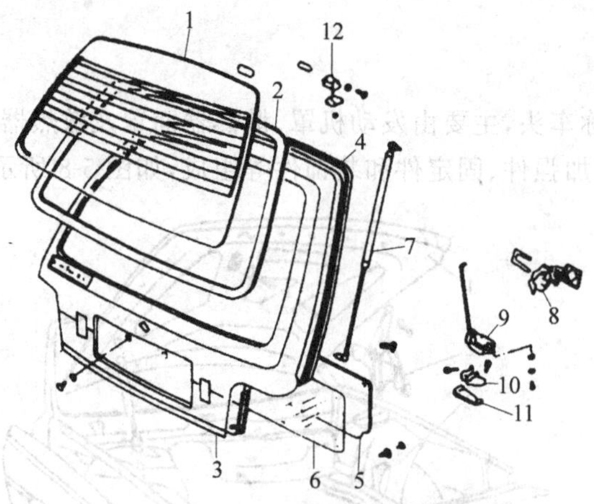

图 5-10　后舱背门总成结构

1—背门窗玻璃（back door window glass）；2—背门窗密封条（back door window seal）；3—背门（back door）；4—背门洞密封条（back door seal）；5—背门装饰板（back door decorative board）；6—背门密封薄膜（back door sealing film）；7—背门撑杆（back door bar）；8—背门锁芯（back door lock core）；9—背门锁销（back door lock pin）；10—背门锁闩眼（back door lock latch）；11—背门锁闩眼垫片（back door lock latch shim）；12—背门锁链（back door chains）

4. 保险杠

保险杠的结构分为普通型、吸能型和整体成型树脂型三类。普通保险杠的结构简单，质量较轻，广泛用于一般汽车上，如图 5-11 所示。

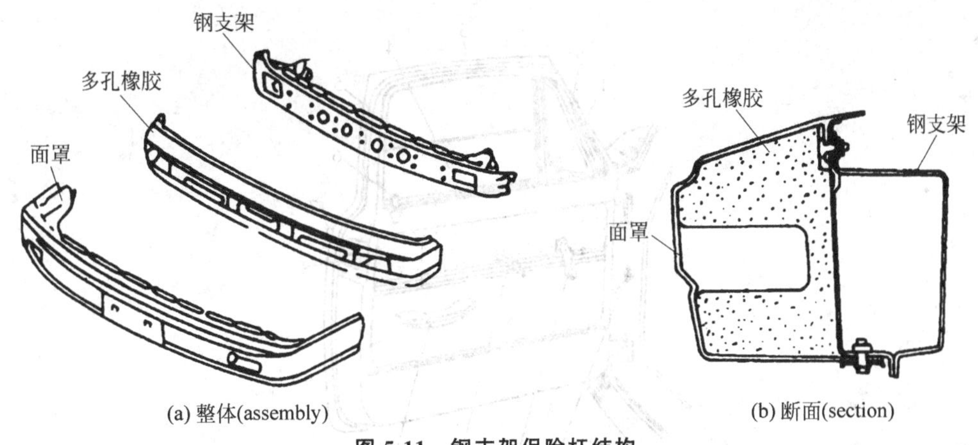

(a) 整体(assembly)　　(b) 断面(section)

图 5-11 钢支架保险杠结构

5. 滑板式顶盖

滑板式顶盖的构造如图 5-12 所示。滑板式顶盖主要由滑动顶盖总成、车顶支架、滑动机构、驱动电动机总成及顶盖锁机构等组成。

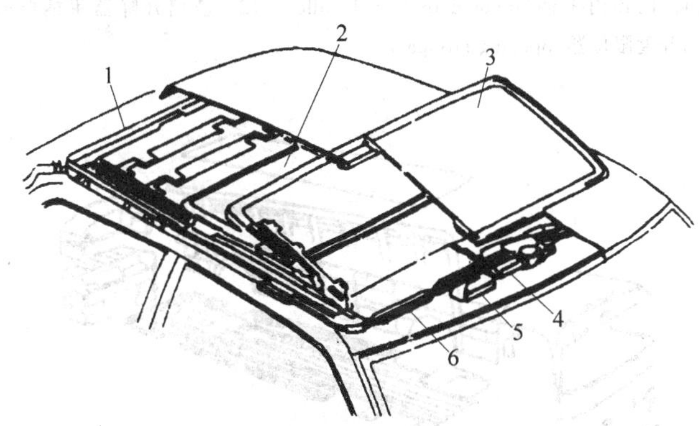

图 5-12 滑板式顶盖结构

1—支架(support)；2—遮阳板(sun visor)；3—玻璃(glass)；4—驱动电动机及齿轮(drive motor and gear)；5—控制继电器(control relay)；6—驱动钢索(driving cable)

6. 车门

按车门的开闭方式可分为旋转式车门、推拉式车门以及飞翼式车门，其中以旋转式车门应用最普遍，如图 5-13 所示。

5.1.3 客车车身

客车车身由车厢壳体、顶盖、左右侧围、前后围、内饰、地板、门窗、座椅及室内外附件等组成。

1. 骨架式客车车身(frame type bus body)

骨架式客车车身以组焊成的独立骨架为基础，装配车门、风窗、车窗、顶盖和底板等，如图 5-14 所示。

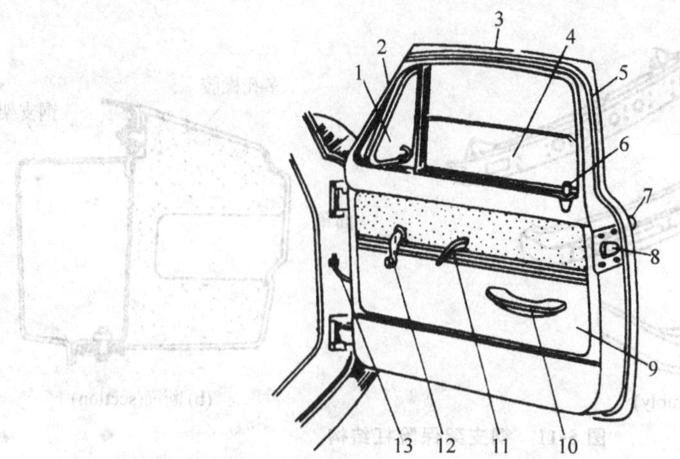

图 5-13　车门结构

1—三角窗(corner window)；2—门内板(inner door panel)；3—门外板(door outer panel)；4—升降玻璃(window glass)；5—密封条(sealing strip)；6—内部锁止按钮(internal lock button)；7—门锁外手柄(outer handle of door lock)；8—门锁(door lock)；9—车门内护板(door inner guard board)；10—拉手(inner handle)；11—门锁内手柄(inner door lock handle)；12—玻璃升降器手柄(window regulator handle)；13—车门开度限位器(opening stopper)

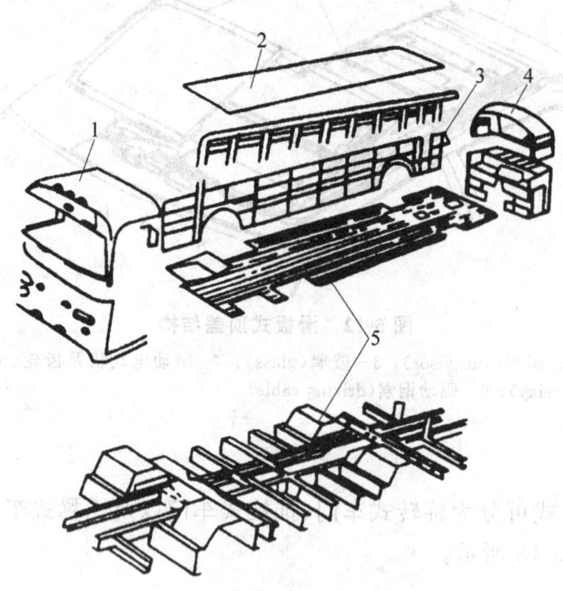

图 5-14　骨架式客车车身的结构

1—前围部分(front wall)；2—顶盖部分(roof cover)；3—侧围部分(side wall)；4—后围部分(body rear)；5—底架与地板(frame and floor)

2. 单元式车身结构(hoop unit structure)

单元式车身结构是利用纵向构件将若干个环箍单元连接起来的一种车身结构，如图 5-15 所示。

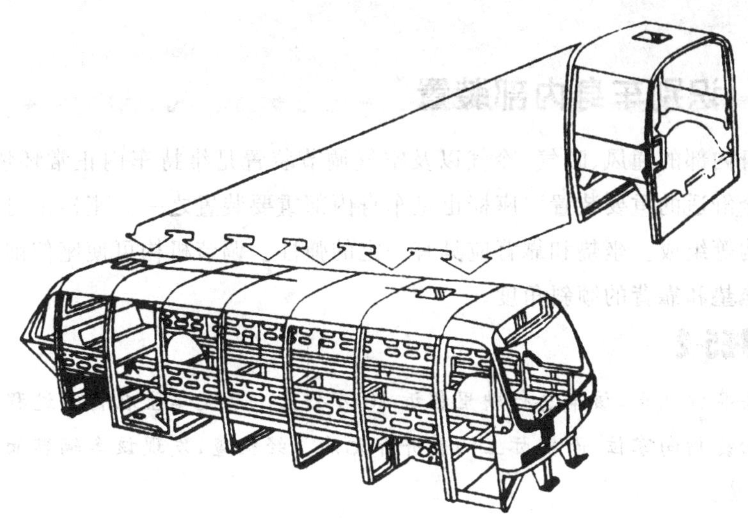

图 5-15 单元式车身结构

3. 嵌合式车身结构(embedded structure)

嵌合式车身结构的车身是全封闭式的,其车身侧壁采用铝合金挤压成型后嵌合而成,如图 5-16 所示。

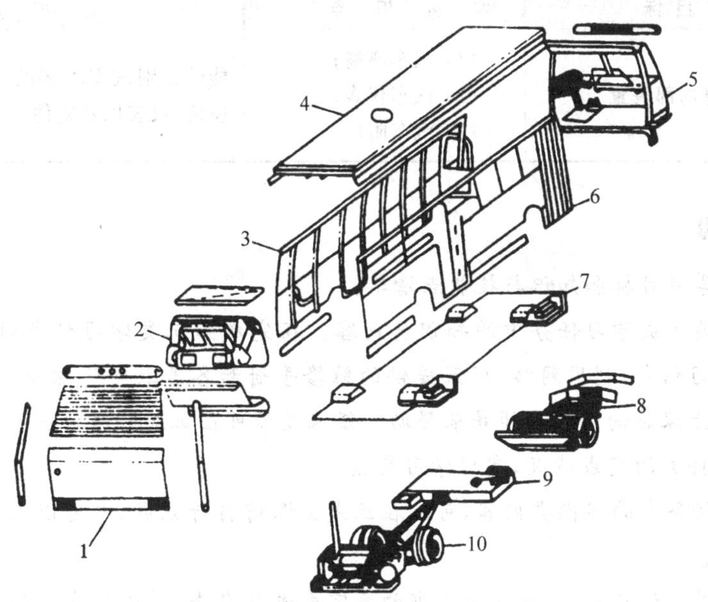

图 5-16 嵌合式车身结构

1—后围(back panel); 2—空调装置(air condition and ventilation system); 3—侧壁(side wall); 4—顶盖(top cap); 5—前脸(body front); 6—侧壁边缘(side wall edge); 7—地板组件(floor assembly); 8—前操纵部分(front control section); 9—储气箱(gas storage tank); 10—后悬架和发动机(rear suspension and engine)

5.2 识别车身内部装置

轿车车身内部的通风、暖气、冷气以及空气调节装置是维持车内正常环境、保证驾驶员和乘客安全舒适的重要装置。座椅也是车身内部重要装置之一。座椅由骨架、坐垫、靠背和调节机构等组成。坐垫和靠背应具有一定的弹性。调节机构可使座位前后或上下移动以及调节坐垫和靠背的倾斜角度。

◎ 客户委托5-2

有一辆某品牌汽车,该车总行驶里程近10万公里。某天车主在行驶过程中发现该车燃油表指针始终指向零位,而实际上油箱并非无油。经检查,发现该车辆燃油表电源线断路,需检修调整。

◎ 学习目标

能够识别车身内部装置。

◎ 知识点与技能点清单

学习目标	知识点	技能点
识别车身内部装置	(1) 汽车座椅; (2) 汽车仪表; (3) 汽车附件	能够识别汽车内部的装置,比如汽车座椅、仪表以及附件

◎ 学习指南

(1) 明确学习目标和知识与技能点清单。

(2) 在课前完成学习任务中的知识类内容。在完成知识类学习任务时,可以参考本单元提供的学习信息,利用网络、厂家提供的维修手册和各类教学资源库等学习资源,也可以在课前或上课时向任课教师寻求帮助。任课教师可在正式上课时展示或共享大家对于知识类学习任务的完成情况,实现学习交流。

(3) 学习任务中的实操类内容,可以在正式上课前自行完成,也可以由任课教师在课堂上安排完成。

(4) 完成学习任务后,自行根据本书的鉴定表进行自查,并根据自己的不足进行知识与技能的补充学习。

(5) 任课教师按照鉴定表进行知识与技能鉴定。请注意,鉴定包括过程鉴定与终结性鉴定。学生平时的学习过程也将作为鉴定的依据,例如学习态度、学习过程中的技能展示、职场安全意识等。

◎ 学习任务

（1）将汽车座椅的类型进行正确连接。

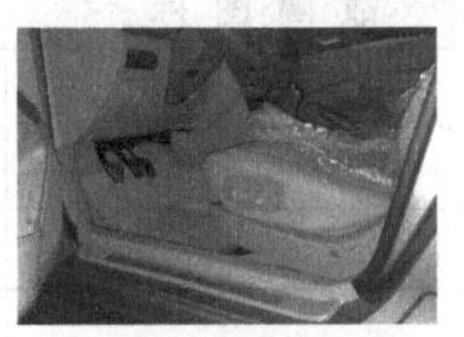

汽车电动座椅 (automotive seat)　　汽车手动座椅 (car seat)

（2）到汽车实训场所现场确认汽车车身内部座椅名称，完成表 5-5。

表 5-5　实训车辆车身内部座椅名称

序　　号	仪表附件名称（英汉双语）	安 装 位 置	主 要 作 用

（3）为图中仪表盘的附件正确连线。

油压 (oil pressure)　转速表 (tachometer)　远光 (distance light)　转向指示灯 (direction indicator lamp)　安全带 (safety belt)　制动故障 (brake failure)

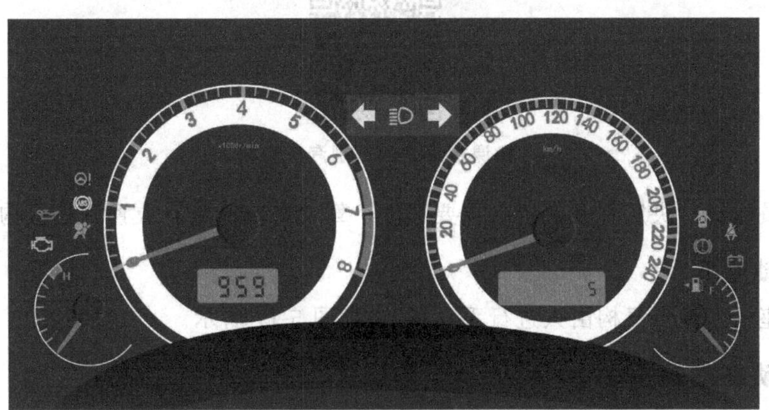

安全气囊报警灯 (airbag alarm lamp)　温度表 (thermometer)　燃油表 (fuel gauge)　里程表 (odometer)　ABS报警灯 (ABS lamp)　速度表 (speed table)

(4) 到汽车实训场所观察汽车仪表盘上故障灯的图标,完成表 5-6。

表 5-6 实训车辆仪表盘上故障灯的图标

序　　号	故障图标	图标名称	主要作用

鉴定

任课教师可以通过平时教学过程中学生的学习态度、参与教学活动的积极性、职场安全意识及终结性鉴定结果等确定其最后的鉴定结果,每个学生最多可以鉴定三次,鉴定教师需将把鉴定结果填在表 5-7 中。

表 5-7 5.2 节鉴定表

学习目标	鉴定 1	鉴定 2	鉴定 3	鉴定结论	鉴定教师签字
能够识别车身内部装置				□通过 □不通过	

5.2.1 汽车座椅

微课视频——识别汽车座椅

驾驶员座椅是决定驾驶位置的重要部件。驾驶员座椅装有位置调整机构。

1. 手动座椅

手动座椅的调整机构由人进行手动调节,如图 5-17 所示。

2. 电动座椅

电动座椅除了在座椅内装有多个调整机构外,还装有多个电动机。乘车人只需要扳动或按动某些按钮,便可以实现由电动机驱动座椅前移或后退、靠背的前后移动等操作,如图 5-18 所示。

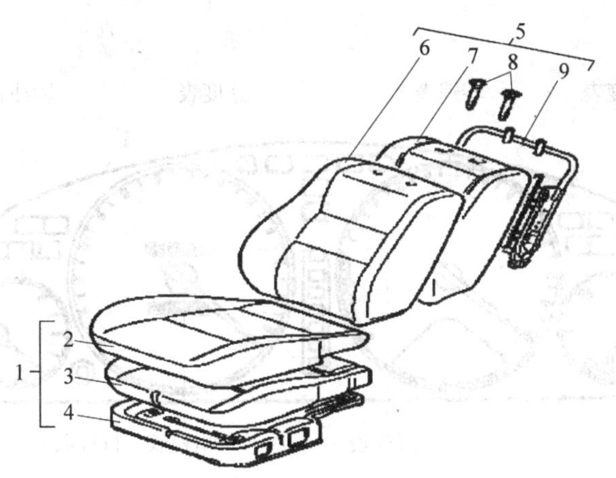

图 5-17 手动座椅结构

1—前座椅垫总成(front seat cushion assembly); 2—前座椅垫盖(front seat cushion cover); 3—前座椅垫(front seat cushion); 4—前座椅垫支承梁(front seat cushion support beam); 5—前座椅背总成(front seat back assembly); 6—前座椅背盖(front seat back cover); 7—前座椅背垫(front seat back cushion); 8—头枕导条(head rest); 9—前座椅背支承梁(front seat back support beam)

3. 后排座椅

一般轿车的后排座椅如图 5-19 所示。

图 5-18 驾驶员电动座椅结构

1—调节座椅前移或后退开关(adjust the seat forward and back switch); 2—调节靠背前后移动开关(adjust back shift switch)

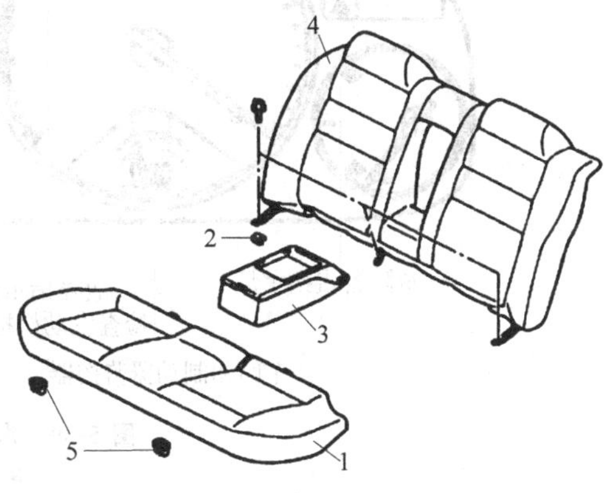

图 5-19 后排座椅结构

1—后排座椅总成(rear seat assembly); 2—手臂休息扶手套管(armrest sleeve); 3—后排座椅手臂休息扶手(rear seat armrest); 4—后排座椅背总成(back seat assembly); 5—后排座椅(back seat)

5.2.2 汽车仪表及附件

汽车仪表是驾驶员通过视觉了解汽车工作状态的必备部件。这些仪表安装在驾驶员最容易看见的驾驶员座椅对面的仪表板上,如图 5-20 所示。

汽车仪表常见符号如图 5-21 所示。

微课视频——认识汽车仪表

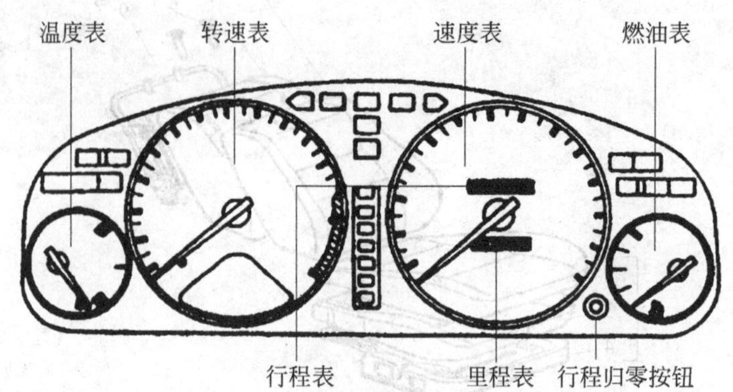

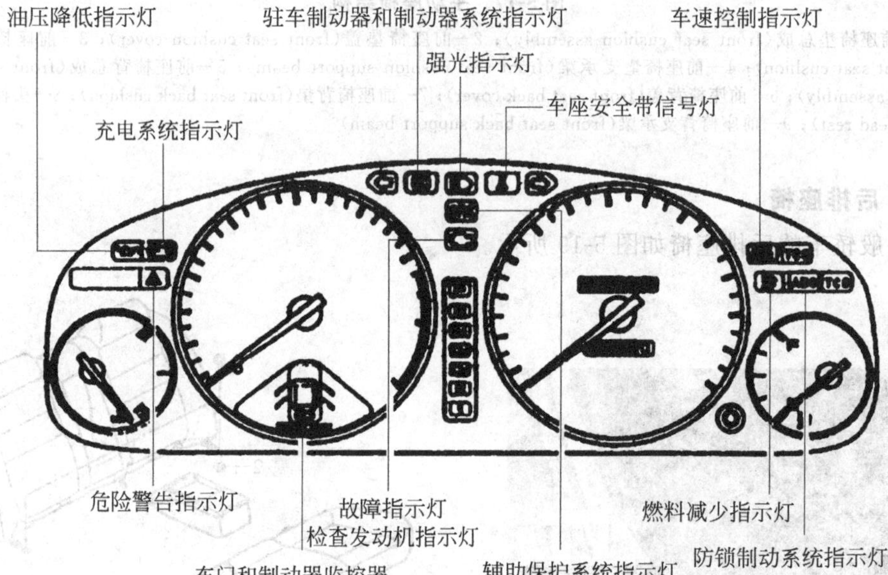

图 5-20　汽车仪表示意图

燃油	(水)温度	油压	充电指示灯	转向指示灯	远光
近光	雾灯	手制动	制动失效	安全带	油温
示廓(宽)灯	真空度	驱动指示	发动机室	行李室	停车灯

图 5-21　汽车仪表常见符号

危急报警	风窗除霜	风机	刮水/喷水器	刮水器	喷水器
车灯开关	阻风门	喇叭	点烟器	后刮水器	后喷水器

图　5-21(续)

5.3　识别风窗刮水器和洗涤器

微课视频——识别风窗刮水器和洗涤器

当风窗较脏时，应先使用风窗洗涤器，然后再使用刮水器，否则会损坏玻璃。如刮水器不能动作时，应迅速将操作杆旋回到关闭位置，否则将会烧毁刮水器电动机，引起火灾。

◎客户委托5-3

有一辆某品牌汽车，该车总行驶里程数近20万公里。某天车主在行驶过程中使用雨刮器时发现该车雨刮器喷水无力。经与4S店工作人员沟通及检查，发现该车辆洗涤器储液箱至水泵间管路堵塞，且雨刮喷嘴也有堵塞现象，需要检修疏通。

◎学习目标

能够识别汽车风窗刮水器和洗涤器。

◎知识点与技能点清单

学 习 目 标	知　识　点	技　能　点
识别汽车风窗刮水器和洗涤器	(1) 风窗刮水器； (2) 风窗洗涤器	能够识别风窗刮水器和风窗洗涤器

◎学习指南

(1) 明确学习目标和知识与技能点清单。

(2) 在课前完成学习任务中的知识类内容。在完成知识类学习任务时，可以参考本单元提供的学习信息，利用网络、厂家提供的维修手册和各类教学资源库等学习资源，也可以在课前或上课时向任课教师寻求帮助。任课教师可在正式上课时展示或共享大家对于知识类学习任务的完成情况，实现学习交流。

(3) 学习任务中的实操类内容,可以在正式上课前自行完成,也可以由任课教师在课堂上安排完成。

(4) 完成学习任务后,自行根据本书的鉴定表进行自查,并根据自己的不足进行知识与技能的补充学习。

(5) 任课教师按照鉴定表进行知识与技能鉴定。请注意,鉴定包括过程鉴定与终结性鉴定。学生平时的学习过程也将作为鉴定的依据,例如学习态度、学习过程中的技能展示、职场安全意识等。

◎ 学习任务

(1) 请指出图 5-22 所示风窗刮水器的部件名称的序号。

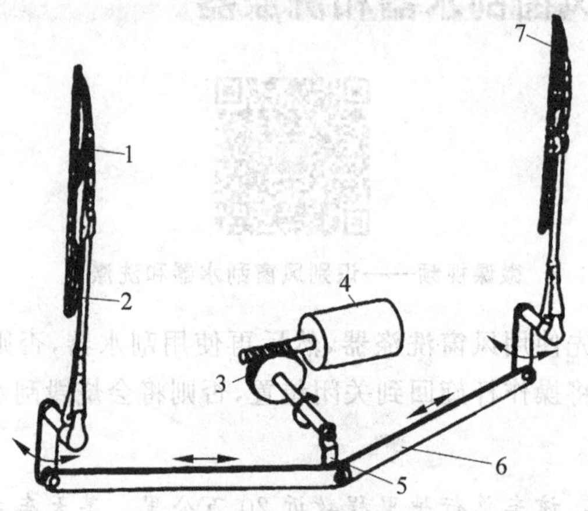

图 5-22 风窗刮水器的部件

(　　)雨刮臂(wiper arm);(　　)拉杆(pull rod);(　　)涡轮(turbine);(　　)刮水片(wiper blade);(　　)电动机(motor);(　　)刮水片架(wiper blade frame);(　　)摇臂(rocker)。

(2) 到汽车实训场所现场确认汽车风窗刮水器结构名称,完成表 5-8。

表 5-8 实训车辆风窗刮水器结构

序　　号	名称(英汉双语)	安 装 位 置	结 构 名 称

（3）请指出图 5-23 所示风窗洗涤器的组件名称对应的序号。

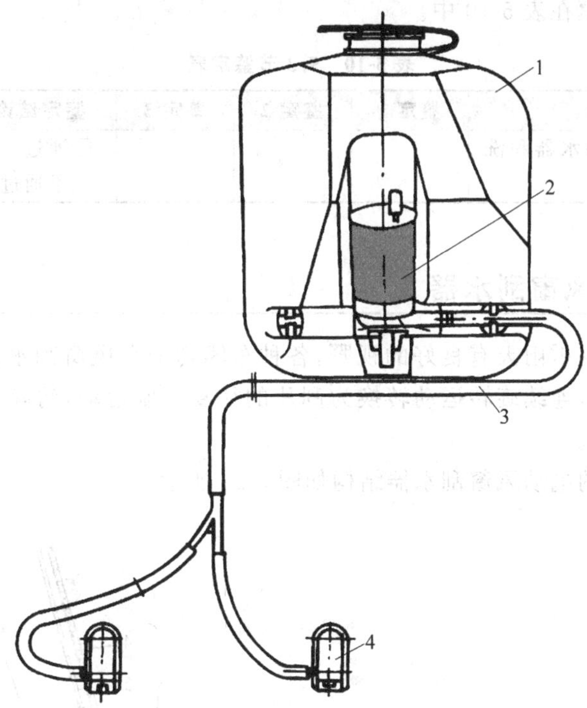

图 5-23　风窗洗涤器的组件

（　　）喷嘴(nozzle)；（　　）洗涤泵(washer pump)；（　　）储液箱(reserve tank)；（　　）输水软管(water hose)。

（4）到汽车实训场所现场确认汽车风窗洗涤器的结构名称，完成表 5-9。

表 5-9　实训车辆风窗洗涤器的结构

序　　号	名称(英汉双语)	安装位置	结构名称

鉴定

任课教师可以通过平时教学过程中学生的学习态度、参与教学活动的积极性、职场安

全意识及终结性鉴定结果等确定其最后的鉴定结果。每个学生最多可以鉴定三次，鉴定教师需将鉴定结果填在表5-10中。

表5-10　5.3节鉴定表

学习目标	鉴定1	鉴定2	鉴定3	鉴定结论	鉴定教师签字
能够识别汽车风窗刮水器和洗涤器				□通过 □不通过	

5.3.1 风窗刮水器

为了保证汽车在雪雨天有良好的视野，各种车辆均配有风窗刮水器。利水器利用连杆运动机构将电动机连续旋转运动转换为刮片的往复挂刷运动，清除车窗上的水滴或污垢，保持清晰的视野。

靠电动机驱动的电动风窗刮水器结构如图5-24所示。

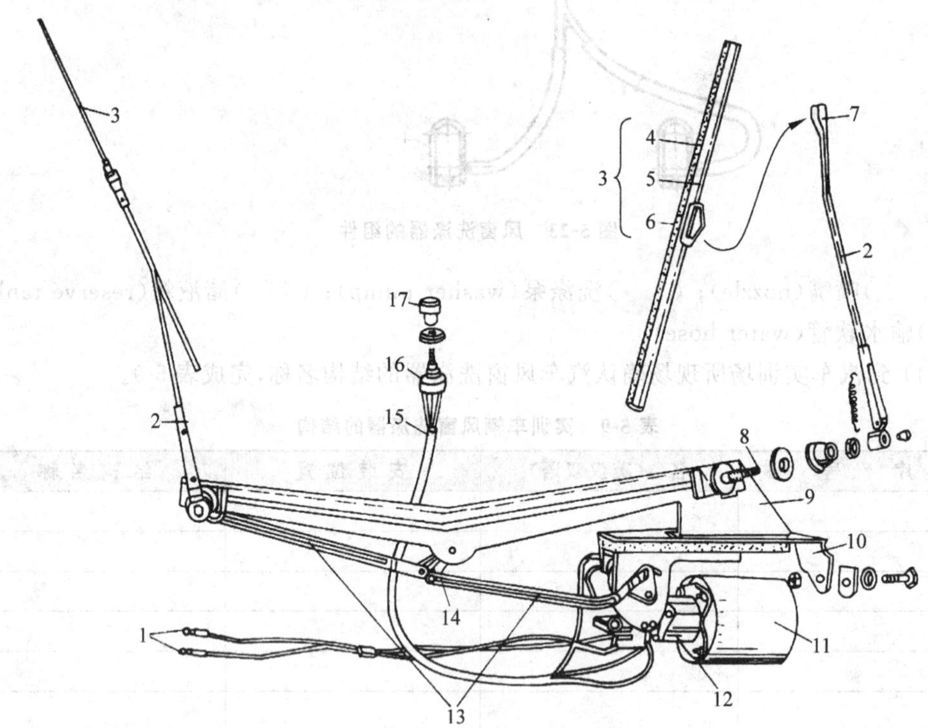

图5-24　电动风窗刮水器结构

1—电线插头(wire plug)；2—刮水刷臂(wiper arm)；3—刮水刷片总成(wiper brush assembly)；4—橡胶刷片(rubber brush)；5—刷片杆(brush bar)；6—刷片支座(brush holder)；7—刷片支持器(brush holder)；8—刮水刷臂心轴(wiper brush arm mandrel)；9—刮水器底板(wiper on the floor)；10—电动机支架(motor support)；11—电动机(electromotor)；12—减速机构(reducing mechanism)；13—驱动杆系(drive bar system)；14—驱动杆铰链(driving rod hinge)；15—电线束(wire harness)；16—刮水器开关(wiper switch)；17—刮水器开关旋钮(wiper switch knob)

5.3.2 风窗洗涤器

风窗洗涤器由电动机及洗涤液泵、洗涤液罐、软管、喷嘴等组成，如图5-25所示。洗涤泵连续工作时间一般不超过1min，且应先开动洗涤液泵，后开动刮水器。在喷水停止后，刮水器应继续刮3～5次，才能达到良好的洗涤效果。所以洗涤器的电路一般都是与刮水器开关联合工作。

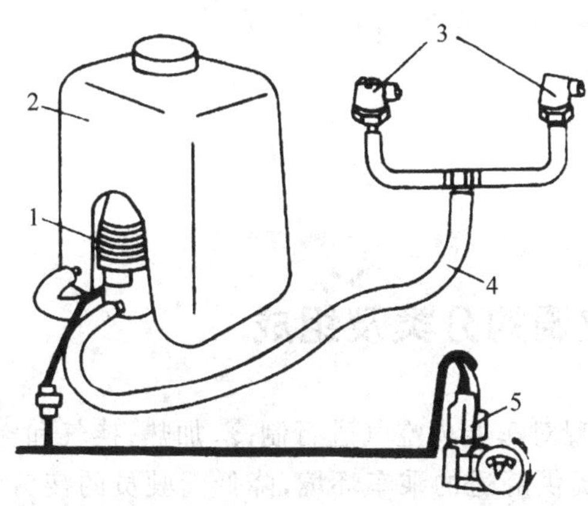

图5-25 风窗洗涤器结构

1—电动机及洗涤液泵(motor and washing liquid pump)；2—洗涤液罐(washing liquid tank)；3—喷嘴(spray nozzle)；4—聚乙烯管(polyethylene pipe)；5—控制开关(control switch)

单元6

识别汽车舒适性系统

6.1 识别汽车空调的分类及组成

汽车空调系统是实现对车厢内空气进行制冷、加热、换气和空气净化的装置。它可以为乘车人员提供舒适的乘车环境,降低驾驶员的疲劳强度,提高行车安全。空调装置已成为衡量汽车功能是否齐全的标志之一。

◎ 客户委托6-1

有一辆某品牌汽车,该车总行驶里程数近15万公里。某天车主发现该车空调制冷效率低,制冷系统吹出的冷气温度不够低。经修理厂检查,发现该车压缩机驱动带老化松弛严重引起压缩机打滑,需检修更换压缩机驱动带。

◎ 学习目标

能够识别汽车空调的分类及组成。

◎ 知识与技能点清单

学习目标	知识点	技能点
识别汽车空调的分类及组成	(1) 汽车空调系统的分类; (2) 汽车制冷系统的组成; (3) 汽车空调的暖风装置	能够识别汽车空调系统的分类、制冷系统的组成以及空调的暖风装置

◎ 学习指南

(1) 明确学习目标和知识与技能点清单。

(2) 在课前完成学习任务中的知识类内容。在完成知识类学习任务时,可以参考本单元提供的学习信息,利用网络、厂家提供的维修手册和各类教学资源库等学习资源,也可以在课前或上课时向任课教师寻求帮助。任课教师可在正式上课时展示或共享大家对于知识类学习任务的完成情况,实现学习交流。

(3) 学习任务中的实操类内容,可以在正式上课前自行完成,也可以由任课教师在课堂上安排完成。

(4) 完成学习任务后,自行根据本书的鉴定表进行自查,并根据自己的不足进行知识与技能的补充学习。

(5) 任课教师按照鉴定表进行知识与技能鉴定。请注意,鉴定包括过程鉴定与终结性鉴定。学生平时的学习过程也将作为鉴定的依据,例如学习态度、学习过程中的技能展示、职场安全意识等。

◎学习任务

(1) 将驱动方式分类名称正确连接定义。

独立式汽车空调

空调制冷压缩机由专用的空调发动机驱动,故汽车空调系统的制冷性能不受汽车发动机工况的影响。多用于大、中型豪华客车上

非独立式汽车空调

指空调制冷压缩机由汽车本身的发动机驱动,汽车空调系统的制冷性能受汽车发动机工况影响较大。一般用于中、小型轿车上

(2) 到汽车实训场所或修理厂现场确认汽车空调系统的类型,完成表6-1。

表6-1 实训车辆空调系统的类型

序　　号	车辆类型	空调系统类型	安装位置

(3) 请指出图6-1所示汽车空调制冷系统的组件名称的序号。

(　　)冷凝器风扇(condenser fan);(　　)蒸发器(evaporator);(　　)冷凝器(condenser);(　　)干燥罐(accumulator drier);(　　)压缩机(compressor);(　　)鼓风机(fan);(　　)压力安全阀(pressure relief valve)。

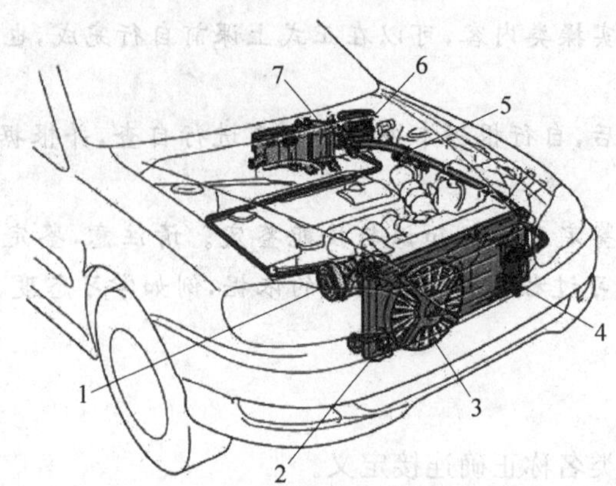

图 6-1　汽车空调制冷系统的结构

(4) 到汽车实训场所或修理厂现场确认汽车空调制冷系统的部件，完成表 6-2。

表 6-2　汽车空调制冷系统的部件

序　　号	部件名称(英汉双语)	安 装 位 置	主 要 作 用

(5) 请指出图 6-2 所示汽车空调暖风装置的组件名称的序号。

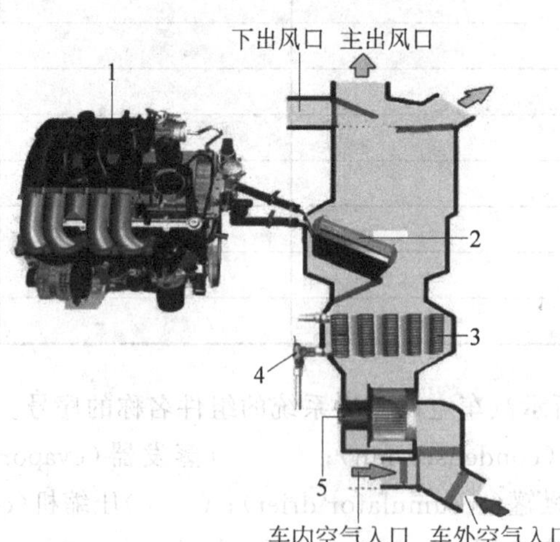

图 6-2　汽车空调暖风装置的结构

(　　)蒸发器(evaporator)；(　　)鼓风机(fan)；(　　)加热器(heater)；(　　)发动机(engine)；(　　)膨胀阀(expansion valve)。

(6) 到汽车实训场所或修理厂现场确认汽车空调暖风装置的部件,完成表6-3。

表6-3 汽车空调装置的部件

序号	部件名称(英汉双语)	安装位置	主要作用

鉴定

任课教师可以通过平时教学过程中学生的学习态度、参与教学活动的积极性、职场安全意识及终结性鉴定结果等确定其最后的鉴定结果,每个学生最多可以鉴定三次,鉴定教师需将鉴定结果填写在表6-4中。

表6-4 6.1节鉴定表

学习目标	鉴定1	鉴定2	鉴定3	鉴定结论	鉴定教师签字
识别汽车空调的分类及组成				□通过 □不通过	

6.1.1 汽车空调系统的分类

1. 按功能分类

按功能分类,汽车空调系统可分为单一功能和组合式两种。

- 单一功能是指冷风、暖风各自独立,自成系统,一般用于大、中型客车上。
- 组合式是指冷风、暖风合用一个鼓风机、一套操纵机构,多用于轿车上。

2. 按驱动方式分类

按驱动方式分类,汽车空调系统可分为非独立式汽车空调和独立式汽车空调两种。

(1) 非独立式汽车空调是指空调制冷压缩机由汽车本身的发动机驱动,汽车空调系统的制冷性能受汽车发动机工况影响较大。非独立式汽车空调一般用于中、小型轿车上。

(2) 独立式汽车空调是指空调制冷压缩机由专用的空调发动机驱动,故汽车空调系统的制冷性能不受汽车发动机工况的影响。独立式汽车空调多用于大、中型豪华客车上。

6.1.2 汽车空调制冷系统的组成

微课视频——认识汽车空调制冷系统

普通的汽车空调制冷系统由压缩机、冷凝器、储液干燥器、膨胀阀、蒸发器和鼓风机等组成。各部件之间采用铜管或铝管、高压橡胶管连接成一个密闭系统，如图 6-3 所示。

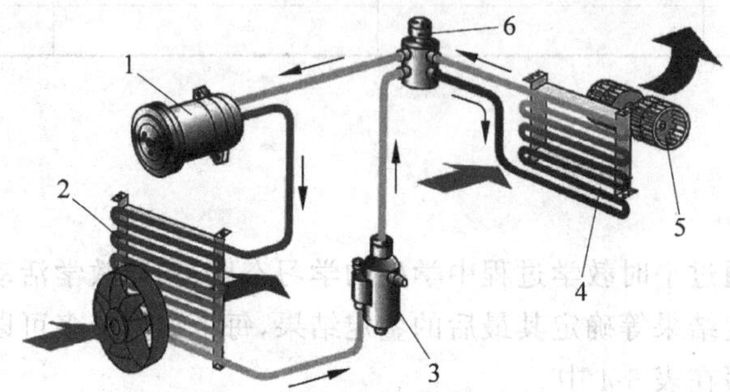

图 6-3 空调制冷系统的组成

1—压缩机(compressor)；2—冷凝器(condenser)；3—储液干燥器(accumulator drier)；4—蒸发器(evaporator)；5—鼓风机(fan)；6—膨胀阀(expansion valve)

1. 压缩机

压缩机的功用是维持制冷剂在制冷系统中的循环，压缩机吸入来自蒸发器的低温、低压制冷剂蒸气，压缩制冷剂蒸气使其压力和温度升高，并将制冷剂蒸气送往冷凝器。

2. 冷凝器

汽车空调系统中的冷凝器是一种由管子与散热片组合起来的热交换器，其作用是将压缩机排出的高温、高压制冷剂蒸气进行冷却，使其凝结为高压制冷剂液体。

3. 储液干燥器

储液干燥器的功用是：①临时储存从冷凝器流出的液态制冷剂，以便制冷负荷变动和系统中有微漏时，能及时补充和调整供给热力膨胀阀的液态制冷剂量；②滤除制冷剂中的杂质，吸收制冷剂中的水分，以防止制冷系统管路脏堵或冰塞，保护设备部件不受侵蚀。

4. 膨胀阀

膨胀阀也称节流阀，安装在蒸发器入口处，其作用是把来自储液干燥器的高压液态制冷剂节流减压，调节和控制进入蒸发器中的液态制冷剂量，使之适应制冷负荷的变化，同时可防止压缩机发生液击现象和蒸发器出口蒸气异常过热。

5. 蒸发器

蒸发器也称冷却器，其作用是将进入蒸发器排管内的低温、低压液态制冷剂，通过管壁吸收穿过蒸发器传热表面空气的热量，使之降温。

6. 鼓风机

汽车用鼓风机大部分是靠电动机带动的气体输送机械，它对空气进行较小的增压，以便将冷空气送到所需要的车厢内，或将冷凝器四周的热空气吹到车外。

6.1.3　汽车空调的暖风装置

微课视频——认识汽车空调的暖风装置

汽车空调的暖风装置也称为暖风空调，是将新鲜空气送入热交换器，吸收某种热源的热量，从而提高空气的温度，再将热空气送入车内的装置，如图 6-4 所示。

图 6-4　汽车供暖系统示意图

1—发动机(engine)；2—加热器芯(heater core)；3—鼓风机(fan)

6.2　识别汽车自动空调

微课视频——识别汽车自动空调

自动空调的原理是根据各传感器检测到车内的温度、蒸发器温度、发动机冷却液温度以及其他有关的开关信号等输出控制信号，控制散热器风扇、冷凝器风扇、压缩机离合器、鼓风机电动机及其空气控制电动机的工作状态，实现自动控制车内温度。

◎ 客户委托6-2

有一辆某品牌汽车，该车总行驶里程数近16万公里。某天车主在行驶过程中发现该车左边出风口可以正常工作，而右边两个出风口只能吹热风。经检查，发现该车辆右侧风门电动机存在故障，需检修更换。

◎ 学习目标

能够识别汽车自动空调。

◎ 知识点与技能点清单

学习目标	知识点	技能点
能够识别汽车自动空调	(1) 自动空调的组成和特点； (2) 自动空调的控制结构	能够识别汽车自动空调的组成、特点以及控制结构

◎ 学习指南

(1) 明确学习目标和知识与技能点清单。

(2) 在课前完成学习任务中的知识类内容。在完成知识类学习任务时，可以参考本单元提供的学习信息，利用网络、厂家提供的维修手册和各类教学资源库等学习资源，也可以在课前或上课时向任课教师寻求帮助。任课教师可在正式上课时展示或共享大家对于知识类学习任务的完成情况，实现学习交流。

(3) 学习任务中的实操类内容，可以在正式上课前自行完成，也可以由任课教师在课堂上安排完成。

(4) 完成学习任务后，自行根据本书的鉴定表进行自查，并根据自己的不足进行知识与技能的补充学习。

(5) 任课教师按照鉴定表进行知识与技能鉴定。请注意，鉴定包括过程鉴定与终结性鉴定。学生平时的学习过程也将作为鉴定的依据，例如学习态度、学习过程中的技能展示、职场安全意识等。

◎ 学习任务

(1) 请指出图6-5所示自动空调的组件名称的序号。

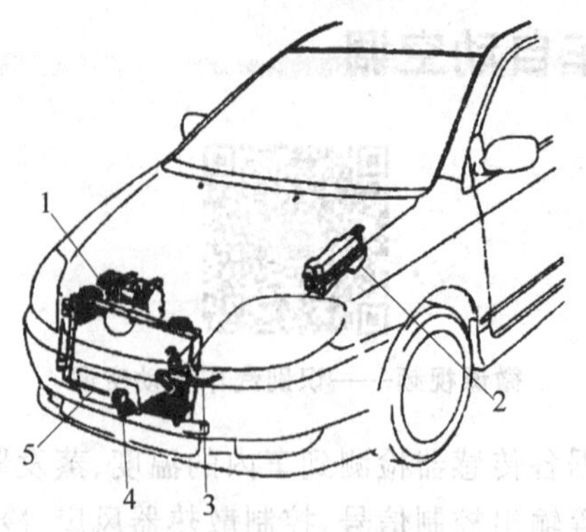

图6-5 自动空调的组件

(　　)冷凝器(condenser)；(　　)压力开关(pressure switch)；(　　)压缩机和电磁离合器(compressor and electromagnetic clutch)；(　　)环境温度传感器(ambient temperature sensor)；(　　)发动机室接线盒(engine room junction box)。

(2) 到汽车实训场所或修理厂现场确认汽车自动空调的组成部件，完成表 6-5。

表 6-5　现场确认汽车自动空调的组件

车型：　　　　　　　　　　　　　　　　　　空调类型：

序　号	部件名称(英汉双语)	安装位置	主要作用

(3) 请指出自动空调操作面板按钮符号的名称的序号，如图 6-6 所示。

图 6-6　自动空调操作面板按钮符号

(　　)后风挡除雾按钮(rear windshield fog removal button)；(　　)压缩机开关(compressor switch)；(　　)温度调节旋钮(temperature control knob)；(　　)空调内循环按钮(air conditioning internal circulation button)；(　　)前风挡除雾按钮(front windshield defogging button)；(　　)自动空调模式开关(automatic air conditioning mode

switch)；(　)风量调节按钮(air volume control button)；(　)自动空调模式关闭按钮(automatic air conditioning mode off button)；(　)出风口调节按钮(outlet control button)。

(4) 到汽车实训场所或修理厂现场确认汽车自动空调控制结构，完成表 6-6。

表 6-6　现场确认汽车自动空调控制结构

车型：　　　　　　　　　　　　　　　　空调类型：

序　　号	按钮名称(英汉双语)	安 装 位 置	主 要 作 用

鉴定

任课教师可以通过平时教学过程中学生的学习态度、参与教学活动的积极性、职场安全意识及终结性鉴定结果等确定其最后的鉴定结果，每个学生最多可以鉴定三次，鉴定教师需将鉴定结果填写在表 6-7 中。

表 6-7　6.2 节鉴定表

学 习 目 标	鉴定 1	鉴定 2	鉴定 3	鉴定结论	鉴定教师签字
能够识别汽车自动空调				□通过 □不通过	

6.2.1　自动空调的组成和特点

在自动空调系统中，通过对传感器信号和预调信号和处理、计算、比较，输出不同的电信号指挥控制机构的工作，使温度门的位置不断改变以调节车内空气温度，并使风机的转速随着空调参数的改变而改变。

汽车空调系统的自动控制装置是由室内温度传感器、室外温度传感器、水温传感器、阳光传感器、车速传感器、雨水传感器、温度调节执行器、内外循环调节执行器、风向调节执行器、风机调速的功率模块、风机高速继电器、VFD 显示、控制面板组成，其结构如图 6-7 所示。

安装在仪表板上的空调系统控制面板如图 6-8 所示。

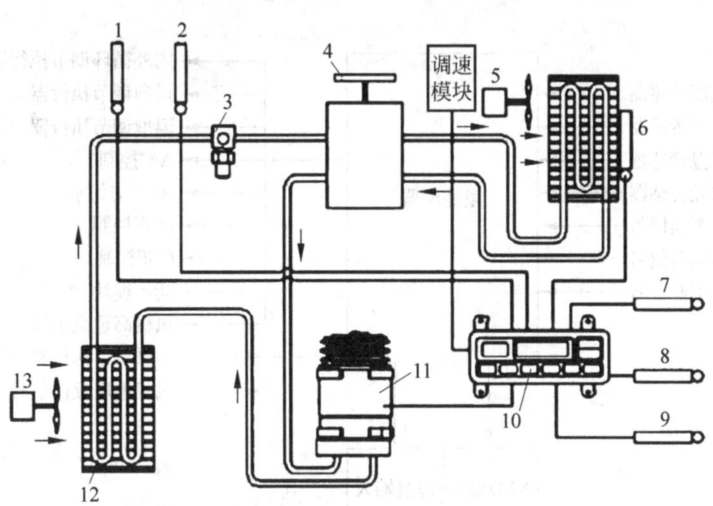

图 6-7　自动空调系统结构

1—车内温度传感器(interior temperature sensor)；2—车外温度传感器(temperature sensor outside the vehicle)；3—三态压力开关(three-state pressure switch)；4—膨胀阀(expansion valve)；5—鼓风机(blower)；6—蒸发器温度传感器(evaporator temperature sensor)；7—内外循环电动机(internal external circulating motor)；8—水阀伺服电动机(water valve servo motor)；9—模式电动机(model motor)；10—控制器总成(controller assembly)；11—压缩机(compressor)；12—冷凝器、集成储液干燥(condenser,integrated storage and drying bottle)；13—发动机风扇(engine fan)

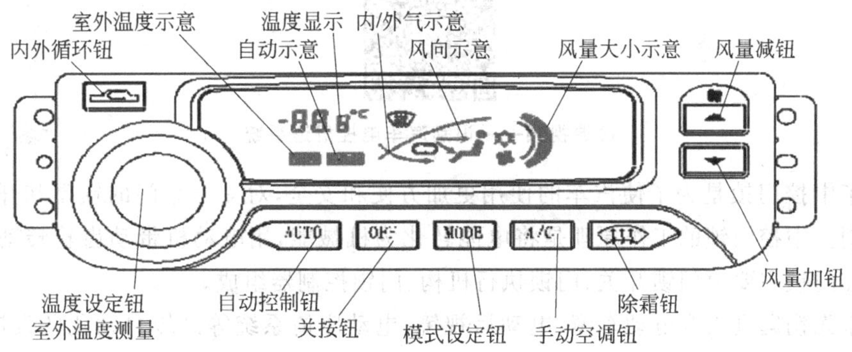

图 6-8　自动空调系统中央控制面板

6.2.2　自动空调系统的控制结构

自动空调系统的控制结构如图 6-9 所示。各个传感器感知到外界的变化，并转换成电信号，输入给中央控制器，经过中央控制器中微处理器的综合计算后输出指令，指挥执行器的输出运动，调节各个出风口风门的开度和风向，调节冷、热的混合比例，达到调节车内空气温度的目的。VFD 真空显示屏显示微处理器输出各种指令的图案让驾乘人员了解空调系统工作状况及车内空气温度。

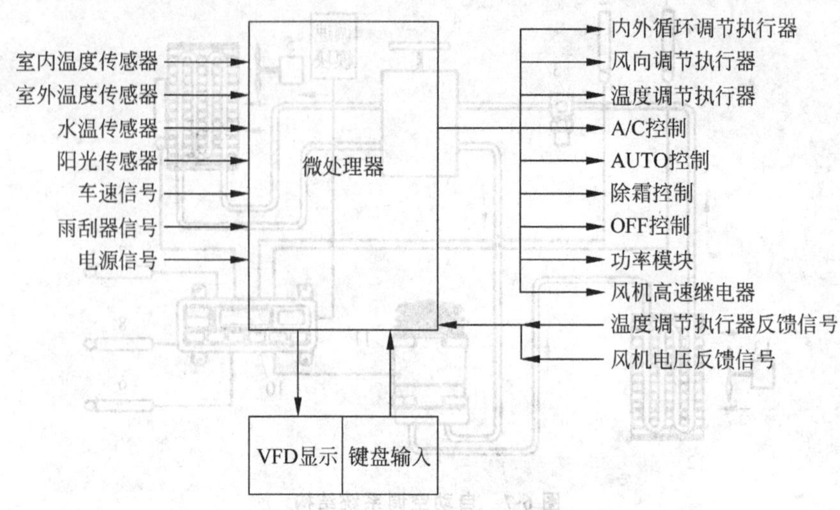

图 6-9　自动空调系统的控制结构

6.3　识别汽车电控舒适系统

微课视频——识别汽车电控舒适系统

汽车中控门锁是为了使汽车的使用更加方便和安全，对 4 个车门的锁闭和开启实行集中控制。中控门锁的工作原理是将电能转化为机械能，用电动机带动齿轮转动开关车门。中控门锁主要由门锁开关、门锁执行机构、门锁控制器组成。

汽车无钥匙进入及电动车窗、电动后视镜、电动座椅系统等高级自动化的发展，成为衡量汽车舒适性的重要指标。

◎ 客户委托6-3

有一辆某品牌汽车，该车总行驶里程数近 20 万公里。某天车主在行驶过程中发现该车左前电动车窗玻璃无法正常升降。经与 4S 店工作人员沟通及检查，发现该车辆左前电动车窗升降电动机损坏，需要检修更换。

◎ 学习目标

能够识别汽车电控舒适系统。

◎知识点与技能点清单

学习目标	知识点	技能点
能够识别汽车电控舒适系统	(1) 中控门锁的功用与组成； (2) 中控门锁的分类； (3) 汽车无钥匙进入和启动系统； (4) 电动车窗； (5) 电动后视镜	(1) 能够识别汽车电控舒适系统中的中控门锁的功用、组成以及分类； (2) 能够识别汽车无钥匙进入和启动系统、电动车窗与电动后视镜

◎学习指南

(1) 明确学习目标和知识与技能点清单。

(2) 在课前完成学习任务中的知识类内容。在完成知识类学习任务时，可以参考本单元提供的学习信息，利用网络、厂家提供的维修手册和各类教学资源库等学习资源，也可以在课前或上课时向任课教师寻求帮助。任课教师可在正式上课时展示或共享大家对于知识类学习任务的完成情况，实现学习交流。

(3) 学习任务中的实操类内容，可以在正式上课前自行完成，也可以由任课教师在课堂上安排完成。

(4) 完成学习任务后，自行根据本书的鉴定表进行自查，并根据自己的不足进行知识与技能的补充学习。

(5) 任课教师按照鉴定表进行知识与技能鉴定。请注意，鉴定包括过程鉴定与终结性鉴定。学生平时的学习过程也将作为鉴定的依据，例如学习态度、学习过程中的技能展示、职场安全意识等。

◎学习任务

(1) 请指出图6-10所示中控门锁的组件名称的序号。

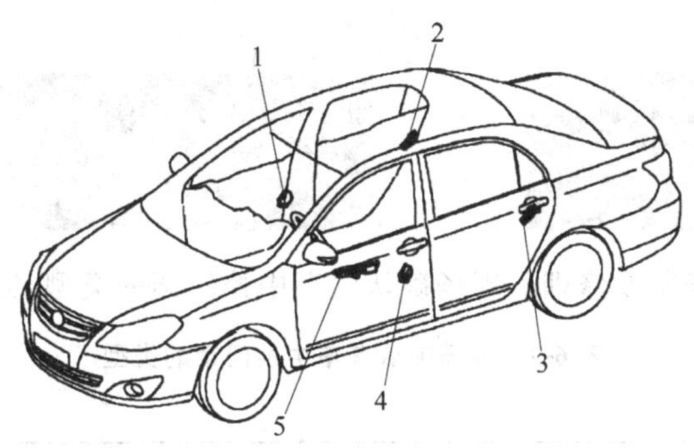

图6-10 中控门锁的组件

(　　)左前门锁电动机(left front door lock motor)；(　　)右后门锁电动机(right rear door lock motor)；(　　)左前门锁锁心开关、左前玻璃升降器开关组、车门门锁总开关(left front lock switch、left front glass elevator switch set、door lock master switch)；(　　)左后门锁电动机(left rear door lock motor)；(　　)右前门锁电动机(right front door lock motor)。

(2) 到汽车实训场所或修理厂现场确认汽车中控门锁的组成,完成表 6-8。

表 6-8　现场确认汽车中控门锁的组成

车型:

序　　号	元件名称	安装位置	主要作用

(3) 正确连接中控门锁类型的定义。

直流电动机式中控门锁	是利用双向空气压力泵产生。压力或真空，通过膜盒完成门锁的开、关动作，主要由机械部分、空气管路和电路3部分组成，是一个独立的控制系统
双向压力泵式中控门锁	当给锁门线圈通正向电流时，衔铁带动连杆左移，锁门；当给开门线圈通反向电流时，衔铁带动连杆右移，开门
电磁线圈式中控门锁	主要由双向电动机、导线、继电器、门锁开关及连杆操纵机构组成

(4) 到汽车实训场所或修理厂现场确认汽车中控门锁的类型,完成表 6-9。

表 6-9　现场确认汽车中控门锁的类型

车型:

序　　号	类　　型	安装位置	主要作用

续表

序　　号	类　　型	安装位置	主要作用

（5）正确区分汽车的无钥匙进入与启动系统。

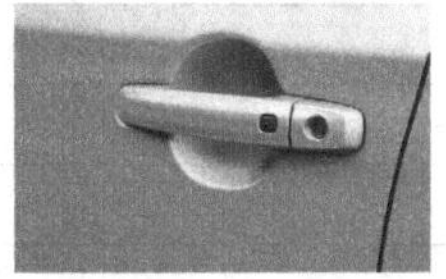

无钥匙进入
keyless entry

（6）到汽车实训场所或修理厂现场确认汽车是否是无钥匙进入或启动，完成表 6-10。

表 6-10　现场确认汽车是否是无钥匙进入或启动

序　　号	汽车型号	是否无钥匙进入	是否无钥匙启动

（7）请指出图 6-11 所示电动车窗的开关名称的序号。

图 6-11　电动车窗的开关名称

(　　)车窗锁止开关(window latch switch);(　　)车窗升降开关(power window switch)。

(8) 到汽车实训场所或修理厂现场确认汽车电动车窗的按钮,完成表6-11。

表6-11　现场确认汽车电动车窗的按钮

车型:

序　　号	电动车窗按钮	安装位置	主要作用

(9) 请正确指出后视镜方向调节开关与左右调节开关的所在位置。

方向调节开关
(directional control switch)

左右调节开关
(left-right switch)

(10) 到汽车实训场所或修理厂现场确认汽车电动后视镜的控制开关,完成表6-12。

表6-12　现场确认汽车电动后视镜的控制开关

车型:

序　　号	控制开关	安装位置	主要作用

鉴定

任课教师可以通过平时教学过程中学生的学习态度、参与教学活动的积极性、职场安

全意识及终结性鉴定结果等确定其最后的鉴定结果。每个学生最多可以鉴定三次，鉴定教师需将鉴定结果填在表 6-13 中。

表 6-13 6.3 节鉴定表

学 习 目 标	鉴定 1	鉴定 2	鉴定 3	鉴定结论	鉴定教师签字
能够识别汽车电控舒适系统				□通过 □不通过	

6.3.1 中控门锁的功用与组成

为了使汽车的使用更加方便和安全，现代轿车多数都安装了中控门锁控制系统。装置中控门锁后可实现下列功能。

(1) 将驾驶员车门锁扣按下时，其他几个车门及行李舱门都会自动锁定，如用钥匙锁门，也可同时锁好其他车门和行李舱门。

(2) 将驾驶员车门锁扣拉起时，其他几个车门及行李舱门锁扣都会同时打开，用钥匙开门，也可实现该动作。

(3) 车室内个别车门需打开时，可分别拉开各自的锁扣。

中央控制门锁系统一般由门锁开关、门锁控制器和门锁执行机构组成，系统零部件位置如图 6-12 所示。

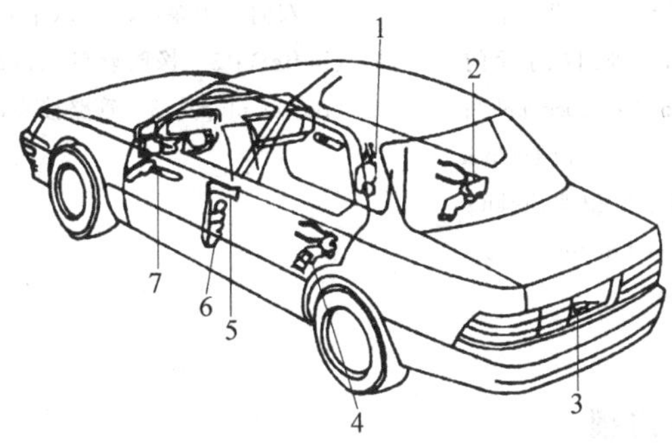

图 6-12 中控门锁各元件在汽车上的分布

1—右前门锁电动机(right front door lock motor)；2—右后门锁电动机及位置开关(right rear lock motor and position switch)；3—行李箱门开启电磁阀(the luggage door opens the solenoid valve)；4—左后门锁电动机及位置开关(left rear lock motor and position switch)；5—门锁控制开关(lock control switch)；6—左前门锁电动机及位置开关(left front door lock motor and position switch)；7—左前门锁控制开关(left front door lock control switch)

6.3.2 中控门锁的分类

1. 直流电动机式中控门锁

直流电动机式中控门锁利用控制直流电动机的正反转实现门锁的开、关动作。直流电动机式中控门锁主要由双向电动机、导线、继电器、门锁开关及连杆操纵机构组成。直流电动机式中控门锁的操纵机构如图 6-13 所示。

2. 双向压力泵式中控门锁

双向压力泵式中控门锁是利用双向空气压力泵产生压力或真空，通过膜盒完成门锁的开、关动作。它是一个独立的控制系统，主要由机械部分、空气管路和电路 3 部分组成，其结构如图 6-14 所示。

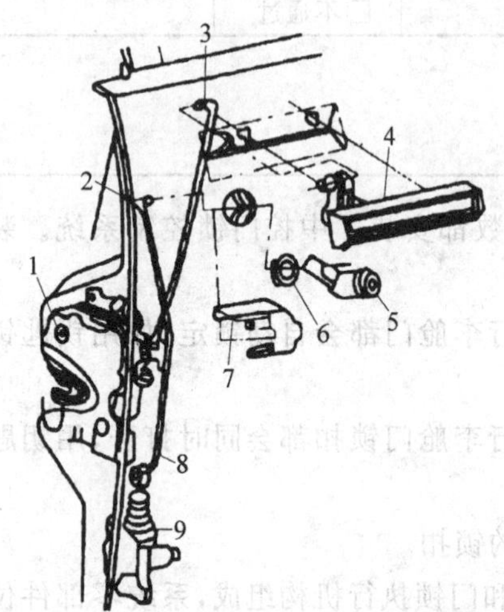

图 6-13　直流电动机式中控门锁的组成

1—门锁总成(door lock assembly)；2—锁心至门锁连杆(lock link to lock link)；3—外门拉手至门锁连杆(external door handle to door lock link)；4—外门锁拉手(door lock handle)；5—锁心(lock heart)；6—垫圈(gasket)；7—锁心定位架(locking frame)；8—电动机至门锁连杆(motor to lock link)；9—直流电动机(DC motor)

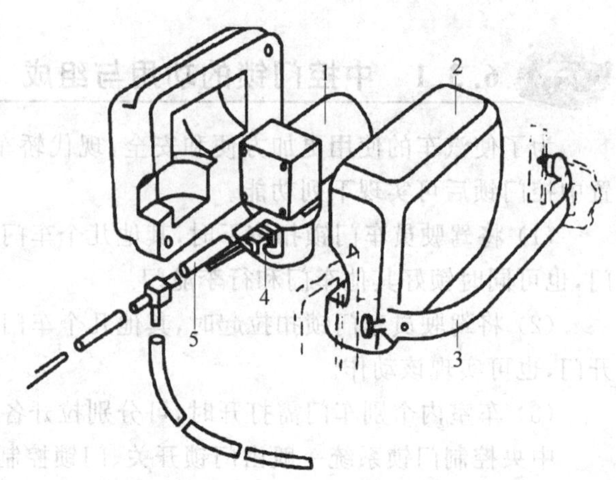

图 6-14　双向空气压力泵式中央门锁结构

1—双向压力泵(two-way pressure pump)；2—缓冲器(buffer)；3—橡胶软管(rubber hose)；4—电源插头(power plug)；5—管路接头(line joints)

3. 电磁线圈式中控门锁

图 6-15 所示为一种双线圈式(电磁式)门锁执行机构。当给锁门线圈通正向电流时，衔铁带动连杆左移，锁门；当给开门线圈通反向电流时，衔铁带动连杆右移，开门。

6.3.3　汽车无钥匙进入和启动系统

无钥匙系统包含无钥匙进入(passive keyless entry)和无钥匙启动(passive keyless start)两项功能。它们的英文名称反映了这种钥匙的被动性(passive)，即不需要主动拧开钥匙即可开锁。

无钥匙系统相对于普通的遥控钥匙(remote keyless entry)操作性和防盗性更加先进。

1. 组成部分和功能描述

当带着钥匙靠近车辆，进入车门探测区域或者行李箱探测区域后，按下黑色的按钮即

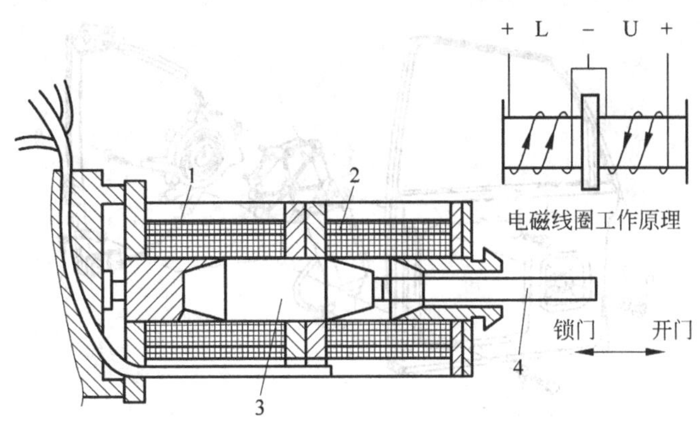

图 6-15　双线圈式(电磁式)门锁执行机构

1—轭铁(yoke)；2—电磁线圈(magnetic coil)；3—铁心(iron core)；4—销轴(pin roll)

可打开车门或行李箱门。探测距离通常是 0.7～1.5m。也有的技术说明显示距离可达 2.5m。

司机带着钥匙进入车辆后，按下启动按钮(也有的车型是旋钮)即可启动车辆。汽车内部的钥匙探测距离并无明确说明。汽车上探测器的位置如图 6-16 所示。

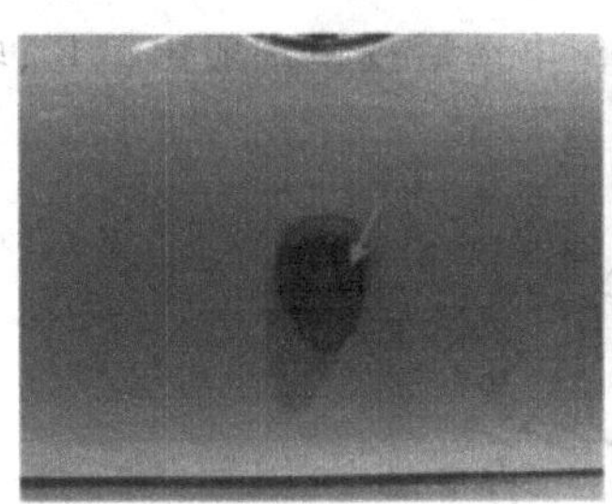

图 6-16　探测器位置图

反之，当司机带着钥匙离开车辆后，发动机自动熄火，车门会自动锁上。

2. 无钥匙进入系统分类

车辆的无钥匙系统分为无钥匙进入和无钥匙启动两块功能。大部分车辆的无钥匙进入系统同时具有这两项功能，个别车型只有无钥匙进入功能而没有无钥匙启动功能，例如第八代雅阁。

无钥匙启动开关又分为按钮式和旋钮式，通常位于传统的插钥匙的位置。只有奥迪 A6 的无钥匙启动开关位于换挡杆附近。

6.3.4　电动车窗

驾驶员或者乘客通过操作开关接通车窗电动机电路，车窗电动机转动，通过相应的机械传动，控制车窗玻璃自动上升或者下降。电动车窗由电源控制开关、熔断器、继电器、双向直流电动机、车窗玻璃升降器等组成，如图 6-17 所示。

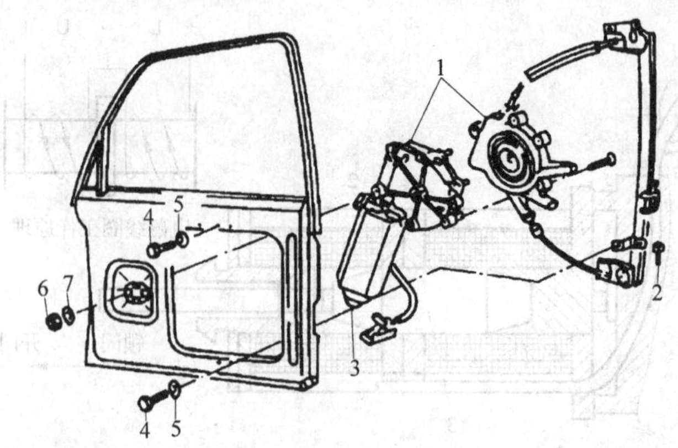

图 6-17　电动门窗结构

1—升降器总成(lifter assembly)；2—橡胶缓冲块(rubber cushion block)；3—电动机(electric motor)；4—六角螺栓(hex bolts)；5—垫圈(washer)；6—六角螺母(hex nut)；7—蝶形弹簧垫圈(butterfly spring washer)

6.3.5　电动后视镜

电动后视镜是指车外两侧的后视镜，在需要调节视角时驾驶员不必下车，只需在车内通过电动按钮就可以进行调节。电动后视镜一般由镜片、驱动电动机控制电路及操控开关组成，如图 6-18 所示。

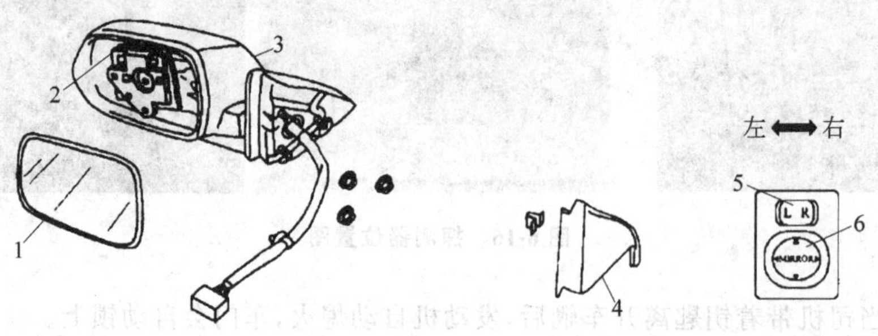

(a) 电动后视镜结构　　　　(b) 电动后视镜的控制开关

图 6-18　电动后视镜的结构和控制开关

1—电动后视镜镜片固定架(electric rearview lens mount)；2—驱动电动机(drive motor)；3—电动后视镜(power mirror)；4—后视镜安装罩(rear view mirror mounting cover)；5—左右调节开关(left-right switch)；6—后视镜开关(mirror switch)

单元 7

识别汽车灯光和声响信息娱乐系统

7.1 识别汽车灯光系统

汽车灯光系统是汽车安全行驶的必备系统之一。它主要包括外部照明灯具、内部照明灯具、外部信号灯具、内部信号灯具等。

◎ 客户委托7-1

一辆某品牌汽车的总行驶里程数近15万公里。某天车主发现该车左侧前照灯亮度正常，右侧前照灯灯光暗淡。经修理厂检查，发现该车右侧前照灯灯架与车架之间接触部位锈蚀，造成接触不良，需检修调整。

◎ 学习目标

能够识别汽车灯光系统。

◎ 知识与技能点清单

学习目标	知识点	技能点
能够识别汽车灯光系统	(1) 汽车照明系统； (2) 汽车灯光信号系统； (3) 汽车灯泡种类	能够识别汽车照明系统、灯光信号系统以及灯泡的种类

◎ 学习指南

(1) 明确学习目标和知识与技能点清单。

(2) 在课前完成学习任务中的知识类内容。在完成知识类学习任务时，可以参考本单元提供的学习信息，利用网络、厂家提供的维修手册和各类教学资源库等学习资源，也可以在课前或上课时向任课教师寻求帮助。任课教师可在正式上课时展示或共享大家对于知识类学习任务的完成情况，实现学习交流。

(3) 学习任务中的实操类内容，可以在正式上课前自行完成，也可以由任课教师在课堂上安排完成。

(4) 完成学习任务后，自行根据本书的鉴定表进行自查，并根据自己的不足进行知识与技能的补充学习。

(5) 任课教师按照鉴定表进行知识与技能鉴定。请注意，鉴定包括过程鉴定与终结性鉴定。学生平时的学习过程也将作为鉴定的依据，例如学习态度、学习过程中的技能展示、职场安全意识等。

◎学习任务

(1) 请正确指出汽车上的照明系统。

(2) 到汽车实训场所或修理厂现场确认汽车照明系统部件，完成表 7-1。

表 7-1　现场确认汽车照明系统部件

车型：　　　　　　　　　发动机号码：　　　　　　　　　底盘号码：

序号	部件名称(英汉双语)	安装位置	类　型	主要作用

(3) 请指出图 7-1 所示汽车灯光的具体名称的序号。

(　　)远光灯(distance light)；(　　)转向灯(turn signal)；(　　)前雾灯(front fog lamp)；(　　)示宽灯(制动灯)[width lamp(brake lights)]；(　　)示宽灯(width lamp)；(　　)后雾灯(左侧)(rear fog lamp(left side))；(　　)反光标识(reflective logo)；(　　)近光灯(dipped headlight)。

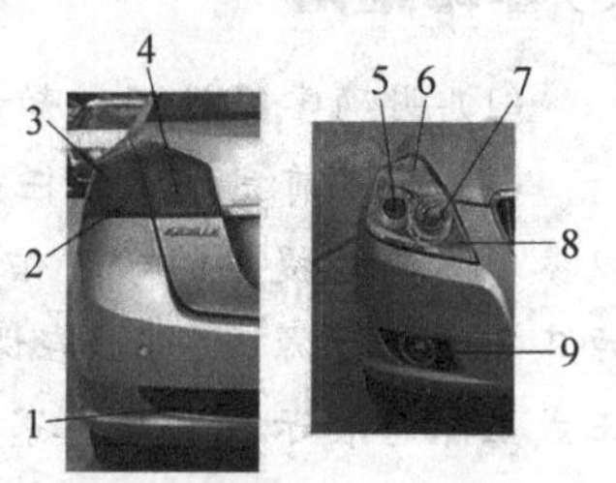

图 7-1　汽车灯光的具体名称

(4) 到汽车实训场所或修理厂现场确认汽车灯光信号

系统部件，完成表 7-2。

表 7-2 现场确认汽车灯光信号系统部件

车型： 发动机号码： 底盘号码：

序号	部件名称(英汉双语)	安装位置	类型	主要作用

(5) 正确指出汽车灯泡的类型名称。

普通型灯泡 (ordinary bulb)　单丝灯泡 (single filament bulb)　双丝灯泡 (double wire bulbs)　卤素灯泡 (halogen lamp)　氙气灯泡 (xeon bulb)

(6) 到汽车实训场所或修理厂现场确认汽车灯泡类型，完成表 7-3。

表 7-3 现场确认汽车灯泡类型

车型： 发动机号码： 底盘号码：

序号	灯泡名称	安装位置	类　型	主要作用

鉴定

任课教师可以通过平时教学过程中学生的学习态度、参与教学活动的积极性、职场安全意识及终结性鉴定结果等确定其最后的鉴定结果。每个学生最多可以鉴定三次，鉴定教师需将鉴定结果填写在表 7-4 中。

表 7-4　7.1 节鉴定表

学 习 目 标	鉴定 1	鉴定 2	鉴定 3	鉴定结论	鉴定教师签字
能够识别汽车灯光系统				□通过 □不通过	

7.1.1　汽车照明系统

微课视频——汽车灯光开关

汽车照明系统主要是用于夜间行车照明、车厢照明、仪表照明及检修照明。汽车照明系统主要由照明设备、电源和线路(包括控制开关)组成，其中主要照明设备如下。

1. 前照灯

前照灯俗称大灯，安装于汽车头部的两侧，用于夜间或在光线昏暗的路面上行驶时的照明。国家标准规定，机动车前照灯必须具备远光和近光两种照明方式，并可通过变光装置进行转换。当前照灯由远光转换为近光时，所有远光灯必须同时熄灭。其外形结构如图 7-2 所示。

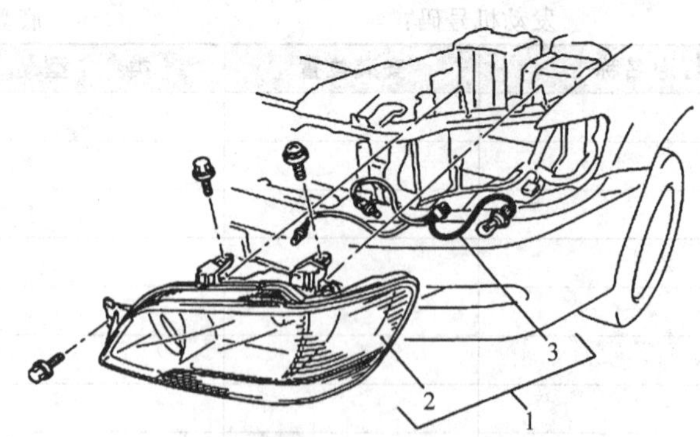

图 7-2　前照灯总成结构

1—大灯总成(headlight assembly)；2—大灯本体(headlight body)；3—插头及灯泡(plug and bulb)

2. 雾灯

雾灯一般在有雾、下雪、暴雨或尘埃等恶劣条件下使用，用来改善道路的照明情况。雾灯安装在车头和车尾，装于车头的雾灯称为前雾灯，安装在车尾的雾灯称为后雾灯。由于黄色光波较长，穿透性好，所以雾灯一般使用黄色光源。图 7-3 所示为一般轿车的前组合灯示意图。

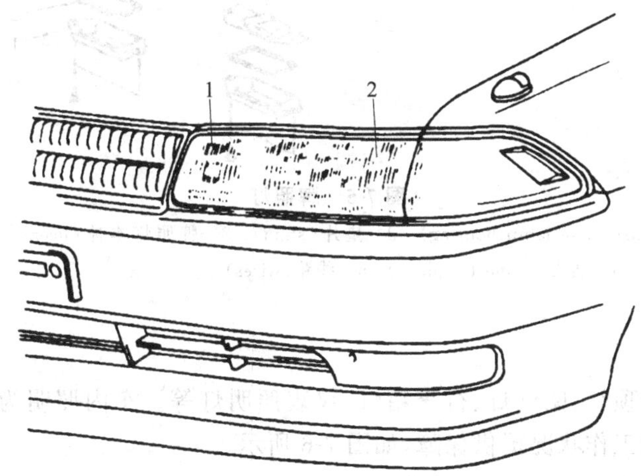

图 7-3　前组合灯

1—前雾灯(front fog lamp)；2—前照灯(headlamp)；3—后组合灯(rear combination lamp)

3. 后组合灯

现代轿车后面的灯光一般采用后组合灯(图 7-4)，主要包括后尾灯、制动灯、倒车灯、转向灯等。

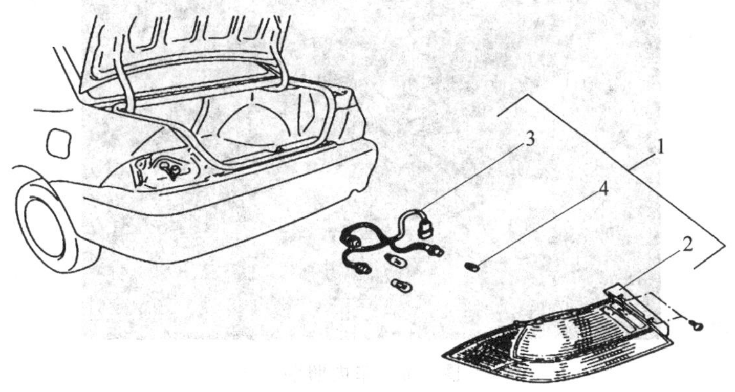

图 7-4　后组合灯

1—后组合灯总成(rear combination lamp assembly)；2—后组合灯壳体(rear combined lamp housing)；3—插座及线束(socket and wire harness)；4—灯泡(lamp bulb)

4. 牌照灯

牌照灯主要用于夜间照亮牌照，一般安装在汽车后牌照上方，如图 7-5 所示。

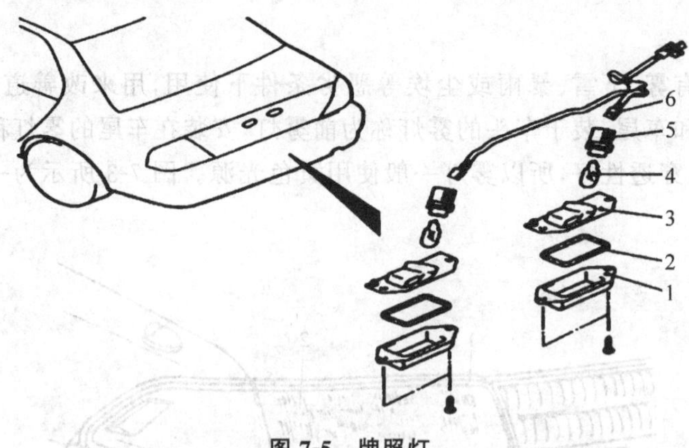

图 7-5　牌照灯

1—牌照灯外壳(license plate lamp housing)；2—垫片(shim)；3—牌照灯本体(license plate lamp body)；4—灯泡(lamp bulb)；5—插头(connector plugs)；6—线路(wires)

5. 车内照明

车内照明包括顶灯、阅读灯、行李箱灯、仪表照明灯等。车内照明为驾驶员和乘客观察汽车和发动机的工作状况提供保障，如图 7-6 所示。

图 7-6　车内照明

7.1.2　汽车灯光信号系统

汽车灯光信号系统包括车外信号灯和车内信号灯两类。信号系统的作用是保证车辆的行驶安全，同时提醒行人和其他车辆注意。

微课视频——认识汽车灯光信号系统

1. 转向灯和应急灯

在汽车四个角或翼子板上，转向灯和应急灯为同一灯泡，如图 7-7 所示。转向灯在转向时使用，告诉其他车辆该车要转弯，应急灯为所有转向灯同时亮，给其他车辆以警告该车有特殊情况，以引起注意。

图 7-7　转向灯和应急灯

2. 倒车灯

倒车灯在汽车后部，当挂上倒挡倒车时点亮，照明汽车后部，也可给车后人员以警示。其外壳一般是白色，安装在后组合灯里，如图 7-8 所示。

图 7-8　倒车灯

3. 示宽灯

示宽灯俗称小灯，主要用来在夜间显示车身宽度和长度的，如图 7-9 所示。

图 7-9　示宽灯

4. 制动灯

制动灯安装在汽车后部，汽车在制动时制动开关闭合，制动灯亮，警告后面车辆该车减速。现代轿车为了保证安全，一般都装有高位刹车灯，如图 7-10 所示。

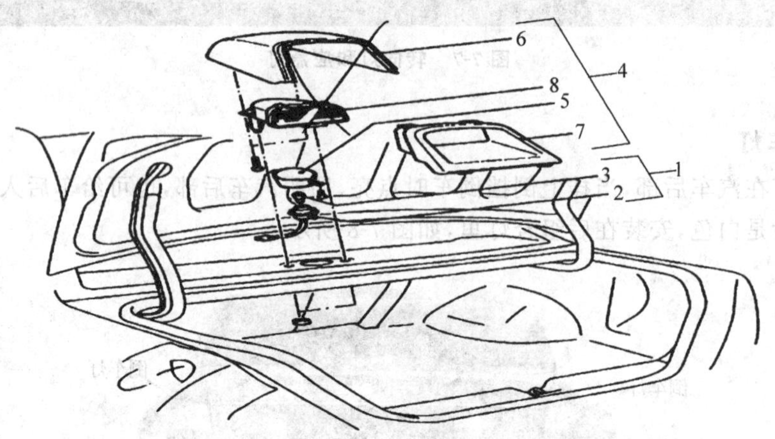

图 7-10　高位刹车灯

1—插头及灯泡(plug and bulb)；2—插头(connector plugs)；3—灯泡(lamp bulb)；4—高位刹车灯总成(high brake lamp assembly)；5—灯头座(lamp holder)；6—上盖(over cover)；7—下盖(lower cover)；8—高位刹车灯本体(high position brake lamp body)

7.1.3　汽车灯泡种类

1. 普通型汽车灯泡

普通型汽车灯泡是用钨丝制成的灯丝封装在玻璃泡内，如图 7-11 所示。

2. 卤素灯泡

卤素灯泡的玻璃管内充满卤素。由于卤钨灯泡具有亮度高、寿命长的优点，现今汽车

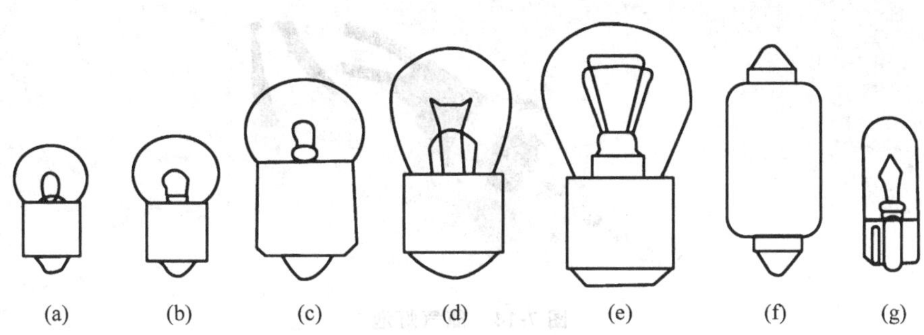

图 7-11 普通型汽车灯泡

(a)、(b) 小型卡口式信号灯和仪表灯；(c) 单触点卡口式牌照灯和踏步灯；(d) 双触点卡口式行李箱灯和发动机罩灯；(e) 凸缘错开排列的双触点卡口式驻车、转向信号和制动灯；(f) 夹头型顶灯；(g) 楔形座仪表灯

照明用的前照灯、雾灯、信号灯等陆续被卤钨灯泡取代，其外形如图 7-12 所示。

图 7-12 卤素灯泡

3. 单丝和双丝灯泡

汽车灯泡按灯丝的不同又分为单丝灯泡和双丝灯泡，如图 7-13 所示。

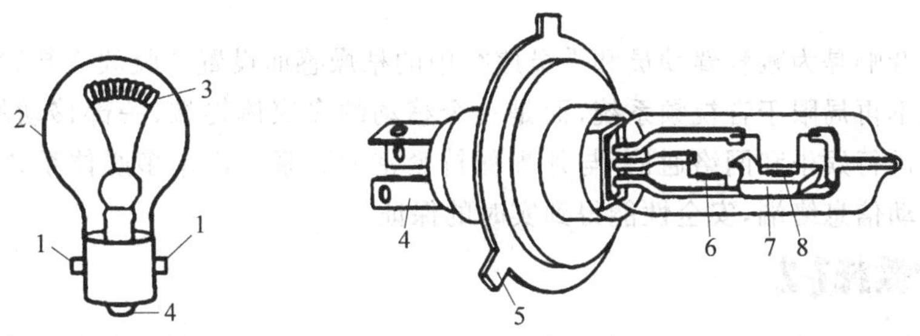

(a) 单接点小卡口灯头灯泡(single point small bayonet lamp bulb)

(b) 定焦卤钨灯泡(fixed focus halogen lamp)

图 7-13 单丝灯泡和双丝灯泡

1—定位销(locating pin)；2—灯泡壳(bulb shell)；3—灯丝(filament)；4—接头(connector)；5—定位凸耳(locating lug)；6—远光灯丝(headlight high beam filament)；7—配光屏(filament shield)；8—近光灯丝(low beam filament)

4. 氙气灯泡

氙气灯泡的全称是气体放电灯(high intensity discharge lamp，HID)。它利用配套电子镇流器，将汽车电池 12V 电压瞬间提升到 23kV 以上的触发电压，将氙气大灯中的氙气电离形成电弧放电并使之稳定发光，提供稳定的汽车大灯照明系统，如图 7-14 所示。

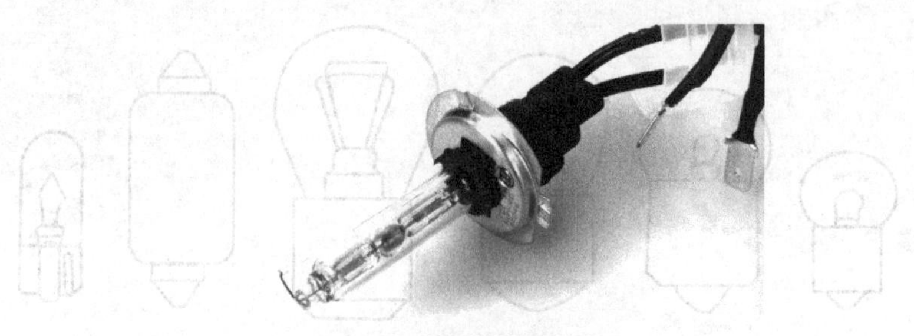

图 7-14　氙气灯泡

7.2　识别汽车声响信息娱乐系统

微课视频——识别汽车声响信息娱乐系统

喇叭是汽车的音响信号装置。在汽车的行驶过程中，驾驶员根据需要和规定发出必需的音响信号，警告行人和引起其他车辆注意，保证交通安全，同时还用于催行与传递信号。

汽车音响是为减轻驾驶员和乘员旅行中的枯燥感而设置的收放音装置。现代汽车多媒体已经不再局限于音视频系统，而是一个移动的多媒体终端，一部移动的汽车 PC。在车内可以进行娱乐和网络通信，与外界保持紧密的联系。汽车多媒体系统已经成为一个综合的移动信息终端，安全性能得到实时的保证。

◎客户委托7-2

有一辆某品牌汽车，该车总行驶里程数近 10 万公里，某天车主在行驶过程中发现该车按下喇叭开关时，喇叭有时响有时不响。经检查，确定为该车辆喇叭开关内部的触点接触不良，需检修调整。

◎学习目标

能够识别汽车声响信息娱乐系统。

◎知识点与技能点清单

学 习 目 标	知　识　点	技　能　点
能够识别汽车声响信息娱乐系统	(1) 汽车声响信号； (2) 汽车音响系统； (3) 汽车多媒体	能够识别汽车声响信号、音响系统以及多媒体

◎学习指南

(1) 明确学习目标和知识与技能点清单。

(2) 在课前完成学习任务中的知识类内容。在完成知识类学习任务时,可以参考本单元提供的学习信息,利用网络、厂家提供的维修手册和各类教学资源库等学习资源,也可以在课前或上课时向任课教师寻求帮助。任课教师可在正式上课时展示或共享大家对于知识类学习任务的完成情况,实现学习交流。

(3) 学习任务中的实操类内容,可以在正式上课前自行完成,也可以由任课教师在课堂上安排完成。

(4) 完成学习任务后,自行根据本书的鉴定表进行自查,并根据自己的不足进行知识与技能的补充学习。

(5) 任课教师按照鉴定表进行知识与技能鉴定。请注意,鉴定包括过程鉴定与终结性鉴定。学生平时的学习过程也将作为鉴定的依据,例如学习态度、学习过程中的技能展示、职场安全意识等。

◎学习任务

(1) 正确区分盆形喇叭与蜗牛喇叭。

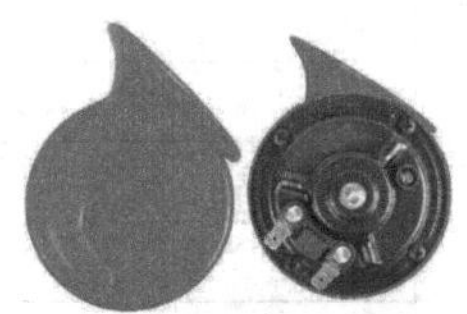

盆形喇叭
(disc type horn)

蜗牛喇叭
(fanfare horn)

(2) 到汽车实训场所或修理厂现场确认汽车声响信息系统部件,完成表 7-5。

表 7-5　现场确认汽车声响信息系统部件

车型:　　　　　　　　　发动机号码:　　　　　　　　　底盘号码:

序　号	部件名称(英汉双语)	安装位置	类　型	主要作用

（3）在下图中正确连接汽车音响系统的部件。

天线　　扬声器　　接收装置

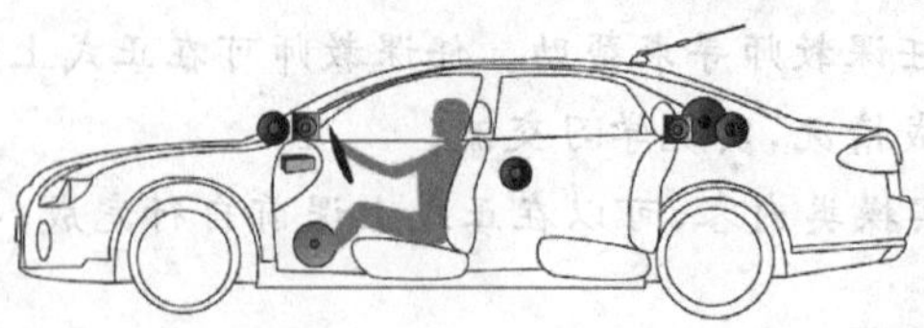

（4）到汽车实训场所或修理厂现场确认汽车音响系统部件，完成表 7-6。

表 7-6　现场确认汽车音响系统部件

车型：　　　　　　　　发动机号码：　　　　　　　　底盘号码：

序　号	部件名称（英汉双语）	安装位置	类　　型	主要作用

（5）正确连接汽车多媒体。

车载蓝牙 (bluetooth)　　车载全球定位系统 (GPS)　　收音机 (radio)

（6）到汽车实训场所或修理厂现场确认汽车上都有哪些多媒体功能，完成表7-7。

表7-7　现场确认汽车上的多媒体功能

序　　号	汽 车 型 号	多媒体功能名称	功 能 介 绍

鉴定

任课教师可以通过平时教学过程中学生的学习态度、参与教学活动的积极性、职场安全意识及终结性鉴定结果等确定其最后的鉴定结果。每个学生最多可以鉴定三次，鉴定教师需将鉴定结果填写在表7-8中。

表7-8　7.2节鉴定表

学 习 目 标	鉴定1	鉴定2	鉴定3	鉴定结论	鉴定教师签字
能够识别汽车声响信息娱乐系统				□通过 □不通过	

7.2.1　汽车声响信号

1. 声响信号的作用及类型

声响信号主要是喇叭，其作用是保证车辆的行驶安全和提醒行人及其他车辆注意。汽车喇叭分为电喇叭和气喇叭两种，电喇叭通过电磁线圈不断的通电和断电，使金属膜片产生振动发声，声音悦耳。电喇叭外形多是螺旋形或盆形，广泛应用在各种汽车上。轻型乘用车都用电喇叭，其外形如图7-15所示。

(a) 盆形喇叭(disc type horn)

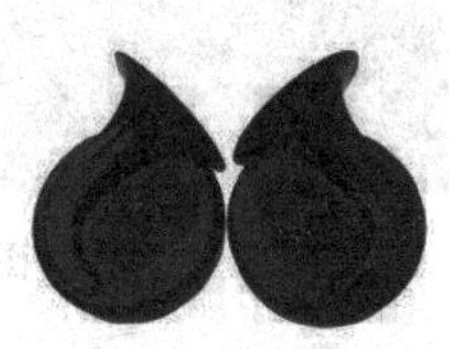

(b) 蜗牛喇叭(fanfare horn)

图7-15　喇叭

2. 盆形喇叭的结构组成

盆形喇叭由控制电路和振动机构组成,如图 7-16 所示。

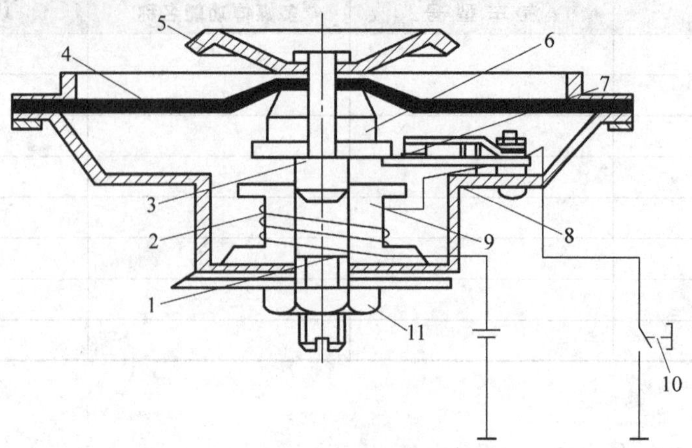

图 7-16 盆形喇叭结构

1—下铁心(lower core);2—线圈(winding);3—上铁心(upper core);4—膜片(diaphragm);5—共鸣板(sound board);6—衔铁(armature of a coil);7—触点(contact points);8—调整螺钉(adjust screw);9—电磁铁心(electromagnet core);10—按钮(press button);11—锁紧螺母(locknut)

 7.2.2 汽车音响系统

汽车音响是指在车厢内为提供声源所需要的设备。汽车音响系统由天线、接收装置、声场修正、可听频率增幅、扬声器五个部分组成,如图 7-17 所示。

图 7-17 汽车音响组成

1. 天线

天线用于接收广播电台的发射电波,通过高频电缆,向无线电调频装置传送。

2. 接收装置

接收装置有无线电调频装置及录音机或激光唱片机等。广播电台发射的电波通过盒式录音机，将密纹激光唱片的录音数据转变为可听频率。

3. 声场修正

按照车厢内声场特性及听者喜好，增强或减弱频率带，具有修正声场的功能。设有只允许通过特定频率域的滤波器和增幅控制电路，以提高车内音质。

4. 可听频率增幅

可听频率增幅可增强可听频率的模拟电压，加大扬声器音量。

5. 扬声器

扬声器是最终决定车厢内音响性能的重要部件。扬声器口径大小和安装方法、位置是决定音响性能的重要因素。为了欣赏立体声音响，车上最少要装 2 个扬声器。

7.2.3 汽车多媒体

汽车多媒体(图 7-18)是由最初的音响设备(辅助设备)经过近 100 年的发展后形成的集视听娱乐、通信导航、辅助驾驶等多种功能于一体的综合性多媒体车载电子系统，它已成为汽车上一个不可缺少的组成部分和作为评价汽车舒适性的依据之一。

图 7-18 汽车多媒体

1. 车载蓝牙

车载蓝牙是以无线蓝牙技术为基础而设计研发的车内无线免提系统，如图 7-19 所示。车载蓝牙技术能在包括移动电话、无线耳机、车载 DVD 等众多设备之间进行无线信息的交换，操作简单，可同时连接多部电话，大大提高了行车安全性。

图 7-19　车载蓝牙

2. 收音机

现代汽车几乎都装上了收音机，如图 7-20 所示。收音机所接收到的广播内容十分丰富，除家用收音机能收到的内容外，还可通过调谐旋钮接收道路管理部门专门提供给驾驶员关于道路气象等方面的消息。模拟信号汽车收音机使用的是 AM/FM 调谐器。

图 7-20　车载收音机

车载收音机的原理是通过频道选择（检波）捕捉广播电台发射的无线电信号（已调制为可高频传送状态的声音），然后再解调为原来的声音。经调谐器进行检波后，可将不同频率转换成解调器容易处理的中频（intermediate frequency）。

3. 车载 DVD 导航系统

车载 DVD 导航系统是一种具有 DVD 播放、导航功能为主的车载主机，一般用来取代原车的 CD 机，如图 7-21 所示。如果是专车专用设计，它的电源插头、音响线将与原车完全对插，不改变原车任何线路，并且外观、尺寸与原车风格统一。

车载 GPS（global positioning system），中文是“全球定位系统”，其主要作用就是定位，如图 7-22 所示。具体来说，车载 GPS 就是通过美国的 24 颗卫星所发射的免费信号，通过接收设备确定人的具体位置的系统。GPS 由三部分构成：地面监控部分、空间部分和用户装置部分。

图 7-21 车载 DVD 导航系统

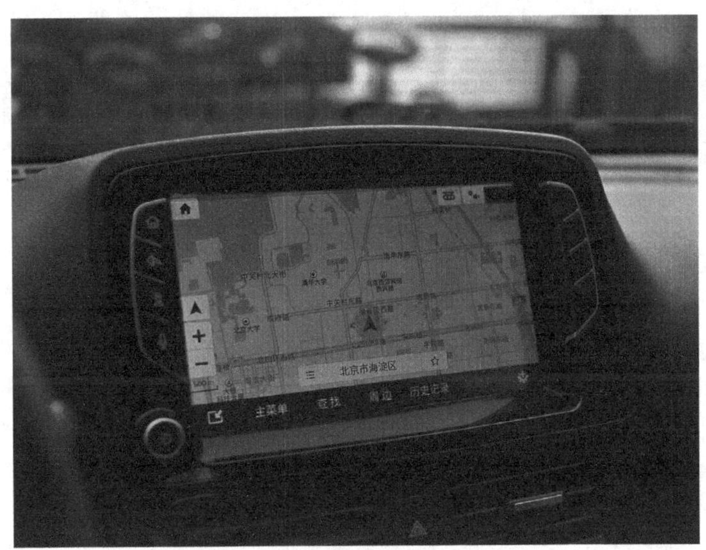

图 7-22 车载 GPS

识别新能源汽车

微课视频——识别新能源汽车

参考文献

[1] 杨智勇.汽车维修工入门[M].北京：金盾出版社，2016.
[2] 李朝晖，杨新桦.汽车新技术[M].重庆：重庆大学出版社，2012.
[3] 黄虎.汽车底盘常见故障及检修[M].上海：上海科学技术文献出版社，2016.
[4] 刘克铭.汽车车身系统[M].北京：北京理工大学出版社，2016.
[5] 张世良，邱立华.汽车空调[M].西安：西安交通大学出版社，2014.
[6] 胡光辉.汽车电气[M].北京：北京理工大学出版社，2015.
[7] 陈美多，彭新.新能源汽车技术[M].成都：西南交通大学出版社，2017.